Definitionenkalender
Rechtsprechungsübersichten

Herausgeber:
Prof. Dr. Hans-Dieter Schwind, Hochschullehrer
Dr. Dr. h.c. Helwig Hassenpflug, Rechtsanwalt

StGB

Besonderer Teil

Definitionenkalender

Eine Sammlung von Definitionen der Tatbestandsmerkmale der §§ 111-357 des Besonderen Teils des Strafgesetzbuches (StGB) vom 15. Mai 1871 in der Fassung der Bekanntmachung vom 10. März 1987 (BGBl. I 945, ber. 1160).

22., überarbeitete Auflage von
Helwig Hassenpflug,
Dr. Eckard Heintz, Assessor
Dr. Hans Kaden, Justitiar
Hans-Dieter Schwind

Ewald von Kleist Verlag, Berlin

Die Definitionen wurden zusammengestellt aus:

BLEI, Strafrecht II, Besonderer Teil, Ein Studienbuch, 12. Auflage 1983
MAURACH, Deutsches Strafrecht, Besonderer Teil, 5. erweiterte und neubearbeitete Auflage 1969; Nachtrag I 1970 und Nachtrag II 1971
MAURACH-SCHROEDER-MAIWALD, Strafrecht, Besonderer Teil, Teilband 1: Straftaten gegen Persönlichkeits- und Vermögenswerte, 7. Auflage, 1988 (zit.: BT I), **MAURACH-SCHROEDER-MAIWALD**, Strafrecht, Besonderer Teil, Teilband 2: Straftaten gegen Gemeinschaftswerte, 7. Auflage 1991 (zit.: BT II)
OTTO, Grundkurs Strafrecht – Die einzelnen Delikte, 3. Aufl. 1991
PREISENDANZ, Strafgesetzbuch (Kommentar), 30. völlig überarbeitete und ergänzte Auflage 1978
SCHÖNKE-SCHRÖDER, Strafgesetzbuch (Kommentar), bearbeitet von Lenckner, Cramer, Eser und Stree, 23. Auflage 1988
WELZEL, Das Deutsche Strafrecht, eine systematische Darstellung 11. Auflage 1969
AMTLICHE SAMMLUNG DER ENTSCHEIDUNGEN DES BUNDESGERICHTSHOFES in STRAFSACHEN (BGHSt)
AMTLICHE SAMMLUNG DER ENTSCHEIDUNGEN DES REICHSGERICHTS IN STRAFSACHEN (RGSt)
WESSELS, Strafrecht Besonderer Teil / 1 – Straftaten gegen Persönlichkeits- und Gemeinschaftswerte, 20. Auflage 1996 (zit.: BT 1), **Wessels**, Strafrecht Besonderer Teil / 2 – Straftaten gegen Vermögenswerte, 19. Auflage 1996 (zit.: BT 2)

ISBN 3-87440-173-1

Ewald v. Kleist Verlag, Pücklerstraße 8, 14195 Berlin
Alle Rechte bei E. v. Kleist Verlag, Berlin
Gesamtherstellung: Bosch-Druck, Ergolding

Vorwort zur 22. Auflage

Der bewährte Definitionenkalender zum Besonderen Teil des Strafgesetzbuches, der 35 Jahre nach seinem Erscheinen in 22. Auflage vorliegt, ist wieder auf den neuesten Stand gebracht worden. Neu aufgenommen wurden einschlägige Definitionen aus den Bänden **Wessels,** Strafrecht BT 1 und BT 2.

Dieser Band wird ergänzt durch den Band „StGB, Allgemeiner Teil, Rechtsprechungsübersicht" (20. Auflage 1994).

Die Bearbeiter hoffen, daß der Band auch weiterhin Anklang findet.

Bochum/Berlin/München/St. Ingbert
im März 1997   Die Bearbeiter

Vorwort zur 22. Auflage

Die Idee zu dem vorliegenden Definitionenkalender tauchte bei den Vorbereitungen zum ersten juristischen Examen auf; denn oft fiel es schwer, aus der gerade im Strafrecht umfangreichen Literatur die häufig unterschiedlichen Auslegungen der einzelnen Tatbestandsmerkmale des Besonderen Teils zu erfassen. Insbesondere hier ist es immer wieder erforderlich, auf die Suche zu gehen nach den Grundlagen, dem einfachen **Rüstzeug** – eben den Definitionen – ehe die eigentliche praktische oder wissenschaftliche Arbeit einsetzen kann. Dieses Rüstzeug zu liefern, soll Sinn und Zweck des Definitionenkalenders sein. Dabei sind wir uns bewußt, daß bei den zahlreichen Einzelheiten, Unterfällen und Ausnahmen, die sich innerhalb der Definitionen finden, die vorliegende Arbeit nur einen wirklich groben Überblick zu geben vermag; **sie soll und kann ein Lehrbuch oder einen Kommentar nicht ersetzen.** Absichtlich haben wir uns im Interesse der Übersichtlichkeit darauf beschränkt, zu jedem Begriff nur die grundsätzliche Bedeutung anzuführen. Eine genaue Angabe der Fundstellen soll die Suche nach den weiteren Einzelheiten erleichtern und hierzu anregen.

Die getroffene Auswahl unter den zahlreichen bedeutenden Werken der Strafrechtsliteratur entspringt unserer subjektiven Sicht. Wir sehen haben wir selbst bei den Arbeiten vornehmlich die Lehrbücher **Maurachs, Mezgers** und **Welzels** und den Kommentar **Schönke-Schröders** herangezogen, so daß wir uns hier auf diese Autoren beschränkten, dies auch, um die Übersichtlichkeit zu gewährleisten.

Bei der Darstellung haben wir uns im wesentlichen mit der Definition der den **objektiven Tatbestand** kennzeichnenden Begriffe begnügt; die Bearbeitung des subjektiven Tatbestandes soll einer ähnlichen Darstellung des Allgemeinen Teils des Strafgesetzbuches vorbehalten bleiben.

Die Auswahl der höchstrichterlichen Rechtsprechung wurde auf die Definitionen des **Reichsgerichts** und des **Bundesgerichtshofes** beschränkt, diese entweder wörtlich aufgenommen oder aber auf sie bei den jeweiligen Autoren hingewiesen. Einzelheiten werden sich auch hier an der angegebenen Fundstelle leicht ermitteln lassen.

Wird eine Definition von mehreren Autoren im wesentlichen gleichlautend angeführt, so ist dies durch Hinweis in Klammern unter „ebenso" zum Ausdruck gebracht; ein „ähnlich" besagt, daß das Tatbestandsmerkmal von dem anderen Autor im gleichen Sinne mit geringen – meist nur sprachlichen – Abweichungen definiert wird. Fehlt bei einem Begriff die Definition eines oder mehrerer Autoren, so fand sich bei dem Betreffenden eine solche überhaupt nicht oder aber sie war nicht schlagwortartig vorhanden. Bei wiederkehrenden Begriffen verweisen die Schriftsteller nur teilweise auf die Fundstellen, an denen sie diesen Begriff definiert haben, so daß nur die vorhandenen Verweisungen aufgenommen wurden.

Wir hoffen, daß diese Definitionensammlung sowohl dem **Studenten,** als auch dem **jungen Praktiker** eine Hilfe und Stütze sein kann.

München, im Februar 1962

Helwig Hassenpflug, Rechtsreferendar
Eckard Heintz, cand. jur.
Hans Kaden, Rechtsreferendar
Hans-Dieter Schwind, cand. jur.

Verzeichnis der Abkürzungen

AP	Arbeitsrechtliche Praxis (Nachschlagewerk des Bundesarbeitsgerichts)
BayObLG	Bayerisches Oberstes Landesgericht
Binding Lehrb.	Lehrbuch des gemeinen deutschen Strafrechts, Besonderer Teil Bd. I (2. Auflage 1902), Bd. II 1. Abt.
BJagdG	Bundesjagdgesetz
BTDrs.	Bundestags-Drucksache; röm. Ziff. = Wahlperiode; arab. Ziff. = Nr. der Drs.
DJ	Deutsche Justiz
DR	Deutsches Recht
Dreher/Tröndle	Strafgesetzbuch, Kurzkommentar von Eduard Dreher, fortgeführt von Herbert Tröndle, 45. Auflage 1991
DRiZ	Deutsche Richterzeitung
EGStGB	Einführungsgesetz zum StGB v. 2. 3. 1974 (BGBl I 469), zul. geändert durch G. v. 15. 8. 1974 (BGBl I 1942)
FamRZ	Zeitschrift für das gesamte Familienrecht
FGG	Gesetz über die Angelegenheiten der Freiwilligen Gerichtsbarkeit
Frank	Frank, Das Deutsche Strafgesetzbuch, 18. Auflage 1931
GA	Goltdammers Archiv für Strafrecht
Gerland	Gerland, Deutsches Reichsstrafrecht, 2. Auflage 1932
v. Hippel	v. Hippel, Deutsches Strafrecht, Bd. I 1925, Bd. II 1930. Lehrbuch des Strafrechts 1922
HRR	Höchstrichterliche Rechtsprechung; Ergänzungsblatt zu DJ
JR	Juristische Rundschau
JW	Juristische Wochenschrift
JZ	Juristenzeitung
Lackner	Strafgesetzbuch mit Erläuterungen von Karl Lackner, 18. Auflage 1989
v. Liszt-Schm.	v. Liszt-Eb. Schmidt, Lehrbuch des deutschen Strafrechts, Besonderer Teil, 25. Auflage 1927
LK	Das Reichsstrafgesetzbuch, erläutert von Ebermayer-Lobe, Rosenberg, 4. Auflage 1929 (Leipziger Kommentar), 5. Auflage 1944 (§§ 1–151), 6. und 7. Auflage 1951 und 1953, 8. Auflage (1957/58), 9. Auflage 1970 1076, 10. Auflage 1976–1988
LM	Lindenmaier-Möhring, Nachschlagewerk des BGH
MDR	Monatsschrift für deutsches Recht
NJW	Neue Juristische Wochenschrift
NStZ	Neue Zeitschrift für Strafrecht
OGHSt	Oberster Gerichtshof für die britische Besatzungszone in Strafsachen
Olshausen	J. v. Olshausen, Kommentar zum StGB, 11. Auflage 1927, 12. Auflage (bis § 246) 1942
Ponsold Lb	Ponsold, Lehrbuch der gerichtl. Medizin, 3. Auflage 1967
RdNr.	Randnummer
Rittler	Rittler, Lehrbuch des Österr. Strafrechts, Bd. II, Besonderer Teil, 1938
VRS	Verkehrsrechtssammlung
WStG	Wehrstrafgesetz vom 30. 3. 1957, BGBl. I S. 289
ZBR	Zeitschrift für Beamtenrecht

Definitionen §§ 111–357 StGB

§ 111

öffentlich

Maurach-Schroeder-Maiwald BT II, § 84 RdNr. 43: Öffentlichkeit bedeutet – ohne Rücksicht auf den Ort – die Wahrnehmbarkeit durch einen größeren, nicht durch persönliche Beziehungen verbundenen, nicht notwendig anwesenden Personenkreis.

Otto § 62 2: ist die Tat, wenn sie für einen nach Zahl und Individualität unbestimmten Kreis von Personen, die nicht durch persönliche Beziehungen miteinander verbunden sind, wahrnehmbar ist.

Versammlung

Maurach BT Nachtrag II Seite 25: eine öffentliche, jedermann zugängliche Versammlung oder eine solche mit nicht mehr übersehbarem Personenkreis.

Otto § 62 2 unter Hinweis auf **RGSt** 21/71: ist das Beisammensein einer größeren Zahl von Personen zur Verfolgung eines bestimmten Zwecks.

Schönke-Schröder § 111 RdNr. 7–10: als Versammlung im Rahmen des § 111 kann nur eine solche angesehen werden, die entweder öffentlich ist oder aber eine solche Vielzahl von Personen umfaßt, daß die Voraussetzungen des § 26 nicht mehr als gegeben erscheinen.

verbreiten

Otto § 63 VII 2 a: heißt, die Schriften (§ 11 Abs. 3) einem größeren, nicht notwendig unbestimmten Personenkreis zugänglich machen, den der Täter nicht mehr kontrollieren kann.

Aufforderung

RGSt 63/173: Kundgebung, die den Willen des Auffordernden erkennbar macht, daß von dem anderen ein bestimmt bezeichnetes Tun oder (Unter-)Lassen gefordert werde.

Otto § 63 VII 2 a: Eine Äußerung, mit der erkennbar von einem anderen ein bestimmtes Tun oder Unterlassen verlangt wird.

Schönke-Schröder § 111 RdNr. 3: gefordert wird eine Kundgebung, in der der Wille des Täters erkennbar wird, daß von den Adressaten seiner Äußerung strafbare Handlungen begangen werden.

§ 113

Amtsträger

Def. in § 11 Abs. 1 Nr. 2 StGB

(Vollstreckungsbeamter)

Welzel Seite 501 unter Hinweis auf **RGSt** 61/298: jeder „Beamte, der im einzelnen Falle, wo ihm Widerstand geleistet wird, durch sein Amt zur Vollstreckung des Staatswillens berufen ist und zu diesem Zweck tätig wird".

Schönke-Schröder § 113 RdNr. 10: es muß zu deren Aufgaben gehören, dem in Gesetzen usw. sich äußernden Staats-

	willen im Einzelfall gegenüber Personen oder Sachen notfalls durch Zwang zur Durchsetzung zu verhelfen. Eine lediglich gesetzesanwendende Tätigkeit wie z. B. der Erlaß von Bußgeldbescheiden oder Verwaltungsakten reicht dafür nicht aus.
Vollstreckungshandlung	**Wessels** BT 1 § 14 RdNr. 614 unter Hinweis auf **BGHSt** 25, 313: jede Tätigkeit der dazu berufenen Organe, die zur Regelung eines Einzelfalles auf die Vollziehung der in § 113 Abs. 1 genannten Rechtsnormen oder Hoheitsakte gerichtet ist, also der Verwirklichung des notfalls im Zwangswege durchzusetzenden Staatswillens dient.
Diensthandlung	**Preisendanz** Anm. I 3 zu § 113: Der Begriff „Diensthandlung" umfaßt alle Handlungen, die ein Amtsträger oder ein Soldat zur Erfüllung von Aufgaben des öffentlichen Dienstes wahrnimmt. **Otto** § 91 II 1: Diensthandlung im Sinne des § 113 ist eine Vollstreckungshandlung. Die Vollstreckungshandlung ist auf Verwirklichung des konkretisierten Willens des Staates zur Regelung eines bestimmten Falles gegenüber bestimmten Personen oder Sachen notfalls mit Gewalt gerichtet; **BGHSt** 25/314. Bloße Überwachungs- und Ermittlungstätigkeiten, bei denen nicht einem bestimmten Verdacht nachgegangen wird, genügen nicht.
Gewalt	**Maurach-Schroeder-Maiwald** BT II § 70 RdNr. 14: Dieser Begriff ist im Falle des § 113 in einem engeren Sinne zu verstehen als bei der Nötigung nach § 240. Die Gewaltanwendung muß sich mittelbar oder unmittelbar an der Person des Amtsträgers betätigen; reine Sachgewalt scheidet mithin aus. **Otto** § 91 II 2 b: Es ist die unmittelbar oder mittelbar gegen den Beamten gerichtete Kraftentfaltung, die sich derart auswirkt, „daß dieser seine Amtshandlung nicht ausführen kann, ohne seinerseits eine nicht ganz unerhebliche Kraft aufwenden zu müssen" (**BGHSt** 18/135).
Drohung mit Gewalt	**Schönke-Schröder** § 113 RdNr. 45: Drohung mit Gewalt ist die Ankündigung der bevorstehenden Gewaltanwendung, auch wenn diese erst nach der Vollstreckungshandlung erfolgen soll.
Gewalt oder Drohung mit Gewalt	vgl. unter § 240.
Widerstand	**Welzel** Seite 502 (ähnlich **Blei** § 102 II, **Otto** § 91 II 2 b; ähnlich **Schönke-Schröder** § 113 RdNr. 40, **RGSt** 4/376): ist die aktive Tätigkeit, die geeignet ist, die Durchführung der Vollstreckungshandlung zu erschweren. **Wessels** BT 1 § 14 RdNr. 617: Den Begriff des Widerstandleistens erfüllt jede aktive Tätigkeit, die die Durchführung

tätlicher Angriff	der Vollstreckungsmaßnahme verhindern oder erschweren soll. **Maurach-Schroeder-Maiwald** BT II § 70 RdNr. 13: Verwirklichung der Personengewalt. **Otto** § 91 II 2 b unter Hinweis auf **RGSt** 64/265 (ebenso **Wessels** BT 1 § 14 RdNr. 619): ist jede in feindlicher Absicht unmittelbar auf den Körper eines anderen zielende Wirkung ohne Rücksicht auf den Erfolg.
Beisichführen von Waffen (Nr. 1)	**Schönke-Schröder** § 113 RdNr. 14: vgl. § 244.
Gewalttätigkeit (Nr. 2)	**Schönke-Schröder** § 113 RdNr. 67: der Begriff entspricht dem des § 125, bedeutet also jede gegen die Person gerichtete physische Aggression.

§ 114

Diensthandlung	vgl. unter § 113.
Vollstreckungshandlung	**BGHSt** 15/314: jede Handlung einer dazu berufenen Person, welche die Verwirklichung des (die Regelung eines bestimmten Falles anstrebenden) nach Umfang und Inhalt durch das Gesetz oder die in § 113 bezeichneten Staatsorgane bestimmten und begrenzten, notfalls zwangsweise durchsetzbaren Staatswillens bezweckt. **Maurach-Schroeder-Maiwald** BT II § 70 RdNr. 7: eine Handlung, die die Verwirklichung des Staatswillens in einem Einzelfall bezweckt und notfalls mit Zwang vorgenommen werden kann. **Schönke-Schröder** § 114 RdNr. 6: Darunter ist wie in § 113 eine Handlung zu verstehen, die kraft Hoheitsgewalt zur Vollstreckung von Gesetzen, Rechtsverordnungen, Urteilen, Gerichtsbeschlüssen oder Verfügungen erfolgt.
Hilfsbeamte der Staatsanwaltschaft	**Schönke-Schröder** § 114 RdNr. 4: Unter diesen Personenkreis fallen ... nur die gem. § 152 Abs. 2 GVG von den Landesregierungen bezeichneten Personen sowie diejenigen, denen diese Eigenschaft ausdrücklich kraft Gesetzes zusteht.

§ 120

Gefangener	**Maurach-Schroeder-Maiwald** BT II § 71 RdNr. 3: Gefangener ist, wem von der Staatsgewalt nicht nur aus Gründen der öffentlichen Sicherheit die persönliche Freiheit entzogen ist und wer sich daher tatsächlich in der Verfügungsgewalt des zuständigen Organs befindet. **Schönke-Schröder** § 120 RdNr. 3: Personen, denen in Ausübung öffentlicher Polizei- oder Strafgewalt zwecks Ahndung einer Verfehlung die persönliche Freiheit entzogen ist und die sich infolgedessen tatsächlich im Gewahrsam einer zuständigen Behörde oder eines Amtsträgers befinden.

	Otto § 92 I 2: Wem in Ausübung von Polizei- oder Strafgewalt die Freiheit rechtswirksam entzogen worden ist, so daß er sich in der Gewalt der zuständigen Behörden befindet. **Wessels** BT 1 § 14 RdNr. 642: Wer sich zwecks Ahndung einer Verfehlung oder zur Erzwingung von prozessualen Pflichten kraft richterlicher, polizeilicher oder sonst zuständiger Hoheitsgewalt in formell zulässiger Weise in staatlichem Gewahrsam befindet.
befreien	**Preisendanz** § 120 Anm. 2 c: befreit ist der Gefangene, wenn er dem staatlichen Gewahrsam entzogen ist, so daß dieser nicht mehr ausgeübt werden kann. **Otto** § 92 I 3 a (ähnlich **Schönke-Schröder** § 120 RdNr. 8): Befreiung bedeutet Aufhebung der amtlichen Gewalt über den Gefangenen trotz bestehenden Haftrechts.
zum Entweichen verleiten	**Preisendanz** § 120 Abm. 2 d: Verleiten bedeutet Hervorrufen des Tatentschlusses. **Schönke-Schröder** § 120 RdNr. 10: bedeutet, anders als der gleichlautende Begriff in § 160, die Hervorrufung eines Entschlusses zur Selbstbefreiung.
Amtsträger	Def. in § 11 Abs. 1 Nr. 2 StGB.
für den öffentlichen Dienst besonders Verpflichteter	Def. in § 11 Abs. 1 Nr. 4 StGB.

§ 121

Gefangener	**Schönke-Schröder** § 121 RdNr. 3: vgl. § 120. **Otto** § 92 II 2 a: vgl. § 120.
zusammenrotten	**Schönke-Schröder** § 121 RdNr. 4: bedeutet, ebenso wie bei § 124, ein erkennbar bedrohliches, räumliches Zusammentreten von mindestens zwei zu gewalttätigem Vorgehen bereiten Gefangenen. **Otto** § 92 II 2 b: Die räumliche Vereinigung von mindestens zwei Gefangenen **(BGHSt 20/307)**, um mit vereinten Kräften, d. h. mit gegenseitiger – sei es auch nur psychischer – Unterstützung, die in Abs. 1 Nr. 1–3 beschriebenen Handlungen zu verwirklichen. **Preisendanz** § 121 Anm. 3 unter Hinweis auf **BGHSt 20/305**: ein Zusammenrotten liegt vor, wenn mindestens 2 Gefangene in der Absicht zusammentreten, durch ihr geschlossenes Vorgehen gegen das Personal oder die Einrichtung der Anstalt ein gemeinsames Ziel auf unfriedliche Weise zu erreichen.
mit vereinten Kräften	**Preisendanz** § 125 Anm. 2 b cc unter Hinweis auf **RG Jw** 33/429 und **BayObLG NJW** 55/1806: es genügt, daß Gewalttätigkeiten von einzelnen Teilnehmern verübt werden, die

Anstaltsbeamte	Ausschreitungen aber der psychischen Grundhaltung der versammelten Menge entsprechen. Selbst die Ausschreitungen eines einzelnen können den Tatbestand verwirklichen, wenn die anderen billigend zu ihm stehen. **Schönke-Schröder** § 121 RdNr. 7: sind die im Dienst der betreffenden Anstalt stehenden Amtsträger (§ 11 Abs. 1 Nr. 2), also nicht nur Aufsichtspersonen i. e. S., sondern auch Anstaltsleiter oder -ärzte sowie Beamte des technisch-organisatorischen Bereichs einer Anstalt.
einen Anstaltsbeamten, einen anderen Amtsträger oder einen mit ihrer Beaufsichtigung, Betreuung oder Untersuchung Beauftragten	**Preisendanz** § 121 Anm. 5 a: geschützt sind Anstaltsbeamte und andere Amtsträger (z. B. Haftrichter, Staatsanwälte oder Polizeibeamte, die in der Vollzugsanstalt Vernehmungen durchführen), außerdem alle mit der Beaufsichtigung, Betreuung oder Untersuchung Beauftragten, auch wenn sie weder Aufsichtsbeamte noch sonstige Amtsträger sind (z. B. Sozialarbeiter und ärztliches Pflegepersonal).
tätlich angreifen	vgl. unter § 113.
gewaltsam	**Schönke-Schröder** § 121 RdNr. 11: ist der Ausbruch nicht nur bei außergewöhnlicher, sondern schon bei derjenigen Kraftaufwendung, die erforderlich ist, den Widerstand der Abschlußvorrichtung zu überwinden.
gewaltsam ausbrechen	**Preisendanz** § 121 Anm. 6 unter Hinweis auf **BGHSt** 16/34: ein gewaltsamer Ausbruch i. S. von Abs. 1 Nr. 2 liegt nicht nur vor, wenn die Gefangenen die ihrer Flucht entgegenstehenden sachlichen Verwahrungsmittel beseitigen; der Tatbestand ist vielmehr auch dann verwirklicht, wenn Gefangene sich der Verwahrung dadurch entziehen, daß sie Gewalt gegen Aufsichtsbeamte verüben.

§ 123

Wohnung	**Maurach-Schroeder-Maiwald** BT I § 30 RdNr. 10 (ähnlich **Otto** § 35 I 1 b aa): der Raum oder die zusammenhängende Mehrheit von Räumen, die einer Person oder Familie zum ständigen Aufenthalt dienen oder zur Benutzung freistehen, und zwar einschließlich des Nebengelasses. **Schönke-Schröder** § 123 RdNr. 4: setzt nach ihrer Beschaffenheit eine bauliche oder sonst abgeschlossene (nicht: verschlossene), zumindest teilweise überdachte Räumlichkeit voraus, die dem Zweck dient, einem oder mehreren Menschen ausschließlich oder überwiegend, jedenfalls vorübergehend, Unterkunft zu gewähren. **Welzel** Seite 332: Räume, die der menschlichen Behausung dienen, mitsamt den dazugehörigen Nebenräumen. **Wessels** BT 1 § 13 RdNr. 570: der Inbegriff der Räumlichkeiten, die einzelnen oder mehreren Personen als Unterkunft

Geschäftsräume	**Schönke-Schröder** § 123 RdNr. 5 unter Hinweis auf **RGSt** 32/371 (ähnlich **Otto** § 35 I 1 b bb): eine abgeschlossene, auch bewegliche Räumlichkeit, die jedenfalls überwiegend und für eine gewisse Dauer für gewerbliche, wissenschaftliche, künstlerische und ähnliche, nicht notwendig auf Erwerb gerichtete Geschäfte benutzt wird. **Wessels** BT 1 § 13 RdNr. 571: Räumlichkeiten, die bestimmungsgemäß für gewerbliche, geschäftliche, berufliche, künstlerische oder wissenschaftliche Zwecke verwendet werden.
befriedet	**Schönke-Schröder** § 123 RdNr. 6 a: befriedet ist ein Besitztum in zwei Fällen: 1. ohne besondere Einfriedung, wenn es wegen seines engen, räumlichen Zusammenhangs, für jedermann erkennbar, zu einer der sonst in § 123 genannten Örtlichkeiten gehört, weil sich deren Hausfrieden hier ohne weiteres auf das Zubehörgrundstück erstreckt; 2. ohne eine solche räumliche Verbindung, wenn es in äußerlich erkennbarer Weise mittels zusammenhängender Schutzwehren, wie Mauern, Hecken, Drähte, Zäune usw. gegen das willkürliche Betreten gesichert ist. **Otto** § 35 I 1 b cc: Das befriedete Besitztum ist eine unbewegliche Sache, die in äußerlich erkennbarer Weise mittels Schutzwehren gegen das willkürliche Betreten durch andere gesichert ist. **Wessels** BT 1 § 13 RdNr. 572: befriedetes Besitztum kann nur ein Grundstück sein, das durch zusammenhängende, nicht unbedingt lückenlose Schutzwehren (Mauer, Zaun, Hecke usw.) in äußerlich erkennbarer Weise gegen das willkürliche Betreten durch andere gesichert ist.
abgeschlossener Raum	**Schönke-Schröder** § 123 RdNr. 7: solche, die auch in Gestalt einer beweglichen Sache als eine bauliche Einheit erscheinen und durch physische Hindernisse gegen beliebiges Betreten geschützt sind, wobei hier i. U. zum nur „geschlossenen Raum" auch eine zumindest teilweise Überdachung erforderlich ist, während es auf das tatsächliche Verschlossensein oder auch nur die Verschließbarkeit nicht ankommt.
zum öffentlichen Dienst bestimmt	**Schönke-Schröder** § 123 RdNr. 8 (ebenso **Otto** § 35 I 1 b): Räume, in denen ihrer Bestimmung gemäß auf öffentlich-rechtlichen Vorschriften beruhende Tätigkeiten ausgeübt werden, die der Erledigung staatlicher, kommunaler oder sonstiger öffentlicher Angelegenheiten dienen.
zum öffentlichen Verkehr bestimmt	**Schönke-Schröder** § 123 RdNr. 9 (ähnlich **Otto** § 35 I 1 b): Räume, die dem allgemein zugänglichen, von der öffentlichen Hand oder privaten Unternehmen angebotenen Per-

widerrechtlich eindringen	sonen- und Gütertransport dienen; diese Zweckbestimmung muß gerade zur Zeit der Tat bestehen. **Maurach-Schroeder-Maiwald** BT I § 30 RdNr. 13 unter Hinweis auf **RGSt** 39/440 (ähnlich **Schönke-Schröder** § 123 RdNr. 11): Eindringen setzt zunächst voraus, daß der Täter mindestens mit einem Teil seines Körpers in den geschützten Raum gekommen ist ... „Eindringen" setzt ferner die Überwindung eines gewissen Widerstandes seitens des Berechtigten voraus. **Otto** § 35 I 2: Eindringen setzt voraus, daß der Täter – zumindest mit einem Teil seines Körpers – gegen den Willen des Berechtigten in die geschützte Sphäre gelangt ist. **Blei** § 30 II: „Eintritt unter Überwindung eines Widerstandes", wobei aber das zu überwindende Hindernis kein äußeres zu sein braucht, sondern auch der entgegenstehende Wille des Berechtigten. **Wessels** BT 1 § 13 RdNr. 575: die h. M. versteht darunter zutreffend ein Betreten gegen den Willen des Berechtigten.
verweilen	**Schönke-Schröder** § 123 RdNr. 30: sich nicht unverzüglich, d. h. ohne schuldhaftes Zögern entfernen, die weitere Anwesenheit also von solcher Dauer ist, daß in ihr ein Ungehorsam gegenüber der Aufforderung zu finden ist. **Maurach-Schroeder-Maiwald** BT I § 30 RdNr. 7: Aufenthaltsfortsetzung entgegen dem ausdrücklich erklärten Willen des Berechtigten.
Berechtigter	**Schönke-Schröder** § 123 RdNr. 16: ist, wer als Inhaber des Hausrechts die Befugnis hat, anderen den Zugang zu den geschützten Räumen zu verwehren. **BGH NJW** 67/941: Berechtigter ist nicht nur der Inhaber des Hausrechts selbst, sondern nach den Gepflogenheiten des menschlichen Zusammenlebens sind es auch seine Familienangehörigen, minderjährige Kinder nicht ausgeschlossen ... Voraussetzung der Berechtigung (der letzteren) ist nur, daß sie dem Willen des Inhabers nicht zuwiderhandeln, und bei minderjährigen Kindern, daß sie schon fähig sind, den Sinn des Hausrechts zu begreifen und die Sachlage richtig zu beurteilen. **Wessels** BT 1 § 13 RdNr. 584: Berechtigte sind neben dem Hausrechtsinhaber alle Personen, die ihn im Willen vertreten oder die sonst, insbesondere kraft Familienzugehörigkeit im konkreten Fall zur Wahrung des Hausrechts berufen sind.

§ 124

Menschenmenge	**Schönke-Schröder** § 124 RdNr. 3: vgl. unter § 125. **Otto** § 35 II 2 a: ist eine Personenmehrheit, deren Zahl nicht mehr sofort überschaubar ist.

	Wessels BT 1 § 13 RdNr. 595 unter Hinweis auf BGH NStZ 93, 538: eine größere, nicht sofort überschaubare Anzahl von Personen, bei der es auf das Hinzukommen oder Weggehen einzelner nicht mehr ankommt.
öffentlich	**Schönke-Schröder** § 124 RdNr. 5: Die Zusammenrottung ist öffentlich, wenn sich ihr eine unbestimmte Zahl beliebiger Personen anschließen kann. **Otto** § 35 II 2 a: Öffentlich ist das Zusammenrotten, wenn für eine unbestimmte Zahl von Personen die Möglichkeit der Beteiligung besteht.
zusammenrotten	**Schönke-Schröder** § 124 RdNr. 4: Um eine Zusammenrottung handelt es sich, wenn die Menschenmenge in äußerlich erkennbarer Weise von dem gemeinsamen Willen zu bedrohlichem oder gewalttätigem Handeln beherrscht wird. **Otto** § 35 II 2 a: ist ein Zusammentreten zu einem gewaltsamen oder bedrohlichen Zweck, wobei der friedensstörende Wille äußerlich erkennbar in Erscheinung treten muß. **Wessels** BT 1 § 13 RdNr. 595: Kennzeichnend für die Zusammenrottung ist neben der räumlichen Vereinigung die feindselige Übereinstimmung des Willens zur friedensstörenden Aggression.
Gewalttätigkeiten	**OLG Köln** NJW 70/260 unter Hinweis **BGH NJW** 69/1772: gewalttätig handelt jeder, der unter Aufbieten physischer Kraft Zwang gegen Personen oder Sachen ausübt oder auch nur Zwangswirkung erzeugt. Es ist nicht erforderlich, daß die Gewalttätigkeit zum tätlichen Angriff gegen eine Person fortschreitet.
(geschützte Räumlichkeiten)	**Schönke-Schröder** § 124 RdNr. 7: vgl. § 123.
eindringen	**Schönke-Schröder** § 124 RdNr. 8: vgl. § 123.
teilnehmen	**Schönke-Schröder** § 124 RdNr. 18: an der Zusammenrottung nimmt teil, wer derart in einem räumlichen Zusammenhang mit der Menge steht, daß er für den objektiven Beobachter als ihr Bestandteil erscheint **(RGSt** 60/334).

§ 125

Gewalttätigkeit	**Maurach-Schroeder-Maiwald** BT II § 60 RdNr. 23 (ähnlich **Otto** § 63 I 1 b): Der Begriff der „Gewalttätigkeit" ist enger, und zwar strenger als der der „Gewalt": er verlangt Einsatz physischer Kraft durch aggressives, positives Tun, das auf Menschen oder Sachen eingewirkt wird **(BGHSt** 23/46). **Otto** § 63 I 1 b: Einsatz physischer Kraft, die sich aggressiv gegen Menschen oder Sachen richtet. **Schönke-Schröder** § 125 RdNr. 5: bedeutet hier ein aggressives, gegen die körperliche Unversehrtheit von Menschen oder fremden Sachen gerichtetes, aktives Tun unter Einsatz bzw. in Bewegung setzen physischer Kraft.

Bedrohung	**Otto** § 63 I 1 c: ist das Inaussichtstellen einer Gewalttätigkeit. **Schönke-Schröder** § 125 RdNr. 16: vgl. § 126.
Menschenmenge	**Schönke-Schröder** § 125 RdNr. 8 (ähnlich **Otto** § 63 I 1 a): Menschenmenge ist eine räumlich vereinigte, der Zahl nach nicht sofort überschaubare Personenvielheit, bei der es deshalb für den äußeren Eindruck auf das Hinzukommen oder Hinweggehen nicht mehr ankommt.
auf die Menschenmenge einwirkt	**Otto** § 63 I 1 f a: d. h. sie physisch beeinflußt, um ihre Bereitschaft zur Gewalttätigkeit oder Bedrohung mit Gewalttätigkeiten (zielgerichtetes Wollen!) zu fördern, sei es durch Erwecken oder Bestärken des Tatentschlusses. **Schönke-Schröder** § 125 RdNr. 21: jede Art von Einflußnahme auf den Willen der Menge.
aus (der Menge)	**Schönke-Schröder** § 125 RdNr. 10: von Mitgliedern der Menge gegen Personen oder Sachen außerhalb der Menge begangen.
in einer, die öffentl. Sicherheit gefährdender Weise	**Schönke-Schröder** § 125 RdNr. 11: Die öffentliche Sicherheit, die auch das allgemeine Rechtssicherheitsgefühl umfaßt, ist ... schon dann gefährdet, wenn es sich um Ausschreitungen handelt, bei denen der Eindruck entstehen muß, daß „man" in einem geordneten Gemeinwesen nicht mehr frei von Furcht vor dem Terror gewalttätiger Mengen leben kann. **Otto** § 63 I 1 d: die öffentliche Sicherheit ist gefährdet, wenn die Allgemeinheit in ihrem Gefühl, gegen Rechtsgüterverletzungen geschützt zu sein, beeinträchtigt ist.
mit vereinten Kräften	**Otto** § 63 I 1 e: bedeutet eine Tätigkeit mehrerer aus der Menge.

§ 125a

Schußwaffe	vgl. § 244.
Waffe (Nr. 1)	**Schönke-Schröder** § 125 a RdNr. 8: neben Waffen im technischen Sinne sind auch alle gefährlichen Werkzeuge einzubeziehen, d. h. solche Gegenstände, die nach ihrer objektiven Beschaffenheit und der beabsichtigten konkreten Art ihrer Benutzung geeignet sind, erhebliche Verletzungen herbeizuführen. **Otto** § 63 I 7 b: im untechnischen Sinne als Werkzeug zu verstehen. Wesentlich ist, daß beabsichtigt ist, das Werkzeug unmittelbar oder mittelbar gegen Menschen einzusetzen.
Gewalttätigkeit (Nr. 3)	**Schönke-Schröder** § 125 a RdNr. 11: Eine solche des § 125 Nr. 1.
plündern (Nr. 4)	**Maurach-Schroeder-Maiwald** BT II § 60 RdNr. 44 unter Hinweis auf **RGSt** 52/35 (ähnlich **Otto** § 63 I 7 d): Unter Plünderung ist die unter Ausnützung der Störung der

| | öffentlichen Ordnung durch die aus der Menge heraus begangenen Gewalttätigkeiten erfolgende Wegnahme (§ 242 ff.), Ansichnahme (§ 246) oder Abnötigung (§ 253 f.) von Sachen zu verstehen.
Schönke-Schröder § 125 a RdNr. 13: Plündern ist die Wegnahme oder Abnötigung von Sachen in der Absicht rechtswidriger Zueignung und unter Ausnutzung der durch die Tat nach § 125 hervorgerufenen Störung der öffentlichen Ordnung. |
|---|---|
| anrichten | **Schönke-Schröder** § 125 a RdNr. 14: Bewirken eines erheblichen Sachschadens. |

§ 126

öffentlicher Frieden	**Schönke-Schröder** § 126 RdNr. 1: ist sowohl der durch die Rechtsordnung gewährleistete Zustand des furchtfreien Zusammenlebens der Bürger als auch das in dem Vertrauen in die Fortdauer dieses Zustandes begründete Sicherheitsgefühl der Bevölkerung.
Störung	**Schönke-Schröder** § 126 Anm. 8: liegt nicht erst vor, wenn es zu gewaltsamen oder sonstigen Aktionen in der Bevölkerung kommt (Störung des Zustandes allgemeiner Rechtssicherheit), sondern schon dann, wenn einzelne Bevölkerungsteile, oder jedenfalls eine nicht unbeträchtliche Personenzahl, in ihrem Sicherheitsgefühl beeinträchtigt, oder in ihrer Neigung Rechtsbrüche zu begehen, bestärkt werden.
Androhung	**Otto** § 63 II 1: ist die Ankündigung, daß ein im Katalog genanntes Delikt durch den Drohenden oder kraft seines Einflusses tatsächlich oder vorgeblich verwirklicht werden kann.
Schönke-Schröder § 126 RdNr. 5: die ausdrückliche oder konkludente Ankündigung einer der genannten Gewalttaten, wobei der Drohende deren Begehung als von seinem Willen abhängig darstellen muß.
vortäuschen (Abs. 2)	**Schönke-Schröder** § 126 RdNr. 6: jedes auf die Erregung oder Unterhaltung eines Irrtums berechnete Verhalten, wobei der positiven Fehlvorstellung, die „Verunsicherung" durch die Vorstellung von der bloßen Möglichkeit, die Tat werde begangen, gleichstehen muß.

§ 127

unbefugt	**Schönke-Schröder** § 127 RdNr. 5: von zuständiger Stelle nicht erlaubt oder sonst gerechtfertigt.
Haufen	**Otto** § 90 1: eine größere Zahl räumlich vereinigter Menschen.
Schönke-Schröder § 127 RdNr. 3: setzt die räumliche Vereinigung einer größeren Personenmehrheit zu einem gemeinsamen Zweck voraus.

bewaffnet	**Schönke-Schröder** § 127 RdNr. 3: ist der Haufen, wenn zumindest eine erhebliche Anzahl – nicht notwendig die Mehrzahl – der Teilnehmer über Waffen verfügt, wobei es sich um Waffen im technischen Sinne handeln muß.
befehlen	**Schönke-Schröder** § 127 RdNr. 4: Das Befehlen ist die Ausübung der Kommandogewalt.
gesammelte Mannschaft	**Maurach-Schroeder-Maiwald** BT II § 60 RdNr. 53: unterscheidet sich vom Haufen einerseits durch eine gewisse Organisation und Disziplin, andererseits dadurch, daß eine räumliche Zusammenfassung nicht erforderlich ist: „Sammlung", nicht „Versammlung". **Otto** § 90 1: eine organisierte und disziplinierte Gruppe mit Waffen und Kriegsbedarf.

§ 129

Vereinigung	**BGH NJW 1979/172:** (ähnlich **Schönke-Schröder** § 129 RdNr. 4): Unter „Vereinigung" ist der auf eine gewisse Dauer beruhende organisatorische Vereinigung einer Anzahl von Personen zu verstehen, die bei Unterordnung des Willens des einzelnen unter den Willen der Gesamtheit gemeinsame Zwecke verfolgen und unter sich derart in Beziehung stehen, daß sie sich untereinander als einheitlicher Verband fühlen. **Otto** § 90 II: ein im räumlichen Geltungsbereich des Grundgesetzes bestehender auf Dauer angelegter organisatorischer Zusammenschluß von mindestens drei Personen, die bei Unterordnung des Willens des einzelnen unter den Willen der Gesamtheit gemeinsame Zwecke verfolgen und unter sich in derartiger Beziehung stehen, daß sie sich untereinander als einheitlicher Verband fühlen **(BGHSt 28/147)**. Erforderlich ist mindestens eine Teilorganisation im Bundesgebiet **(BGHSt 30/328)**.
(kriminell)	**Otto** § 90 II 2 a: Ist die Vereinigung, wenn sie nach dem Willen der führenden Funktionäre die Begehung einer Mehrheit von Straftaten anstrebt oder verwirklicht.
Straftaten	**Schönke-Schröder** § 120 RdNr. 6: sind grundsätzlich alle einen Straftatbestand erfüllenden Handlungen von einigem Gewicht, nicht dagegen bloße Ordnungswidrigkeiten.
als Mitglied beteiligen	**Otto** § 90 2: setzt nicht organisierte Mitgliedschaft, wohl aber auf Fortdauer gerichtete Teilnahme am Verbandsleben voraus. **Schönke-Schröder** § 129 RdNr. 13 (unter Hinweis auf **BGHSt** 18/296): wer sich unter Eingliederung in die Organisation deren Willen unterordnet und eine Tätigkeit zur Förderung der kriminellen Ziele der Vereinigung entfaltet.
gründen	**Preisendanz** § 129 Anm. 4: als Gründung gilt jede Neubildung.

	Schönke-Schröder § 129 RdNr. 12: d. h. bei deren Zustandekommen führend und richtungweisend (vgl. **BGH NJW** 54/1254) mitwirken.
	Otto § 90 II 2 a: Erfordert führende Mitwirkung bei der Schaffung des Zusammenschlusses oder der Umwandlung einer legalen Vereinigung in eine kriminelle.
werben	**BGHSt 20/90**: Werben ist im Grunde ebenfalls ein Unterstützen, bei dem es nur, nach dem Wesen solchen Tuns, auf den Erfolg nicht ankommt.
	Schönke-Schröder § 129 RdNr. 14: umfaßt die auf der Gewinnung von Mitgliedern für eine bereits bestehende oder noch zu gründende Organisation gerichtete Tätigkeit durch ein Nichtmitglied (andernfalls liegt ein Sich-Beteiligen vor), gleichgültig in welcher Form dies geschieht.
	Otto § 90 II 2 a: Die mit Mitteln der Propaganda betriebene Tätigkeit, die auf Weckung oder Stärkung der Bereitschaft Dritter zur Förderung einer bestimmten Vereinigung gerichtet ist **(BGHSt 28/26)**.
unterstützen	**BGHSt 20/89**: (ähnlich **Schönke-Schröder** § 129 RdNr. 15): Unterstützung ist zu Täterschaft verselbständigte Beihilfe durch ein Nichtmitglied der Organisation. Daher ist der Begriff des Unterstützens nach den für Beihilfe geltenden Rechtsgrundsätzen auszulegen. Hiernach genügt es, wenn die Organisation in ihren Bestrebungen oder in ihrer Tätigkeit gefördert, insbesondere bestärkt wird, oder wenn ihre Arbeit erleichtert worden ist.
	Schönke-Schröder § 129 RdNr. 15: ist das Fördern des Fortbestands der Vereinigung oder der Verwirklichung ihrer Ziele durch ein Nichtmitglied.
Mitglied	**BGH NJW 80/464**: Wesentliche Voraussetzung für die Annahme einer Täterschaft als Mitglied ist ... eine auf Dauer gerichtete, wenn auch vorerst einmalige Teilnahme am Verbandsleben.
Rädelsführer	**BGHSt 19/110**: Rädelsführer ist, wer in der verbotenen Vereinigung eine führende Rolle spielt.
Hintermann	**BGHSt 20/123**: Kennzeichen eines Hintermanns ist, daß er zwar nicht Mitglied ist, sein Einfluß daher nicht auf Weisungsbefugnissen beruht, daß er aber dennoch geistig oder wirtschaftlich maßgebenden Einfluß auf die Führung der Vereinigung hat.

§ 130

Menschenwürde	**Otto** § 63 III 3: ist angegriffen, wenn die Äußerung den Kernbereich der Persönlichkeit der Betroffenen berührt, d. h. ihnen der jeder Person zukommende Personenwert abgesprochen – Untermensch! – oder ihnen die Möglichkeit, gleichwertig Gemeinschaft mit anderen zu haben, bestritten wird.

Angriff auf die Menschenwürde	**Schönke-Schröder** § 130 RdNr. 7 (unter Hinweis auf **BGHSt** 31/231): liegt nur vor, wenn dieser sich nicht nur gegen einzelne Persönlichkeitsrechte (z. B. Ehre) richtet, sondern den Menschen im Kern seiner Persönlichkeit trifft, indem er unter Mißachtung des Gleichheitssatzes als unterwertig dargestellt und ihm das Lebensrecht in der Gemeinschaft bestritten wird.
Teile der Bevölkerung	**Schönke-Schröder** § 130 RdNr. 4 (ähnlich **Maurach-Schroeder-Maiwald** BT II § 60 RdNr. 60): alle Personenmehrheiten, die zahlenmäßig von einer gewissen Erheblichkeit sind und die sich aufgrund gemeinsamer äußerer oder innerer Merkmale – z. B. Rasse, Volkszugehörigkeit, Religion, politische oder weltanschauliche Überzeugung, soziale und wirtschaftliche Verhältnisse – als eine von der Gesamtbevölkerung unterscheidbare Bevölkerungsgruppe darstellen. **Otto** § 63 III 3: sind von der Gesamtbevölkerung durch ein gemeinsames soziologisches Merkmal abgrenzbare Gruppen, seien diese nun nationale, rassische, religiöse oder politische, wirtschaftliche oder berufliche Gruppierungen. **RGSt** 35/98: auf einer dauernden Gleichheit beruhende Übereinstimmung der Lebens- und sozialen Verhältnisse, also Personenkreise, die sich infolge der gesellschaftlichen Gliederung von anderen getrennt haben.
aufstacheln (Ziff. 1)	**Otto** § 63 III 3: bedeutet nachhaltig auf Sinne und Gefühle anderer mit dem Ziel einwirken, Haß im Sinne von Feindschaft zu erzeugen oder zu steigern. **Schönke-Schröder** § 130 RdNr. 5: gesteigerte Einwirkung auf Sinne und Leidenschaften, um eine feindselige Haltung gegen die betreffenden Bevölkerungsteile zu erzeugen oder zu steigern.
Gewalt- oder Willkürmaßnahmen (Ziff. 2)	**Otto** § 63 III 3: gewaltsame und andere Eingriffe ohne Rechtsgrundlage. **Schönke-Schröder** § 130 RdNr. 5: vgl. § 234a.
auffordern	**Otto** § 63 III 3: ein Verhalten, mit dem erkennbar von einem anderen ein bestimmtes Tun oder Unterlassen verlangt wird.
verächtlich machen (Ziff. 3)	**Welzel** Seite 499: heißt nicht nur als unsittlich, sondern auch als sozial völlig minderwertig erscheinen lassen.
beschimpfen	**Otto** § 63 III 3: eine besonders verletzende Mißachtenskundgebung.

§ 130a

böswilliges Verächtlichmachen	**Otto** § 63 III 3: eine Herabwürdigung des Angegriffenen aus feindseliger, des Unrechts bewußter Gesinnung.

verbreiten	**Otto** § 63 V 2: verbreitet wird die Schrift, indem sie einem größeren Personenkreis zugänglich gemacht wird.
zugänglich machen	**Otto** § 63 V 2: heißt die Möglichkeit der Kenntnisnahme durch andere eröffnen.
öffentlich (Nr. 2)	**Otto** § 62 2: öffentlich ist die Tat, wenn sie für einen nach Zahl und Individualität unbestimmten Kreis von Personen, die nicht durch persönliche Beziehungen miteinander verbunden sind, wahrnehmbar ist.
Versammlung	**Otto** § 62 2: das Zusammensein einer größeren Zahl von Personen zur Verfolgung eines bestimmten Zweckes.

§ 131

Rassenhaß	**Schönke-Schröder** § 131 RdNr. 5: Haßgefühle gegen andere Menschen ohne Ansehen ihrer Person, allein deshalb, weil sie einer bestimmten Rasse angehören, wobei dieser Begriff hier nach der ratio legis jedoch nicht im streng biologisch, anthropologischen Sinne, sondern im Sinne der Rassenideologie zu verstehen ist.
aufstacheln	**Schönke-Schröder** § 131 RdNr. 5: eine gesteigerte Einwirkung auf Sinne und Leidenschaften, um eine feindselige Haltung gegen den betreffenden Bevölkerungsteil zu erzeugen oder zu steigern (**BGHSt** 21/372).
Gewalttätigkeit	**Otto** § 63 VI 2: Setzt den Einsatz physischer Gewalt durch positives Tun unmittelbar gegen einen Menschen voraus, um seine körperliche Integrität zu verletzten.
grausam	**Schönke-Schröder** § 131 RdNr. 10: grausam ist eine Gewalttätigkeit, wenn sie unter Zufügung besonderer Schmerzen oder Qualen körperlicher oder seelischer Art erfolgt und außerdem eine brutale, unbarmherzige Haltung dessen erkennen läßt, der sie begeht.
unmenschlich	**Schönke-Schröder** § 131 RdNr. 10: Ausdruck einer menschenverachtenden und rücksichtslosen Gesinnung.
in grausamer Weise	**Preisendanz** § 131 Anm. 2 e: grausam ist die Schilderung insbesondere dann, wenn die Leiden des Opfers und die rohe oder rücksichtslose Einstellung des Täters in allen Details dargestellt werden.
verherrlichen	**Schönke-Schröder** § 131 RdNr. 13 (ähnlich **Otto** § 63 VI 2): die positive Wertung der Gewalttätigkeiten in dem Sinne, daß sie als in besonderer Weise nachahmenswert erscheinen. **Preisendanz** § 131 Anm. 2 f aa: eine „Verherrlichung" liegt insbesondere dann vor, wenn die Schilderung eine offene oder verdeckte Werbung für Gewalttaten zum Ausdruck bringt.

Verharmlosung	**Preisendanz** § 131 Anm. 2 f bb: eine Verharmlosung liegt vor, wenn die Gefährlichkeit und die unheilvollen Folgen der Gewalt heruntergespielt werden. **Schönke-Schröder** § 131 RdNr. 13: die Bagatellisierung als eine übliche, jedenfalls aber akzeptable oder nichtverwerfliche Form menschlichen Verhaltens oder gesellschaftlicher Auseinandersetzung.
in sonst unmenschlicher Weise	**Preisendanz** § 131 Anm. 2 e: unter den Begriff „sonst unmenschlich" fallen Darstellungen, die – auch wenn das Merkmal des Quälens oder Schmerzzufügens fehlt – ebenso bedenklich erscheinen, weil sie eine menschenverachtende und rücksichtslose Tendenz zum Ausdruck bringen. **Otto** § 63 VI 2 b: Die menschenverachtende Einstellung des Täters.
Die Menschenwürde verletzende Weise	**Otto** § 63 VI 2: liegt vor, wenn Schmerz und Qualen von Menschen gezielt als bloßes Unterhaltungsmittel zum Aufputschen der Nerven eingesetzt werden.
(Tathandlung): herstellen, verbreiten, öffentlich ausstellen usw.	vgl. unter § 184.
Berichterstattung	**Otto** § 63 VI 2 d: Jede auf Reproduktion der tatsächlichen Ereignisse gerichtete Überlieferung, auch die Dokumentation, die in fiktiver Nachgestaltung wirkliche Vorgänge vor Augen führen will.

§ 132

unbefugt	**Schönke-Schröder** § 132 RdNr. 11 (ähnlich **Otto** § 89 III 2 c): nicht durch amtliche Stellung oder eine Erlaubnis zur Vornahme der Amtshandlung legitimiert. **Welzel** Seite 512: Unbefugter ist, wer die Tathandlung vornimmt, ohne Inhaber des betreffenden Amtes zu sein. **Wessels** BT 1 § 14 RdNr. 803: Unbefugt handelt, wer nicht durch seine Amtsstellung oder kraft anderweitiger Ermächtigung zur Vornahme der Amtshandlung berechtigt ist.
unbefugt mit der Ausübung befassen	**Schönke-Schröder** § 132 RdNr. 5: als Inhaber eines öffentlichen Amtes ausgeben, das er in Wirklichkeit nicht bekleidet, und aufgrund dieser Vortäuschung eine dem angemaßten oder einem anderen Amt entsprechende Handlung vornehmen.
öffentliches Amt	**Schönke-Schröder** § 132 RdNr. 4: Tätigkeit im Dienste des Bundes oder im unmittelbaren oder mittelbaren Dienst eines Landes; das Amt ist öffentlich, wenn sein Träger als Organ der Staatsgewalt zu betrachten ist.

§ 132a

Amts- und Dienstbezeichnungen (Ziff. 1)	**Schönke-Schröder** § 132a RdNr. 5: (Erstere) sind die Kennzeichnung staatlicher oder kommunaler Ämter ..., während (letztere) die Kennzeichnung von Berufen beinhalten, die ohne Verbindung mit einem Amt nur aufgrund öffentlich-rechtlicher Zulassung ausgeübt werden können.
Amtsbezeichnungen führen	**Schönke-Schröder** § 132a RdNr. 17: der Täter nimmt (die Amtsbezeichnung) für sich selbst in Anspruch. Das Führen muß in einer Weise geschehen, die die Interessen der Allgemeinheit berührt.
akademische Grade	**Preisendanz** § 132a Anm. II 2 unter Hinweis auf **BGH NJW** 55/839: Grade, die von Universitäten und Hochschulen verliehen werden (z. B. Bezeichnung als Doktor, Diplomvolkswirt und Diplomkaufmann). **Schönke-Schröder** § 132 RdNr. 7: die von einer deutschen Hochschule verliehenen Titel, Bezeichnungen oder Ehrungen.
Titel	**Schönke-Schröder** § 132a RdNr. 8: die ohne Amt als Ehrung verliehenen Bezeichnungen (Justizrat, Sanitätsrat, Professor usw.), soweit es sich nicht um eine Amtsbezeichnung handelt.
Würden	**Schönke-Schröder** § 132a RdNr. 9: auf öffentlichem Recht beruhende Ehrungen, die meist in Form der Zugehörigkeit zu einer Gemeinschaft ehrenhalber verliehen werden (z. B. Ehrenbürger).
führen	**Maurach-Schroeder-Maiwald** BT II § 79 RdNr. 18: Titel usw. wird „geführt", wenn der Täter ihn aktiv in Anspruch nimmt. **Otto** § 89 IV 2 a: Setzt eine aktive Tätigkeit des Täters voraus, mit der er Dritten gegenüber in einer die Interessen der Allgemeinheit berührenden Weise und Intensität den Titel usw. in Anspruch nimmt. **Wessels** BT 1 § 14 RdNr. 607: bei § 132a Abs. 1 Ziff. 1–3 liegt ein Führen von Titeln oder Bezeichnungen nur vor, wenn der Täter selbst sie im Umgang mit anderen durch aktives Verhalten in Anspruch nimmt, und zwar so, daß dadurch die Interessen der Allgemeinheit berührt werden.
öffentlich bestellter Sachverständiger (Ziff. 3)	**Schönke-Schröder** § 132a RdNr. 11: Personen, die aufgrund öffentlich-rechtlicher Vorschriften für bestimmte Sachgebiete als Sachverständige bestellt sind.
Uniform (Ziff. 4)	**Schönke-Schröder** § 132a RdNr. 12: jede aufgrund öffentlich-rechtlicher Bestimmungen eingeführte Tracht, sofern die Befugnis zum Anlegen durch öffentlich-rechtliche Vorschriften geregelt ist.

Amtskleidung	**Schönke-Schröder** § 132a RdNr. 12: jede durch öffentlich-rechtliche Vorschriften eingeführte Tracht, die im Gegensatz zur Uniform nicht ständig beim Dienst, sondern nur bei bestimmten Amtshandlungen getragen wird.
tragen	**Schönke-Schröder** § 132a RdNr. 18 unter Hinweis auf **RGSt** 61/8: sich darin öffentlich zeigen. **Wessels** BT 1 § 14 RdNr. 607: Zum Tragen einer Uniform i. S. v. § 132a Abs. 1 Nr. 4 gehört, daß nach außen der Eindruck erweckt wird, sie stehe dem Täter zu.
zum Verwechseln ähnlich	**Otto** § 89 IV 2 d: Ist die Bezeichnung usw., wenn nach dem Gesamteindruck eines durchschnittlichen Beobachters eine Verwechslung möglich ist. **Schönke-Schröder** § 132a RdNr. 13 (unter Hinweis auf **BGHSt GA** 66/279): wenn nach dem Gesamteindruck eines durchschnittlichen, nicht genau prüfenden Beurteilers eine Verwechslung möglich ist.
Kirchen	**Schönke-Schröder** § 132a RdNr. 15: unter Kirchen werden die traditionellen christlichen Religionsgemeinschaften verstanden.

§ 133

Schriftstücke oder andere bewegliche Sachen	**Preisendanz** § 133 Anm. 2 (ähnlich **Dreher/Tröndle** RdNr. 2 unter Hinweis auf **RGSt** 51/416): Tatobjekt können nicht nur Schriftstücke, sondern auch bewegliche Sachen sein, die sich in dienstlicher Verwahrung befinden oder dem Täter oder einem anderen dienstlich in Verwahrung gegeben worden sind.
in dienstlicher Verwahrung	**BGHSt** 18/313: § 133 StGB schützt in beiden Begegnungsformen nur Gegenstände im amtlichen (= dienstlichen) Verwahrungsbesitz, d. h. solche beweglichen Sachen, die fürsorgliche Hoheitsgewalt – auch die einer öffentlich-rechtlichen Körperschaft (**RGSt** 56/399, 400) – in Besitz genommen hat, um sie unversehrt zu erhalten und vor unbefugtem Zugriff zu bewahren, solange die fürsorgliche Amtsgewahrsam andauert (**RGSt** 10/387, 389; 33/413; 43/246; **BGHSt** 51/155, 159 f.). **Otto** § 93 I 1 b: Dienstlicher Verwahrungsbesitz ist gegeben, wenn der Zweck der dienstlichen Verwahrung darin liegt, die Sache vor unbefugtem Zugriff zu bewahren und in ihrem Bestand in der Verfügungsgewalt des Hoheitsträgers zu erhalten, um einen über das bloße Funktionsinteresse der Behörde hinausgehenden Zweck sicherzustellen.
dienstlich	**Otto** § 93 I 1 c: Aufgrund dienstlicher Anordnung und zu dienstlichen Zwecken ist ein Gegenstand dann in Verwahrung genommen, wenn dem Empfänger dienstliche Herrschaftsgewalt übertragen wurde.

zerstören	**Preisendanz** § 133 Anm. 3 a: zerstört ist eine Sache, wenn sie aufgehört hat zu bestehen, z. B. verbrennen von Akten. **Otto** § 93 I 2: vgl. § 303. **Schönke-Schröder** § 133 RdNr. 14: ist eine Sache, wenn sie so wesentlich beschädigt wird, daß sie ihre Gebrauchsfähigkeit verliert.
beschädigen	**Schönke-Schröder** § 133 RdNr. 14: erfordert keine Verletzung oder Veränderung der Substanz; es genügt eine Minderung der Brauchbarkeit.
unbrauchbar machen	**Preisendanz** § 133 Anm. 3 c (ähnlich **Otto** § 93 I 2 a): unbrauchbar gemacht ist eine Sache, wenn sie ihre bestimmungsgemäße Funktion auf nicht nur vorübergehende Zeit nicht mehr erfüllen kann; die Beeinträchtigung ihrer Substanz ist nicht erforderlich. **Schönke-Schröder** § 133 RdNr. 14: bedeutet, eine Sache so zu verändern, daß sie ihren eigentlichen Zweck nicht mehr erfüllen kann, etwa durch Ausschalten ihrer Wirkungsweise, ohne daß es zu einer Substanzveränderung kommt.
der dienstlichen Verfügung entziehen	**Preisendanz** § 133 Anm. 3 d: der dienstlichen Verfügung entzogen ist die Sache, wenn sie dem Verfügungsberechtigten im Bedarfsfall nicht sofort zur Verfügung steht, und zwar an dem Ort, an dem sie üblicherweise verwahrt wird. **Schönke-Schröder** § 133 RdNr. 15: dem Berechtigten die Möglichkeit des Zugriffs auf die Sache nehmen. **Otto** § 93 I 2 a: Der dienstlichen Verfügung entzogen ist die Sache, wenn dem dienstlich Berechtigten der Zugriff auf die Sache unmöglich ist. Eine Ortsveränderung ist dazu nicht unbedingt erforderlich.
Amtsträger oder für den öffentlichen Dienst besonders Verpflichteter	Def. in § 11 Abs. 1 Nr. 2, 4 StGB.
(dienstlich) anvertraut	**Schönke-Schröder** § 133 RdNr. 21 (ebenso **Otto** § 93 I 3): ist die Sache dann, wenn der Täter die Verfügung darüber aufgrund allgemeiner oder spezieller Anordnung erhält und kraft seiner dienstlichen Aufgabe verpflichtet ist, für deren Verbleib, Gebrauchsfähigkeit oder Bestandserhaltung zu sorgen (**RGSt** 64/3).
(dienstlich) zugänglich	**Schönke-Schröder** § 133 RdNr. 22: ist dem Beamten eine Sache, wenn er infolge seiner dienstlichen Eigenschaft die tatsächliche Möglichkeit hat, zu ihr zu gelangen.

§ 134

dienstlich	**Otto** § 89 I 2: jedes von Behörden oder anderen Dienststellen öffentlich-rechtlicher Körperschaften gefertigtes Schriftstück, das amtlichen Inhalt hat.
dienstliches Schriftstück	**Preisendanz** § 134 Anm. 2: ein Schriftstück ist dienstlich, wenn es von einer staatlichen oder kommunalen Behörde oder einer Dienststelle der Bundeswehr stammt. **Schönke-Schröder** § 134 RdNr. 1: Dienstlich ist jedes Schriftstück, das für Mitteilungszwecke einer Behörde, sonstiger Dienststellen, öffentlich-rechtlicher Körperschaften und Anstalten, z. B. Gemeinden und Universitäten, nicht jedoch kirchlicher Stellen angefertigt wurde.
öffentlich angeschlagen oder ausgelegt	**Otto** § 89 I 2: wenn die Allgemeinheit Kenntnis nehmen kann und soll. **Preisendanz** § 134 Anm. 3: öffentlich angeschlagen oder ausgelegt ist ein Schriftstück, wenn es an einer Stelle angebracht oder ausgelegt ist, an der es von einem nach Herkunft und Zahl unbestimmten Personenkreis wahrgenommen werden kann (z. B. auf Straßen und Plätzen, in öffentlichen Gebäuden, Gaststätten, Theatern oder Zügen).
zerstören	**Schönke-Schröder** § 134 RdNr. 6: vgl. § 133.
beseitigen	**Otto** § 89 I 2: Entziehung durch Ortsveränderung gegen den Willen des Berechtigten. **Schönke-Schröder** § 134 RdNr. 6: beseitigt ist ein Schriftstück, wenn es von dem Ort, an dem es angeschlagen usw. ist, entfernt wird.
verunstalten	**Schönke-Schröder** § 134 RdNr. 6: beschmieren, durch verändernde Zusätze karikieren oder sonst in einer Weise verändern, durch welche die Mißachtung gegenüber dem dienstlichen Schriftstück oder dessen mangelnde Ernstlichkeit dokumentiert wird.
unkenntlich machen	**Schönke-Schröder** § 134 RdNr. 6: liegt nicht nur dann vor, wenn der Inhalt des Schriftstücks überhaupt nicht mehr, sondern auch, wenn er nur teilweise nicht mehr zur Kenntnis genommen werden kann oder in seinem Sinn entstellt ist.
(Tathandlungen)	**Preisendanz** § 134 Anm. 4: der Kreis der Tathandlungen umfaßt jede Beeinträchtigung ohne Rücksicht darauf, ob diese mit einer Beeinträchtigung der Substanz verbunden ist.

§ 136

eine Sache	**Preisendanz** § 136 Anm. 2 a: Tatobjekte können nur Sachen, nicht auch Rechte sein. **Schönke-Schröder** § 136 RdNr. 5: Unter Sachen sind hier alle gegenständlichen Bestandteile des Vermögens zu verstehen. Forderungen können daher nicht Objekt der Tat sein.

gepfändet	**Schönke-Schröder** § 136 RdNr. 8 (Pfändung) ist die Beschlagnahme, die zur Befriedigung oder Sicherung vermögensrechtlicher Ansprüche vorgenommen wird.
Beschlagnahme	**Schönke-Schröder** § 136 RdNr. 7 unter Hinweis auf **RGSt** 65/249: die zwangsweise Bereitstellung einer Sache zur Verfügung einer Behörde, um öffentliche oder private Belange zu sichern.
zerstören, beschädigen, unbrauchbar machen	vgl. unter § 133.
der Verstrickung entziehen	**Preisendanz** § 136 Anm. 2 c (ähnlich **Otto** § 93 II 2, **Schönke-Schröder** § 136 RdNr. 12): eine Verstrickungsentziehung liegt vor, wenn die beschlagnahmte Sache der Verfügungsgewalt der berechtigten Seite ganz oder teilweise, dauernd oder vorübergehend entzogen wird.
Siegel	**Maurach-Schroeder-Maiwald** BT II § 72 RdNr. 19: ist hier im Sinne von pars pro toto zu verstehen; dem Siegel gleichgestellt ist, daher jede zu den genannten Zwecken angebrachte amtliche Kennzeichnung mit Beglaubigungscharakter. **Schönke-Schröder** § 136 RdNr. 20: Siegelabdruck. **Otto** § 93 II 3 a: Eine von einer Behörde oder einem Amtsträger herrührende Kennzeichnung mit Beglaubigungscharakter.
beschädigen (Abs. 2)	**Otto** § 93 I 3: vgl. § 303. **Schönke-Schröder** § 136 RdNr. 24: das Siegel ist beschädigt, wenn es in seiner Substanz soweit beeinträchtigt wird, daß es die ihm obliegende Funktion einer Kennzeichnung des beschlagnahmten Gegenstandes nicht mehr erfüllen kann. Eine Beschädigung liegt auch im Ablösen des Siegels.
unkenntlich	**Schönke-Schröder** § 136 RdNr. 24: ist ein Siegel, wenn es ohne Substanzverletzung seiner Zweckbestimmung entzogen wird.
ablösen	**Otto** § 93 II 3 b: Beseitigung des Siegels.
anlegen	**Otto** § 93 II 3 a: Angelegt ist das Siegel, wenn es mit einer Sache verbunden ist, sei es auch nur mit einer Stecknadel. **Wessels** BT 1 § 15 RdNr. 656: bedeutet die mechanische Verbindung des Siegels mit einem Gegenstand (**RGSt** 61/101).
Unwirksammachen des Verschlusses	**Preisendanz** § 136 Anm. 3 c (ähnlich **Otto** § 93 II 3 b): entsprechend der Rspr. zum „Aufheben" des Verschlusses ist der durch das Siegel bewirkte Verschluß „unwirksam gemacht", wenn die mit der Siegelung verbundene dienstliche Sperre mißachtet wird.

§ 138

Vorhaben
Blei § 110, III unter Hinweis **RGSt** 60/254: ist jeder ernstliche Plan (auch wenn noch nicht alles im einzelnen fest bestimmt ist).
Schönke-Schröder § 138 RdNr. 4: jeder ernstliche Plan.

glaubhaft erfahren
Otto § 67 III 2 a: Glaubhaft erfahren hat der Täter von der Tat, wenn diese ernstlich geplant oder schon ausgeführt wird und er selbst mit ihrer Verübung rechnet.

Behörde
Schönke-Schröder § 138 RdNr. 13: jede Dienststelle des Staates, zu deren Aufgabenkreis ein verhütendes Einschreiten gehört.

Bedrohter
Schönke-Schröder § 138 RdNr. 13: derjenige, gegen den sich der Angriff unmittelbar richten soll.

rechtzeitig
Schönke-Schröder § 138 RdNr. 12: (ebenso **Blei** § 110 III) die Verhütung des Verbrechens oder seines Erfolges ist noch möglich.
Otto § 67 III 2 a: Rechtzeitig ist die Anzeige an die Behörde oder den Bedrohten, wenn der Erfolg der Tat bzw. die Ausführung der Tat noch abgewendet werden kann.

§ 139

Geistlicher
Schönke-Schröder § 139 RdNr. 2: Religionsdiener, die von einer Religionsgemeinschaft zu gottesdienstlichen Verrichtungen bestellt sind.

§ 140

belohnen
Schönke-Schröder § 140 RdNr. 4 (ebenso **Maurach** BT Seite 628): Zuwendung eines Vorteils jeder Art.
Otto § 63 IV 2 a: Die nachträgliche Gewährung irgendwelcher Vorteile.

öffentlicher Frieden
Schönke-Schröder § 140 RdNr. 5; vgl. § 126.

billigen
Otto § 63 IV 2: das Gutheißen von Straftaten durch eine aus sich heraus verständliche, anderen wahrnehmbare Zustimmung.
Schönke-Schröder § 140 RdNr. 5 (unter Hinweis auf **BGHSt** 22/282): wer seine Zustimmung dazu kundgibt, daß die Tat begangen worden ist und sich damit moralisch hinter den Täter stellt.

öffentlich billigen
Schönke-Schröder § 140 RdNr. 6: Öffentlich ist die Billigung, wenn eine individuell nicht feststehende Anzahl von Personen die Möglichkeit hat, davon Kenntnis zu nehmen.
Otto § 63 IV 2 a, b: Öffentlich ist die Billigung, wenn der Zuhörerkreis nicht durch persönliche Beziehungen miteinander verbunden ist oder so groß ist, daß er nach Zahl und Individualität unbestimmbar ist. Billigen ist das Gutheißen

der Straftaten durch eine aus sich heraus verständliche, anderen wahrnehmbare Zustimmung.

§ 142

Wer (Täter) — **Preisendanz** § 142 Anm. 3: kann nur ein Unfallbeteiligter sein.

Straßenverkehr — **Otto** § 80 II 1 a: Verkehr auf Wegen und Plätzen usw., die jedermann oder allgemein bestimmten Gruppen von Verkehrsteilnehmern dauernd oder vorübergehend zur Benutzung offen stehen.

Verkehrsunfall — **Blei** § 91 II unter Hinweis auf **BGHSt** 12/255: ist ein plötzliches Ereignis, das zur Tötung oder Verletzung eines Menschen oder zu einer nicht völlig belanglosen Sachbeschädigung geführt hat.
Schönke-Schröder § 142 RdNr. 4 unter Hinweis auf **BGHSt** 8/264; 12/255; 24/383; **RGSt** 75/360 (ähnlich **Maurach-Schroeder-Maiwald** BT I § 49 RdNr. 17; ähnlich **Otto** § 80 III 3): Verkehrsunfall ist ein plötzliches Ereignis im öffentlichen Verkehr, das mit dessen Gefahren in ursächlichem Zusammenhang steht und einen Personen- oder Sachschaden zur Folge hat, der nicht ganz unerheblich ist.
Welzel Seite 464 unter Hinweis auf **BGHSt** 12/255: ein plötzliches Ereignis, das mit dem Straßenverkehr ursächlich zusammenhängt und zur Verletzung eines Menschen oder zu einer nicht völlig belanglosen Beschädigung einer Sache geführt hat.

anderer Unfallbeteiligter — **Schönke-Schröder** § 142 RdNr. 19: jeder, dessen Verhalten nach den Umständen zur Verursachung des Unfalles beigetragen haben kann.

Geschädigter — **Schönke-Schröder** § 142 RdNr. 19: jeder, dem aus dem Unfall ein Schadensersatzanspruch erwachsen ist.

Unfallort — **Schönke-Schröder** § 142 RdNr. 36: die Stelle, an der sich das schädigende Ereignis zugetragen hat, sowie der unmittelbare Umkreis, innerhalb dessen das unfallbeteiligte Fahrzeug durch den Unfall zum Stillstand gekommen ist oder ... hätte angehalten werden können.

sich entfernen — **Schönke-Schröder** § 142 RdNr. 37: es ist eine Ortsveränderung erforderlich; entscheidend ist, ob der Täter sich soweit von der Unfallstelle abgesetzt hat, daß ein Zusammenhang mit dem Unfall nicht mehr ohne weiteres erkennbar ist.

§ 144

Deutsche — **Schönke-Schröder** § 144 RdNr. 1: Deutsche sind alle Personen im Sinne des Art. 116 GG.

auswandern — **Schönke-Schröder** § 144 RdNr. 4: Verlassen Deutschlands in der Absicht, den Wohnsitz im Inland aufzugeben.

verleiten	**Schönke-Schröder** § 144 RdNr. 2: Einwirkung auf den Willen des anderen, aufgrund deren der andere zum Auswandern veranlaßt wird.

§ 145

Notrufe und Notzeichen	**Preisendanz** § 145 Anm. II 1 (ähnlich **Lackner** § 145 Anm. 3 a): Notrufe und Notzeichen i. S. der Nr. 1 sind technische Anlagen und Einrichtungen, mit deren Hilfe auf eine Not, eine Gefahr oder auf ein sonstiges Bedürfnis nach fremder Hilfe aufmerksam gemacht werden kann. **Schönke-Schröder** § 145 RdNr. 4 (ebenso **Otto** § 67 II 2 a): sind akustisch oder optisch wahrnehmbare Bekundungen, die auf das Vorhandensein einer Not- oder Gefahrenlage und die Notwendigkeit fremder Hilfe aufmerksam machen.
mißbrauchen	**Preisendanz** § 145 Anm. II 1: ein Mißbrauch liegt vor, wenn die Notrufe und Notzeichen gebraucht werden, obwohl die nach Gesetz, behördlicher Anordnung, Vereinbarung oder allgemeiner Übung für ihre Benutzung festgelegten Voraussetzungen fehlen. **Schönke-Schröder** § 145 RdNr. 5: mißbraucht werden Notrufe oder Notzeichen, wenn auf sie ohne Vorliegen ihrer Voraussetzungen zurückgegriffen wird. **Otto** § 67 II 2 a: Mißbraucht ist jeder Gebrauch des Zeichens, obwohl keine Not oder Gefahr besteht.
vortäuschen	**Preisendanz** § 145 Anm. II 2: im Falle der Nr. 2 (des § 145 I) genügt es nicht, daß ein Unglücksfall, eine gemeine Gefahr vorgetäuscht wird. Der Täter muß weiter vortäuschen, daß aus dem angeblichen Anlaß Hilfe erforderlich ist.
Unglücksfall, gemeine Gefahr oder Not	vgl. unter § 323 c.
(geschützte Tatobjekte): Warn- oder Verbotszeichen usw.	**Preisendanz** § 145 Anm. III 2: bei allen geschützten Tatobjekten ist es unerheblich, ob sie von einer staatlichen kommunalen Institution oder von privater Seite bereitgestellt worden sind.
beseitigen	**Schönke-Schröder** § 145 RdNr. 15: liegt vor, wenn das Zeichen von seinem Platz derart entfernt worden ist, daß es seiner Aufgabe nicht mehr gerecht wird.
unkenntlich machen	**Schönke-Schröder** § 145 RdNr. 15: wenn seine (des Zeichens) gedankliche Aussage nicht mehr ohne weiteres zur Kenntnis genommen werden kann.
Sinn entstellt	**Otto** § 67 II 2 c: in seinem Sinn entstellt oder unbrauchbar gemacht ist der Gegenstand, wenn er den konkreten Schutzzweck nicht mehr erfüllt. **Schönke-Schröder** § 145 RdNr. 15: wenn seine (des Zeichens) Warn- oder Verbotsfunktion einen veränderten Inhalt erhält.

Schutzvorrichtungen (Abs. 2 Ziff. 2)	**Schönke-Schröder** § 145 RdNr. 17: Schutzvorrichtungen i. d. S. sind alle gegenständlichen Absicherungen einer Gefahrenstelle, ausgenommen die Warn- und Verbotszeichen, die bereits in Nr. 1 erfaßt werden.
beseitigen	**Schönke-Schröder** § 145 RdNr. 19: wenn das Tatobjekt der Gebrauchsmöglichkeit entzogen, namentlich von seinem Platz so entfernt worden ist, daß es seiner Schutzfunktion nicht mehr gerecht werden kann, bzw. nicht mehr ohne weiteres möglich ist, es bestimmungsgemäß zur Hilfeleistung einzusetzen.
verändert	**Schönke-Schröder** § 145 RdNr. 19: wird ein Tatobjekt, wenn es einen Zustand erhält, der vom bisherigen abweicht und seine Funktionstauglichkeit herabsetzt.
unbrauchbar gemacht	**Schönke-Schröder** § 145 RdNr. 19: Funktionstauglichkeit (des Tatobjekts) wird gänzlich oder doch im wesentlichen aufgehoben.

§ 145c

ausüben	**RGSt 68/399:** die strafbare Handlung muß sich als ein Ausfluß aus der Berufstätigkeit selbst oder doch wenigstens als ein mit der rgelmäßigen Gestaltung der Berufsausübung in Beziehung gesetzes Verhalten darstellen. **OLG Düsseldorf NJW 66/410:** der Handelnde verstößt auch dann gegen den § 145c StGB, wenn er nur bei einer einmaligen Gelegenheit in seinem Beruf tätig wird.
für einen anderen	**Preisendanz** § 145c Anm. 3: „für" einen anderen wird tätig, wer nach seinen (dessen) Weisungen tätig wird, z. B. als Angestellter oder sog. Strohmann.

§ 145d

wider besseres Wissen	vgl. unter § 187.
Behörde, zust. Stelle	**Otto** § 95 II 2: als zuständige Stellen ohne Behördencharakter sind – soweit man hier nicht schon eine Behörde annimmt – die einzelnen nach § 158 StPO zur Entgegennahme von Anzeigen zuständigen Beamten anzusehen.
rechtswidrige Tat	Def. in § 11 Abs. 1 Nr. 5 StGB.
vortäuschen	**Preisendanz** § 145d Anm. 3 b: vorgetäuscht ist eine Tat, wenn der Anschein ihrer Begehung erregt wird. **Otto** § 95 II 2 a: ist das Erregen oder Verstärken eines Verdachts, sei es durch Behauptung von Tatsachen, oder Schaffen einer verdachtserregenden Beweislage.
täuschen (Abs. 2)	**Otto** § 95 II 2 b: Eine Täuschung liegt vor, wenn der Tatverdacht auf Unbeteiligte gelenkt werden soll. Eine Strafanzeige gegen Unbekannt genügt daher **(BGHSt 6/255)**. **Wessels** BT 1 § 16 RdNr. 693: eine Täuschungshandlung i. S. v. § 145d Abs. 2 Nr. 1 liegt vor, wenn der Tatverdacht

auf Unbeteiligte gelenkt wird oder die Strafverfolgungsorgane durch konkrete Falschangaben zu unnützen Maßnahmen in der falschen Richtung veranlaßt werden sollen.

§ 146

Geld

Maurach-Schroeder-Maiwald BT II § 67 RdNr. 11 unter Hinweis auf **RGSt** 58/256 (ebenso **Schönke-Schröder** § 146 RdNr. 2; **Welzel** Seite 420; **Blei** § 84 II; **Otto** § 75 I 2 unter Hinweis auf **BGHSt** 12/345): jedes vom Staat oder einer durch ihn ermächtigten Stelle als Wertträger beglaubigte, zum Umlauf im öffentlichen Verkehr bestimmte Zahlungsmittel ohne Rücksicht auf einen allgemeinen Annahmezwang.

Wessels BT 1 § 20 RdNr. 896: jedes von einem Staat oder einer durch ihn dazu ermächtigten Stelle als Wertträger beglaubigte, zum Umlauf im öffentlichen Verkehr bestimmte Zahlungsmittel.

in der Absicht

Preisendanz § 146 Anm. 3 c bb ähnlich **Dreher/Tröndle** § 146 RdNr. 5; **Lackner** § 146 Anm. 4 b): Absicht ist der auf den Erfolg gerichtete Wille, d. h. es muß dem Täter darauf ankommen, das nachgemachte Geld als echtes in Verkehr zu bringen oder ein solches Inverkehrbringen zu ermöglichen.

Otto § 75 II 4: Absicht ist zielgerichtetes Wollen (dolus directus 1. Grades).

Schönke-Schröder § 146 RdNr. 7 unter Hinweis auf **BGH NJW** 52/312: der zielgerichtete Wille; Endzweck braucht das Inverkehrbringen nicht zu sein.

nachmachen

Maurach-Schroeder-Maiwald BT II § 67 RdNr. 14: ist die eigenmächtige Herstellung von Objekten, die den Anschein gültigen Geldes erregen und im Geldverkehr den Arglosen zu täuschen vermögen.

Schönke-Schröder § 146 RdNr. 5 unter Hinweis **RGSt** 65/204, **BGHSt** 23/231: ist die körperliche Behandlung einer Sache mit dem Ergebnis, daß sie mit einer anderen Sache, die sie in Wirklichkeit nicht ist, verwechselt werden kann. Geld ist dementsprechend nachgemacht, wenn es den Schein gültigen echten Geldes erregt und im gewöhnlichen Geldverkehr den Arglosen zu täuschen vermag.

Otto § 75 II 1 a: Ist das Herstellen unechten Geldes, das geeignet ist, einen Arglosen im gewöhnlichen Zahlungsverkehr zu täuschen.

Wessels BT 1 § 20 RdNr. 900: Geld ist nachgemacht, wenn die Falsifikate den Anschein gültiger Zahlungsmittel erwecken, mit echtem Geld verwechselt werden können und im gewöhnlichen Verkehr den Arglosen zu täuschen vermögen, ohne daß in dieser Hinsicht (von ganz plumpen Fälschungen abgesehen) allzu hohe Anforderungen zu stellen sind.

echt	**Wessels** BT 1 § 20 RdNr. 897 unter Hinweis auf **BGHSt** 27/672: sind Geldscheine und Geldmünzen (auch bei Anfertigung in der Münzstätte eines Landes) nur dann, wenn ihre Herstellung durch einen staatlichen Auftrag gedeckt ist, und die in ihnen verkörperte Gedankenerklärung, daß und in welcher Höhe sie gesetzliches Zahlungsmittel sind, vom Träger des Geldmonopols „geistig herrührt".
Inverkehrbringen	**Preisendanz** § 146 Anm. 3 c aa unter Hinweis auf **RGSt** 67/167 (ebenso **Schönke-Schröder** § 146 RdNr. 21; **Otto** § 75 II 3 a; ähnlich **Wessels** BT 1 § 20 RdNr. 904): in Verkehr gebracht ist das Geld, wenn der Täter es derart aus seinem Gewahrsam entläßt, daß ein anderer in die Lage versetzt wird, sich seiner zu bemächtigen und nach seinem Belieben damit umzugehen.
Geld verfälschen	**Preisendanz** § 146 Anm. 4 (ähnlich **Otto** § 75 II 1 b; **Schönke-Schröder** § 146 RdNr. 6): tatbestandsmäßig ist jede Einwirkung oder Behandlung echten Geldes, durch die der Anschein eines höheren Wertes hervorgerufen wird. **Wessels** BT 1 § 20 RdNr. 901 unter Hinweis auf **RGSt** 68/69: ein Verfälschen ist gegeben, wenn echtes Geld so verändert wird, daß es als Zahlungsmittel einen höheren Wert zu haben scheint und in dieser Hinsicht mit dem Makel der Unechtheit behaftet ist.
falsch	**Otto** § 75 I 2: Falsch ist Geld, wenn es unecht ist, d. h. nicht oder nicht in der vorliegenden Form von demjenigen stammt, der aus ihm als Aussteller hervorgeht. **Schönke-Schröder** § 146 RdNr. 14: ist das Geld, das im Sinne des Abs. 1 Nr. 1 nachgemacht oder verfälscht ist. **Wessels** BT 1 § 20 RdNr. 897: der Begriff des Falschgeldes ist gleichbedeutend mit dem des unechten Geldes, das nicht oder zumindest nicht in der vorliegenden Form vom Inhaber des Währungsmonopols, sondern von einer anderen Person als Aussteller herrührt.
sich verschaffen	**Preisendanz** § 146 Anm. 5 a unter Hinweis auf **BGHSt** 2/117; 3/156 (ähnlich **Otto** § 75 II 2, **Schönke-Schröder** § 146 RdNr. 15): Sichverschaffen bedeutet die Begründung einer eigenen Verfügungsgewalt, und zwar zu eigenen Zwecken. **Wessels** BT 1 § 20 RdNr. 902: falsches Geld verschafft sich, wer es in Kenntnis der Unechtheit zu eigenen Zwecken in seinen Besitz oder sonstwie in seine Verfügungs- und Mitverfügungsgewalt bringt, wobei hinsichtlich der Unechtheit des Geldes auch Eventualvorsatz genügt.

§ 147

Geld verfälschen	vgl. unter § 146.
Inverkehrbringen	**BGH NJW** 80/2535: Ein Inverkehrbringen gefälschter Wertpapiere als echt nach §§ 147, 151 kann auch dann vorliegen,

wenn der Täter die falschen Papiere an einen Eingeweihten abschiebt.

§ 148

amtliche Wertzeichen

Preisendanz § 148 Anm. 2: Wertzeichen sind Zahlungsmittel in der Form spezifischer Marken, die üblicherweise gegen Entgelt ausgegeben werden und einen bestimmten Geldwert repräsentieren.

Schönke-Schröder § 148 RdNr. 2: unter Hinweis auf **RGSt** 57/287, 59/323, 63/381: sind vom Staat, von einer Gebietskörperschaft oder einer sonstigen Körperschaft des öffentlichen Rechts unter öffentlicher Autorität herausgegebene Marken oder ähnliche Zeichen, die einen bestimmten Geldwert verkörpern, öffentlichen Glauben genießen und die Zahlung von Steuern, Abgaben, Gebühren, Beiträgen u. dgl. erleichtern, sichern und kenntlich machen.

Otto § 76 I 2: sind vom Staat, einer Gebietskörperschaft oder einer sonstigen Körperschaft oder einer Anstalt des öffentlichen Rechts ausgegebene Marken oder ähnliche Zeichen, die Zahlung gleicher Art (wie von Gebühren, Steuern, Abgaben, Beiträgen und dergleichen) vereinfachen, sicherstellen oder nachweisen sollen (**BGHSt** 32/75).

Wessels BT 1 § 20 RdNr. 918: dazu gehören alle vom Staat oder von einer Körperschaft des öffentlichen Rechts herausgegebenen oder zugelassenen Marken und Zeichen, die einen bestimmten Geldwert verkörpern, öffentlichen Glauben genießen und die Zahlung von Gebühren, Steuern, Abgaben und dergleichen nachweisen sollen.

amtlich

Preisendanz § 148 Anm. 2 a unter Hinweis auf **RGSt** 63/380; amtlich ist ein Wertzeichen, wenn es von einer Dienststelle des Bundes, des Landes, einer Gebietskörperschaft oder einer sonstigen Körperschaft des öffentlichen Rechts ausgestellt worden ist mit dem Ziel, die Entrichtung bestimmter Abgaben, Steuern und Beiträge zu erleichtern oder zu überwachen.

nachmachen

Schönke-Schröder § 148 RdNr. 4: vgl. § 146.

verfälschen

Schönke-Schröder § 148 RdNr. 5: vgl. § 146.

feilhalten

Schönke-Schröder § 148 RdNr. 13: unter Hinweis auf **RGSt** 63/420, **BGHSt** 23/288: ist das äußerlich erkennbare Bereitstellen zum Verkauf an das Publikum.

Inverkehrbringen (Abs. 1 Ziff. 3)

vgl. unter § 146.

verwenden

Schönke-Schröder § 148 RdNr. 12: verwendet wird ein Wertzeichen, wenn es bestimmungsgemäß gebraucht wird.

als gültig verwenden (Abs. 2)

Schönke-Schröder § 148 RdNr. 22: als gültig wird das Wertzeichen verwendet bzw. in Verkehr gebracht, wenn der

	Anschein hervorgerufen wird, es sei zuvor noch nicht verwendet worden.

§ 149

Fälschung von Geld oder Wertzeichen	vgl. unter § 146.
vorbereiten	**Schönke-Schröder** § 149 RdNr. 7: das bedingt, daß ein Delikt dieser Art (§ 146 Abs. 1, § 148 Abs. 1 Nr. 1) schon geplant ist, sei es vom Täter der Vorbereitungshandlung selbst oder von einem anderen.
Formen	**RGSt** 55/47: unter diesen Begriff fallen derartige Gegenstände lediglich dann, wenn sie ein Bild dessen enthalten, was (durch Guß oder Druck) als Zeichen oder Figur in Metall, Papier oder einem sonstigen Stoff hervorgebracht werden soll.
zum Verwechseln ähnlich (Abs. 1 Ziff. 2)	**Schönke-Schröder** § 149 RdNr. 5: zum Verwechseln ähnlich ist ein Papier, das nach seinem Gesamteindruck trotz vorhandener Abweichungen geeignet ist, bei einem durchschnittlichen, über besondere Sachkunde nicht verfügenden Beurteiler, der das Papier nicht genauer prüft, den Irrtum hervorzurufen, es handle sich um die besonders gesicherte Papierart.
herstellen (Abs. 1 Ziff. 2)	**Schönke-Schröder** § 149 RdNr. 6 (ähnlich **Otto** § 75 VI 3): bedeutet das tatsächliche Fertigstellen einer Sache, so daß sie unmittelbar verwendungsfähig ist.
verschaffen	vgl. unter § 146.
feilhalten	vgl. unter § 148.
verwahren	**Schönke-Schröder** § 149 RdNr. 6: liegt vor, wenn jemand Gewahrsam an einer Sache hat.
überlassen	**Schönke-Schröder** § 149 RdNr. 6: wird eine Sache, wenn sie einem anderen zum Gebrauch übergeben wird.
vernichten	**Schönke-Schröder** § 149 RdNr. 16: Vernichten bedeutet das völlige Zerstören.
unbrauchbar machen	**Schönke-Schröder** § 149 RdNr. 16: wenn sie so verändert worden sind, daß sie sich zur Ausführung eines Fälschungsdelikts nicht mehr eignen.

§ 152a

Euroschecks, Euroscheckkarten	**Schönke-Schröder** § 152a RdNr. 3: Gegenstände, die aufgrund von Vereinbarungen der Kreditwirtschaft einheitlich ausgestaltet und gegen Nachahmung besonders gesichert sind.
falsch	**Schönke-Schröder** § 152a RdNr. 4 (ebenso **Otto** § 75 VI 2): sind die Euroscheck(karten)vordrucke, wenn sie in ihrem

	Inhalt nicht vom Berechtigten, aus den Vordrucken selbst ersichtlichen Aussteller stammen.
(Tathandlungen): herstellen, Zutritt verschaffen, überlassen	vgl. § 149.
sich verschaffen	vgl. § 146.
feilhalten	vgl. § 148.

§ 153

vor	**Schönke-Schröder** § 153 RdNr. 6: „vor" Gericht oder einer anderen zuständigen Stelle ist eine mündliche Aussage nur dann abgegeben, wenn sie gegenüber einer Person erfolgt, die zur Vertretung des Gerichts oder der Stelle bei derartigen Geschäften berufen ist.
Gericht	**Otto** § 97 III 1 a: Die inländischen staatlichen Gerichte in allen ihren Funktionen, z. B. der Rechtspfleger im Verfahren nach § 75 KO, nicht dagegen die privaten Schiedsgerichte nach §§ 1025 ff. ZPO. **Schönke-Schröder** § 153 RdNr. 5: vgl. § 154.
andere zur eidlichen Vernehmung von Zeugen ...	**Otto** § 97 III 1 a: Das sind Behörden, denen der Gesetzgeber das Recht der eidlichen Vernehmung gegeben hat, z. B. das Bundespatentamt (§ 46 PatG) und parlamentarische Untersuchungsausschüsse (Art. 44 GG und entsprechende Vorschriften der Landesverfassungen), nicht hingegen Staatsanwaltschaft, Polizei oder Finanzämter und andere Verwaltungsbehörden. **Schönke-Schröder** § 153 RdNr. 5: vgl. § 154.
Eid	**Blei** § 107 II: die Beteuerung der Wahrheit einer Aussage in einer vorgeschriebenen, besonderen Form vor einer dafür zuständigen Stelle. **Welzel** Seite 526: ist die Aussage, wenn sie mit der Wirklichkeit nicht übereinstimmt, nicht dagegen, wenn sie lediglich mit der subjektiven Überzeugung des Täters von der Wirklichkeit nicht übereinstimmt.
Aussage	**Blei** § 107 IV: ist die Mitteilung eines bestimmten geistigen Inhalts durch den sich Äußernden. **Schönke-Schröder** § 153 RdNr. 3: Aussage ist der Bericht des Vernommenen oder seine Antwort auf bestimmte Fragen.
falsch	**Schönke-Schröder** Vorbem. §§ 153 f RdNr. 4: ist eine Aussage, wenn das, was ausgesagt wird (Aussageinhalt) mit dem, worüber ausgesagt wird (Aussagegegenstand) nicht übereinstimmt. Die von der h. M. vertretene, sog. objektive Theorie geht davon aus, daß die Rechtspflege nur durch eine der Wirklichkeit wiedersprechende Aussage gefährdet werden kann; nach ihr bezeichnet „falsch" – und zwar einheit-

lich in allen Tatbeständen der §§ 153 f – daher den Widerspruch zwischen Inhalt der Aussage und dem tatsächlichen („objektiven") Geschehen oder Sachverhalt als Aussagegegenstand.

§ 154

„vor" — **Schönke-Schröder** § 154 RdNr. 12: „Vor" Gericht oder einer anderen zuständigen Stelle ist der Eid nur geleistet, wenn er vor einer Person abgelegt wird, die zur Vertretung des Gerichts bzw. der Stelle bei solchen Amtsgeschäften berufen ist.

Gerichte — **Schönke-Schröder** § 154 RdNr. 7: Gerichte sind alle mit Richtern besetzten Organe der Rechtsprechung, also alle Zivil-Straf-Verwaltungsgerichte usw. einschließlich der Dienststrafgerichte, nicht aber private Schiedsgerichte nach §§ 1025 ff. ZPO.

andere zur Abnahme von Eiden zuständige Stellen — **Schönke-Schröder** § 154 RdNr. 10: in Betracht kommen nur staatliche Einrichtungen (nicht notwendig Behörden).

Eid — **Blei** § 107 VI: vgl. unter § 153.
Welzel Seite 529: die in den gesetzlichen Formen vorgenommene feierliche Beteuerung der Wahrheit und der Vollständigkeit der Aussage. Unerläßlich sind die Worte „Ich schwöre" (**RGSt** 67/333), während die Anrufung Gottes und das Erheben der Hand nicht wesentlich sind.

falsch — vgl. unter § 153.

schwören — **Blei** § 107 VI: bedeutet Ableistung eines Eides zur Bekräftigung der Aussage. Schwur und Eid sind dasselbe.
Otto § 97 III 2 b: Falsch schwören, das ist die Bekräftigung einer falschen Aussage mit dem Eide vor Gericht oder anderen, zur Abnahme von Eiden zuständigen Stelle.

§ 156

Versicherung an Eides Statt — **Schönke-Schröder** § 156 RdNr. 4 (unter Hinweis auf **RGSt** 70/267): eine, den Erklärenden sofort bindende Bekräftigung der Wahrheit, wobei der Inhalt der Erklärung den Willen erkennen lassen muß, daß sie an Eides Statt abgegeben wird.

zuständig — **Maurach-Schroeder-Maiwald** BT II § 74 RdNr. 63 (ebenso **Otto** § 97 III 4; ähnlich **Schönke-Schröder** § 156 RdNr. 8): im Sinne des § 156 ist unter Zugrundelegung der restriktiven Auffassung nicht schon eine Behörde, die nach ihrer Organisation und ihren Aufgaben zur Entgegennahme eidesstattlicher Versicherungen legitimiert ist. Entscheidend ist vielmehr (**RGSt** 73/146, **BGHSt** 2/222), daß die eidesstattliche Versicherung über den Gegenstand, auf den sie sich bezieht, und im Verfahren, um das es sich handelt, der

	Behörde gegenüber abgegeben werden darf und daß sie rechtlich nicht völlig bedeutungslos ist.
falsch	vgl. unter § 153. **Otto** § 97 III 4 a: Falsch ist die Versicherung entsprechend der falschen Aussage, wenn nicht das wirkliche oder erreichbare Wissens- oder Erinnerungsbild des Versichernden wiedergibt.
Verschweigen von Tatsachen	**Otto** § 97 III 4: macht eine Versicherung zu einer falschen, wenn Tatsachen verschwiegen werden, die mit dem gewählten Beweisthema so eng zusammenhängen, daß ihre Offenbarung die Erklärung inhaltlich ändern würde, weil ihr Sinngehalt ein anderer würde.
abgegeben	**Blei** § 107 VII unter Hinweis auf **RGSt** 49/49: ist die eidesstattliche Versicherung dann, wenn die Schrift der zur Abnahme zuständigen Behörde zugeht; Kenntnisnahme ist nicht notwendig. **Welzel** Seite 531 unter Hinweis auf **RGSt** 32/435: Abgeben (ist die eidesstattliche Versicherung), wenn sie mit dem Willen des Erklärenden an die betreffende Behörde gelangt. **Wessels** BT 1 § 17 RdNr. 750: abgegeben ist die Versicherung, sobald sie in den Machtbereich derjenigen Behörde gelangt ist, an die sie gerichtet war; der Kenntnisnahme von ihrem Inhalt bedarf es nicht.
vor der Behörde abgegeben	**Schönke-Schröder** § 156 RdNr. 19: ist die eidesstattliche Versicherung im Falle der Mündlichkeit, wenn sie vor einer zur Vertretung der Behörde in solchen Angelegenheiten befugten Person mit deren Einverständnis erklärt worden ist (**RGSt** 32/436). Eine schriftliche Versicherung ist i. S. des § 156 abgegeben, wenn sie mit Willen des Erklärenden der zuständigen Behörde zugegangen ist (**RGSt** 49/47).

§ 157

Gefahr einer gerichtlichen Bestrafung oder einer freiheitsentziehenden Maßregel	**Schönke-Schröder** § 157 RdNr. 7: Nach der Vorstellung des Täters muß die Gefahr, d. h. die nicht völlig fern liegende Möglichkeit bestanden haben, bestraft oder einer freiheitsentziehenden Maßregel der Besserung und Sicherung unterworfen werden.
Strafe	**Otto** § 97 V 1 b: Strafe ist Bestrafung durch die ordentlichen Strafgerichte. Die Ahndung einer Ordnungswidrigkeit genügt nicht.
um abzuwenden	**Schönke-Schröder** § 157 RdNr. 10: der Täter muß unter dem Druck der Gefahr und zum Zweck ihrer Abwendung gehandelt haben, wobei das (Selbst-)Begünstigungsmotiv jedoch nicht der einzige und auch nicht der Hauptbeweggrund gewesen zu sein braucht.

§ 158

Berichtigung

Schönke-Schröder § 158 RdNr. 5 unter Hinweis auf **BGHSt** 9/99, 18/348, 21/115, **BGH NJW** 62/2164, **MDR** 66/1014: Berichtigung ist die nicht formbedürftige, mündliche oder schriftliche, in der Regel ausdrückliche Erklärung, mit der eine ganz oder teilweise falsche Aussage durch eine richtige Darstellung ersetzt wird.

Blei § 107 X unter Hinweis auf **BGHSt** 9/100: der Täter muß eine wahrheitsgemäße Bekundung an die Stelle der falschen Aussage setzen.

Otto § 97 V 3 b: ist die Korrektur der falschen Angabe in allen wesentlichen Punkten durch Mitteilung der Wahrheit.

Welzel Seite 553 unter Hinweis auf **BGHSt** 21/115: ist jede Erklärung, durch die der Erklärende seine unrichtige oder unvollständige frühere Aussage widerruft und nunmehr berichtigt oder vervollständigt.

BGH NJW 66/2224 (2225): Es genügt nicht, daß der Täter nunmehr die richtigen Tatsachen angibt (das wäre ein bloßer Widerspruch zur früheren Aussage), sondern er muß gleichzeitig eindeutig zu erkennen geben, daß die frühere Aussage unrichtig ist.

bei der Entscheidung

Maurach-Schroeder-Maiwald BT II § 74 RdNr. 125: damit sind nur Sachentscheidungen, die den Fall ganz oder teilweise (z. B. Teilurteile) erledigen, gemeint; auf deren Rechtskraft kommt es nicht an.

nicht mehr verwertbar

Schönke-Schröder § 158 RdNr. 8: ist die Berichtigung, wenn sie bei der die Instanz abschließenden Sachentscheidung nicht mehr berücksichtigt werden kann.

Nachteil

Schönke-Schröder § 158 RdNr. 9 unter Hinweis auf **RGSt** 45/302: Ein Nachteil ist aus der Tat für einen anderen entstanden, wenn dieser bedingt durch die Falschaussage usw., in seinen Rechten oder rechtlich geschützten Interessen nicht nur unerheblich beeinträchtigt worden ist.

Anzeige

Schönke-Schröder § 158 RdNr. 10: nur die von einem anderen gegen den Täter (nicht nur gegen „Unbekannt") erstattete Strafanzeige i. S. des § 158 StPO.

Untersuchung einleiten

Schönke-Schröder § 158 RdNr. 10: Eine Untersuchung ist gegen den Täter eingeleitet, wenn es zu Maßnahmen der zuständigen Behörde gekommen ist, die erkennbar darauf gerichtet sind, ein Strafverfahren gehen ihn herbeizuführen.

§ 160

falsch

Otto § 97 IV 3 a: Nach der Pflichttheorie ist die Aussage hier falsch, wenn der Erklärende aufgrund der Einflußnahme des Hintermannes eine Aussage macht oder Erklärungen abgibt, die nicht seinem möglichen Erinnerungs- bzw. Wissensbild entspricht, was ihm selbst allerdings nicht bewußt ist.

	Wessels BT 1 § 17 RdNr. 723: falsch i. S. d. §§ 153–163 ist eine Aussage, wenn sie mit der Wirklichkeit nicht übereinstimmt. Ob das der Fall ist, ergibt ein Vergleich zwischen ihrem Inhalt und der objektiven Sachlage (= objektive Theorie).
verleiten	**Schönke-Schröder** § 160 RdNr. 7: Einwirkung auf einen anderen, eine Aussage usw. zu machen, die dieser – wenn auch fahrlässig – für richtig hält.

§ 163

falsch	**Otto** § 97 III 5: ist eine Aussage oder Versicherung, die nicht das wirkliche oder reproduzierbare Erinnerungs- bzw. Wissensbild des Äußernden wiedergibt.
berichtigen	vgl. unter § 158.

§ 164

Behörde	**Schönke-Schröder** § 164 RdNr. 25 unter Hinweis auf **BGH NJW** 57/1673: Behörden sind Organe der Staatsgewalt, die als eigene, vom Wechsel der für sie tätigen Personen unabhängige organisatorische Einheiten unter öffentlicher Autorität für staatliche Zwecke tätig sind.
öffentlich	**Blei** § 108 I: es genügt, daß die Äußerung nach örtlichen Verhältnissen von unbestimmt welchen und unbestimmt vielen Personen wahrgenommen werden kann.
wider besseres Wissen	**Schönke-Schröder** § 164 RdNr. 30 unter Hinweis auf **BayObLG** 1963/218: d. h., wer sicher weiß, daß die Beschuldigung unwahr ist, und zwar im Zeitpunkt der Verdächtigung.
rechtswidrige Tat	§ 11 I Nr. 5 StGB.
Verletzung der Dienstpflicht	**Preisendanz** § 164 Anm. 5 b (ähnlich **Dreher/Tröndle** § 164 RdNr. 5 a; **Lackner** § 164 Anm. 3 a): ist jedes Verhalten, das disziplinarisch geahndet werden kann.
Verdächtigung	**Otto** § 95 I 2 a: heißt einen Verdacht gegen eine bestimmte Person begründen, auf diese umlenken oder einen bestehenden Verdacht verstärken, sei es durch Behauptung von Tatsachen oder Schaffung bestimmter Indizien. **Welzel** Seite 521: ist die ausdrückliche oder versteckte (auch anonyme) Belastung eines anderen. **Schönke-Schröder** § 164 RdNr. 5: ist das Unterbreiten oder Zugänglichmachen von Tatsachenmaterial, das einen Verdacht gegen eine andere Person begründet oder einen bereits bestehenden Verdacht verstärkt. **Wessels** BT 1 § 16 RdNr. 679 unter Hinweis auf **BGHSt** 14, 246: jedes Tätigwerden, durch das ein Verdacht auf eine bestimmte andere Person gelenkt oder ein bereits bestehender Verdacht verstärkt wird.

falsch	**Schönke-Schröder** § 164 RdNr. 16 unter Hinweis auf **RG DR** 42/1141: Unwahr ist die Verdächtigung, wenn die behaupteten Tatsachen, die den Verdacht ergeben sollen, der Wirklichkeit nicht entsprechen; unerheblich ist dagegen, ob der Verdacht im Ergebnis berechtigt ist.
behördliches Verfahren	**Schönke-Schröder** § 164 RdNr. 13 (unter Hinweis auf **RG JW** 38/2733): nur solche, in denen staatliche oder vom Staat abgeleitete Stellen dem Bürger als dem davon Betroffenen in Ausübung hoheitlicher Gewalt gegenübertreten.

§ 165

auf Antrag des Verletzten	**Schönke-Schröder** § 165 RdNr. 5: d. h. desjenigen, der falsch verdächtigt worden ist.

§ 166

öffentlich	**Maurach-Schroeder-Maiwald** BT II § 61 RdNr. 12: unter Hinweis auf **RGSt** 65/112: entscheidend ist, daß „ein größerer, nicht durch persönliche Beziehungen zusammenhängender Personenkreis" die Äußerung wahrnehmen konnte (auf die Öffentlichkeit des Ortes kommt es nicht an). **Blei** § 35 II: i. S. der Wahrnehmbarkeit durch einen größeren, individuell nicht begrenzten und auch nicht durch nähere Beziehungen verbundenen Personenkreis. **Schönke-Schröder** § 166 RdNr. 11: vgl. § 186.
religiöses Bekenntnis	**Otto** § 64 2 a: Bekenntnis, das inhaltlich wesentlich durch den Glauben an Gott als den letzten Weltgrund bestimmt wird. **Schönke-Schröder** § 166 RdNr. 5: um ein religiöses Bekenntnis handelt es sich, wenn sein wesentlicher Inhalt der Glaube an ein höheres, göttliches Wesen ist, dessen vorgestellte Gebote der einzelne zur Maxime seines Handelns macht, wie immer er sich dieses göttliche Wesen auch denken mag, ob als Einheit oder als Vielheit.
weltanschauliches Bekenntnis	**Schönke-Schröder** § 166 RdNr. 6: ein weltanschauliches Bekenntnis hat die Sinndeutung der Welt im ganzen und die Stellung des Menschen in ihr ohne religiösen Bezug zum Gegenstand. Hierher gehören z. B. der Marxismus, der Materialismus, der humanitäre Idealismus, die Existenzphilosophie und Anthroposophie, nicht dagegen Auffassungen, die nur einzelne Aspekte des Lebens betreffen, wie z. B. die Programme politischer Parteien.
beschimpfen	**Maurach-Schroeder-Maiwald** BT II § 61 RdNr. 12: Unter Beschimpfen ist eine durch Form oder Inhalt besonders verletzende Äußerung der Mißachtung zu verstehen. **Otto** § 64 2 a: d. h. die nach Form oder Inhalt besonders verletzende Mißachtensäußerung.
Einrichtungen	**Schönke-Schröder** § 166 RdNr. 17 (ähnlich **Otto** § 64 I 2 b): Einrichtungen der genannten Vereinigung sind die von be-

	fugter Stelle geschaffenen Ordnungen und Formen für die innere und äußere Verfassung der Vereinigung und für die Ausübung des fraglichen Bekenntnisses.
Gebräuche	**Schönke-Schröder** § 166 RdNr. 19 (ähnlich **Otto** § 64 2 b): Gebräuche sind die in der jeweiligen Auffassung der Vereinigung begründeten und von ihr allgemein praktizierten tatsächlichen Übungen.

§ 167

Gottesdienst	**Schönke-Schröder** § 167 RdNr. 4: Gottesdienste sind religiöse Veranstaltungen zur gemeinsamen Andacht, Verehrung und Anbetung Gottes nach den Vorschriften, Gebräuchen und Formen der jeweiligen Religionsgemeinschaft, gleichgültig, ob sie an einem eigens dazu gewidmeten Ort (z. B. Kirche) oder an anderer Stelle (z. B. Gottesdienst im Freien) stattfinden. **Otto** § 64 3 a: Die Vereinigung der Mitglieder einer Religionsgemeinschaft zur religiösen Verehrung oder Anbetung Gottes.
gottesdienstliche Handlungen	**Schönke-Schröder** § 167 RdNr. 5: Gottesdienstliche Handlungen sind dem Ritus der jeweiligen Religionsgemeinschaft entsprechende Akte der Religionsausübung, die neben dem eigentlichen Gottesdienst dem besonderen religiösen Bedürfnis dienen. **Preisendanz** § 167 Anm. II 1 b: zu den ebenfalls geschützten gottesdienstlichen Handlungen gehören vor allem Taufe, Trauung und Beerdigung sowie kirchliche Prozessionen, nicht dagegen Andachtsübungen einzelner. **Otto** § 64 3 a: Eine auf dem religiösen Kult beruhende Handlung, die außerhalb des Gottesdienstes der Gottesverehrung dient oder die Verbundenheit mit Gott zeigen soll.
Störung	**Schönke-Schröder** § 167 RdNr. 8: Störung ist jede Beeinträchtigung des vorgesehenen Ablaufs der Veranstaltung, gleichgültig, in welcher Weise das geschieht, und ob es sich dabei um einen Eingriff von außen oder um eine Aktion aus dem Kreis der Teilnehmer handelt.
beschimpfender Unfug (Beschimpfung)	**Schönke-Schröder** § 167 RdNr. 13: grob ungehöriges Verhalten, das die Mißachtung der Heiligkeit oder entsprechenden Bedeutung des Orts in besonders roher Weise zum Ausdruck bringt. **Otto** § 64 3 b: ist eine grob ungehörige Verletzung der Achtung des religiösen oder weltanschaulichen Empfindens anderer.

§ 167a

Bestattungsfeier	**Otto** § 64 4: nicht nur die Beerdigung und Einäscherung, sondern auch die dazugehörigen Feierlichkeiten.

Schönke-Schröder § 167a RdNr. 3: jede Veranstaltung, bei der in feierlicher Form Abschied von einem Toten genommen wird.

§ 168

Gewahrsam
: **Schönke-Schröder** § 168 RdNr. 6 (ebenso **Maurach-Schroeder-Maiwald** BT II § 62 RdNr. 12: tatsächliche Obhut über die Leiche.

Leiche
: **Maurach-Schroeder-Maiwald** BT II § 62 RdNr. 9 (ähnlich **Schönke-Schröder** RdNr. 3): Als Leiche gilt der entseelte menschliche Körper, solange sein Zusammenhang nicht durch Verwesung oder auf andere Weise aufgehoben ist.

Welzel Seite 451: ist der entseelte Körper (auch des totgeborenen Kindes) bis zur Zerstörung des körperlichen Zusammenhanges durch Verwesung oder Feuer.

Otto § 64 5 a: Der Körper eines verstorbenen Menschen, solange er noch nicht zerfallen oder Gegenstand des Rechtsverkehrs, z. B. Anatomieleiche geworden ist.

Leichenteile
: **Otto** § 64 5: die natürlichen Bestandteile des Körpers, auch das Leichenblut und Gewebeteile.

Leibesfrucht
: **Otto** § 64 5: die menschliche Frucht vom Zeitpunkt der Nidation an.

Wegnahme
: **Schönke-Schröder** § 168 RdNr. 7 (ähnlich **Otto** § 64 5 bb): Bruch des Obhutsverhältnisses; auf die Begründung eines anderen Gewahrsams kommt es nicht an.

Beisetzungsstätte
: **Schönke-Schröder** § 168 RdNr. 10 (ähnlich **Otto** § 64 5): die gesamte, der Ruhe und dem Andenken eines Verstorbenen dienende Stätte einschließlich Sarg und Leiche.

beschimpfender Unfug
: **Otto** § 64 5: vgl. § 167.

zerstören oder beschädigen
: **Otto** § 64 5: vgl. § 303.

§ 169

Kind
: **Schönke-Schröder** § 169 RdNr. 4: Definition der h. M.: nur eine Person, die infolge ihres geringen Alters keine zutreffenden Vorstellungen über ihren Personenstand hat; doch ist dies zu eng, da auch der Fall denkbar ist, daß ein Kind, das im frühesten Kindesalter von der Mutter getrennt worden ist, später einer anderen Frau als der angeblichen Mutter durch Täuschung beider als deren Kind untergeschoben wird.

unterschieben
: **Schönke-Schröder** § 169 RdNr. 4 (ebenso **Welzel** Seite 423; ähnlich **Otto** § 65 I 2 a): Herbeiführung eines Zustandes, der ein Kind als ein leibliches Kind einer Frau erscheinen läßt, die es nicht geboren hat.

Personenstand	**Maurach-Schroeder-Maiwald** BT II § 63 RdNr. 10 f.: ist die auf einen isoliert gesehenen Menschen bezogene Einordnung desselben in die Gemeinschaft. § 169 meint aber Familienstand: dieser ist stets ein mindestens zweiseitiges familienrechtlich begründetes Verhältnis; er dient zur Einordnung einer Person im Bereich der Abstammung, der Ehe und Familie. **Blei** § 37 II (ähnlich **Schönke-Schröder** § 169 RdNr. 2 unter Hinweis auf **RGSt** 25/189): Unter Personenstand versteht man das familienrechtliche Verhältnis einer Person zu anderen Personen. **Welzel** Seite 422: ist das auf Erzeugung, Geburt, Legitimation, Annahme an Kindes Statt oder Ehe begründete familienrechtliche Verhältnis einer Person zu anderen Personen.
falsche Angabe	**Schönke-Schröder** § 169 RdNr. 5: die Abgabe einer Erklärung, nach der sich das familienrechtliche Verhältnis eines anderen anders darstellt, als es in Wahrheit ist. **Maurach-Schroeder-Maiwald** BT II § 63 RdNr. 15: ausdrückliche Erklärung eines falschen Familienstandes. **Otto** § 65 I 2 a: Unwahre Erklärungen gegenüber der zur Feststellung des Personenstandes zuständigen Behörde. **Blei** § 37 II: Dadurch bewirkt der Täter, daß der wahre Personenstand des Betroffenen der berechtigten Stelle nicht bekannt wird: wie das geschieht (positive Handlung, pflichtwidriges Verschweigen), ist gleichgültig.
unterdrücken	**Schönke-Schröder** § 169 RdNr. 8 unter Hinweis auf **RGSt** 39/255, 41/304 (ebenso **Otto** § 65 I 2 a und **Maurach-Schroeder-Maiwald** BT II Seite 81): Die Herbeiführung eines Zustandes, der die behördlichen Feststellungen verhindert oder erschwert. **Welzel** Seite 422: Unterdrücken ist das Unkenntlichmachen (Verheimlichen) des wahren Personenstandes.

§ 170b

gesetzliche Unterhaltspflicht (Unterhalt)	**Schönke-Schröder** § 170b RdNr. 2: alle Unterhaltspflichten i. S. des deutschen bürgerlichen Rechtes, wobei sich der Unterhaltsanspruch nach IPR aber auch aus einem ausländischen Gesetz ergeben kann.
sich entziehen	**Preisendanz** § 170b Anm. 4 unter Hinweis auf **BGHSt** 14/165: ein Sichentziehen liegt vor allem dann vor, wenn der Täter bei bestehender Leistungsfähigkeit nicht zahlt, seinen gut bezahlten Arbeitsplatz aufgibt oder ständig den Arbeitsplatz wechselt, um sich drohenden Lohnpfändungen zu entziehen. Der Tatbestand ist aber auch dann erfüllt, wenn der Unterhaltspflichtige seine zukünftige Leistungsunfähigkeit vorsätzlich herbeiführt. **Schönke-Schröder** § 170b RdNr. 27 (unter Hinweis auf **BGHSt** 12/190): der Täter entzieht sich seiner Unterhalts-

Lebensbedarf	pflicht, wenn er den gesetzlich geschuldeten Unterhalt ganz oder teilweise nicht gewährt. **Schönke-Schröder** § 170b RdNr. 29: der gesamte materielle Lebensbedarf, soweit er unterhaltsrechtlich zu beachten ist (angemessener Unterhalt i. S. des § 1610 **BGB,** ferner §§ 1360, 1578 **BGB**).

§ 170d

gröblich verletzen	**Preisendanz** § 170d Anm. 3: „gröblich" ist die Verletzung insbesondere, wenn sie von längerer Dauer ist oder systematisch betrieben wird. Bei besonders schwerwiegenden Pflichtverletzungen kann sich auch eine einmalige Verfehlung als „gröblich" darstellen. **Schönke-Schröder** § 170d RdNr. 4: ist die Pflichtverletzung, wenn die fragliche Handlung objektiv in einem besonders deutlichen Widerspruch zu den Grundsätzen einer ordnungsgemäßen Erziehung steht und wenn sie subjektiv ein erhöhtes Maß an Verantwortungslosigkeit erkennen läßt.
in Gefahr gebracht	**Schönke-Schröder** § 170d RdNr. 5: dafür genügt nicht schon jede Möglichkeit, daß das Kind Schaden nehmen könnte, erforderlich ist vielmehr eine konkrete Gefahr. „Gebracht" wird der Schutzbefohlene in eine solche Gefahr nicht nur, wenn sie vorher nicht bestanden hat, sondern auch dann, wenn eine bereits vorhandene Gefahr noch weiter intensiviert wird.
Gefahr einer erheblichen Schädigung der körperlichen Entwicklung	**Preisendanz** § 170d Anm. 4 a: besteht insbesondere, wenn das Kind bzw. der Jugendliche längere Zeit unter schlechten hygienischen Voraussetzungen in primitiven Unterkünften leben muß, wenn es an der erforderlichen Nahrung fehlt, wenn Krankheiten nicht behandelt werden oder die Gefahr einer Infektion durch ansteckende Krankheiten besteht. **Schönke-Schröder** § 170d RdNr. 6: wenn zu befürchten ist, daß der normale Ablauf des körperlichen Reifeprozesses dauernd oder nachhaltig gestört wird.
Gefahr einer erheblichen Schädigung der psychischen Entwicklung	**Preisendanz** § 170d Anm. 4 b: besteht, wenn das Kind bzw. der Jugendliche einer ständigen oder außergewöhnlichen seelischen Belastung ausgesetzt wird. **Otto** § 65 V 2 unter Hinweis auf **BGH NStZ** 82/328: Die Gefahr, in der körperlichen oder psychischen Entwicklung gestört zu werden, erfaßt nicht jede Möglichkeit, daß das Kind Schaden erleiden kann. Es muß vielmehr zu befürchten sein, daß der normale Ablauf des körperlichen oder geistig-seelischen Reifeprozesses dauernd oder nachhaltig gestört wird. **Schönke-Schröder** § 170d: wenn zu befürchten ist, daß der Ablauf des normalen geistig-seelischen Reifungsprozesses dauernd oder nachhaltig gestört wird.

krimineller Lebenswandel	**Otto** § 65 V 2 a: liegt vor, wenn der Betroffene nicht unerheblich vorsätzliche Straftaten wiederholt begeht.
Gefahr, einen kriminellen Lebenswandel zu führen oder der Prostitution nachzugehen	**Preisendanz** § 170d Anm. 4 c: die Gefahr eines kriminellen Lebenswandels oder des Abgleitens in die Prostitution dürfte in vielen Fällen die Folge einer psychischen Fehlentwicklung sein, setzt eine solche aber nicht voraus. **Otto** § 65 V 2 a: Der Prostitution nachgehen ist bereits das Aufsuchen von Gelegenheiten zur Ausübung der Prostitution, nicht erst die Vornahme und das Geschehenlassen der sexuellen Handlungen. **Schönke-Schröder** § 170d RdNr. 9: setzt die wiederholte Begehung nicht unerheblicher, vorsätzlicher Straftaten voraus, wobei die Lebensführung insgesamt durch eine besondere Affinität zum Verbrechen gekennzeichnet sein muß.
Prostitution	**Schönke-Schröder** § 170d: vgl. § 180a.

§ 171

verheiratet	**Preisendanz** § 171 Anm. 2 (ähnlich **Lackner** § 171 Anm. 2): verheiratet ist, wer in einer formell gültigen Ehe lebt, solange diese weder durch Tod noch durch Scheidung aufgelöst, noch rechtskräftig für nichtig erklärt oder aufgehoben worden ist. **Schönke-Schröder** § 171 RdNr. 3 (unter Hinweis auf **RGSt** 60/348): verheiratet ist, wer in formellgültiger, wenn auch materiellnichtiger Ehe lebt. Formellgültig ist die Ehe, die gemäß § 11 EheG vor einem zur Mitwirkung bereiten Standesbeamten geschlossen ist; andernfalls liegt eine – von § 171 nicht erfaßte – Nichtehe vor.

§ 173

Beischlaf	**Schönke-Schröder** § 173 RdNr. 3 (ähnlich **Otto** § 65 III 2 a): Der Beischlaf erfordert eine Vereinigung der Geschlechtsteile in der Weise, daß das männliche Glied – wenn auch nur unvollständig – in die Scheide eingedrungen ist; bloße Berührung genügt nicht, ebensowenig das bloße Einführen des Glieds in den Scheidenvorhof. **Welzel** Seite 440 unter Hinweis auf **BGHSt** 16/175: jede Vereinigung der Geschlechtsteile, gleichviel, wie tief das männliche Glied eingeführt wird.
Geschwister	**Preisendanz** § 173 Anm. 4: Zu den Geschwistern gehören auch die sog. Halbgeschwister (Geschwister, die nur einen Elternteil gemeinsam haben). Nicht mehr erfaßt wird der Beischlag zwischen Verschwägerten auf- und absteigender Linie. **Wessels** BT 1 § 2 VI RdNr. 155 unter Hinweis auf **BGHSt** 32/140: Leibliche Geschwister sind Personen, die wenigstens einen Elternteil gemeinsam haben.

§ 174

(geschützter Personenkreis)	**Schönke-Schröder** § 174 RdNr. 5: durch Nr. 1 sollen Obhutsverhältnisse gekennzeichnet werden, aufgrund derer der Täter die (Mit-)Verantwortung auch für die Persönlichkeitsbildung im ganzen einschließlich der sittlichen Entwicklung des Schutzbefohlenen trägt und deren Vermengung mit Sexualbeziehungen den Erziehungsaufgaben abträglich sein würde.
sexuelle Handlungen	**Preisendanz** § 184 Anm. 2: sind alle Verhaltensweisen, die schon nach ihrem äußeren Erscheinungsbild eine Beziehung zur Sexualität haben.
zur Erziehung	**Schönke-Schröder** § 174 RdNr. 6: zur Erziehung anvertraut ist der Jugendliche demjenigen, der verpflichtet ist, die Lebensführung des Jugendlichen und damit auch dessen geistig-sittliche Entwicklung zu überwachen und zu leiten.
zur Erziehung anvertraut	**Schönke-Schröder** § 174 RdNr. 9: wenn er dem Täter „durch Vertrauensbeweis überantwortet, gewissermaßen in die Hand und in die Hut gegeben ist". **(BGHSt 21/200).**
Ausbildung	**BGH NJW** 67/988 (989): Erforderlich ist die Vermittlung größeren Wissens oder besseren Könnens auf einem beliebigen Gebiet zu einem bestimmten Ausbildungsziel.
zur Betreuung in der Lebensführung anvertraut	**BGHSt** 1/234: ... die jedem Arbeitsverhältnis eigene Abhängigkeit des Arbeitnehmers vom Arbeitgeber (genügt) noch nicht zur Annahme eines Betreuungsverhältnisses i. S. d. § 174 Nr. 1. Es müssen vielmehr Bindungen und Beziehungen persönlicher Art hinzukommen, die dem Arbeitgeber eine Verantwortung auch für die Lebensführung, die sittliche Haltung und die geistige Entwicklung auferlegen. **Schönke-Schröder** § 174 RdNr. 8: zur Betreuung in der Lebensführung anvertraut ist der Minderjährige dem Täter, wenn dieser während einer gewissen Dauer, jedenfalls auch für das geistig-sittliche Wohl des Minderjährigen, verantwortlich ist.
anvertraut (allgemein)	**Blei** § 43 I: wenn nach den tatsächlichen Umständen der Täter in eine Stellung eingerückt ist, in der ihm dem Jugendlichen gegenüber besondere Obhuts- und Betreuungspflichten obliegen; anvertraut ist dem Täter der Jugendliche auch, wenn dieser sich selbst anvertraut hat oder von den Gewalthabern anvertraut wurde – auf die Willensrichtung des Täters kommt es dabei nicht an. **BGH NJW** 67/988 (989): Gekennzeichnet wird das (hier vorausgesetzte) Über- und Unterordnungsverhältnis dadurch: Einerseits soll der Übergeordnete vermöge der ihm übertragenen sachlichen Aufgabe der Erziehung, Ausbildung, Aufsicht oder Betreuung, soweit sie reicht, auch auf die sittliche Haltung seines Schützlings bildenden oder wenigstens behütenden Einfluß nehmen und darum insoweit Mitverant-

	wortung für ihn tragen ...; andererseits ergreift die Abhängigkeit des minderjährigen Schutzbefohlenen von seinem Erzieher, Ausbilder, Hüter oder Betreuer kraft der Aufgabe, die dieser an ihm zu vollziehen hat, auch den persönlichen, allgemeinmenschlichen Bereich.
Dienst- oder Arbeitsverhältnis (Nr. 2)	**Maurach-Schroeder-Maiwald** BT I § 20 RdNr. 41: die Unterordnung unter rechtlich oder faktisch Vorgesetzte, nicht aber nur aus arbeitstechnischen Gründen zu Weisungen Berechtigte. **Schönke-Schröder** § 174 RdNr. 10: dazu gehören alle privat oder öffentlich-rechtlichen Dienst- oder Arbeitsverhältnisse, unabhängig von ihrem Entstehungsgrund, der Art der zu leistenden Dienste und ohne Rücksicht darauf, ob das fragliche Verhältnis rechtswirksam besteht.
untergeordnet	**Schönke-Schröder** § 174 RdNr. 10: ist der Jugendliche dem Täter im Rahmen eines solchen Verhältnisses, wenn dieser sein (unmittelbarer oder mittelbarer) Vorgesetzter ist, und wenn er daher dessen Weisungen, sei es auch nur in bestimmten Bereichen, zu befolgen hat.
im Rahmen eines Dienst- oder Arbeitsverhältnisses untergeordnet	**Preisendanz** § 174 Anm. 2 b: zu den hier geschützten Personengruppen gehören insbesondere jugendliche Hilfsarbeiter, die im Gegensatz zu gleichaltrigen Schülern und Lehrlingen nicht unter den Schutz der Nr. 1 fallen.
Mißbrauch (der Abhängigkeit)	**Preisendanz** § 174 Anm. 2 aa: während früher weder eine tatsächliche Abhängigkeit festgestellt werden mußte, noch ausdrücklich verlangt wurde, daß der Täter die mit seiner autoritären Stellung verbundene Überlegenheit ausgenutzt oder auf den Schutzbefohlenen Druck ausgeübt hatte, ist nunmehr zur Tatbestandsverwirklichung erforderlich, daß der Täter den ihm unterstellten Jugendlichen bewußt einer Drucksituation aussetzt oder eine schon vorhandene Drucksituation ausnutzt.
sexuelle Handlungen an dem Schutzbefohlenen vornehmen	**Preisendanz** § 174 Anm. 3 (ähnlich **Dreher/Tröndle** § 174 RdNr. 8, **Lackner** § 174 Anm. 6): (Voraussetzung ist also), daß es zu einer körperlichen Berührung zwischen Täter und Opfer kommt.
bestimmen	**BGHSt** 9/113: er (= der Begriff des Bestimmens) erfordert, wie das Verführen, eine Einwirkung auf den Willen eines anderen, um ihn zu einem Verhalten zu bringen, zu dem er sich ohne die Beeinflussung nicht entschlossen haben würde. **Schönke-Schröder** § 174 RdNr. 17: vgl. § 176.

§ 174a

Gefangener	vgl. unter § 120. **Otto** § 66 IV 1 b: Wem in Ausübung von Polizei- oder Staatsgewalt die Freiheit entzogen ist, so daß er sich in der Gewalt einer zuständigen Behörde befindet (**RGSt** 73/347).

auf behördliche Anordnung verwahrt	vgl. unter § 120.
Erziehung	**Otto** § 66 IV 1 c: Erziehung ist die Leistung und Überwachung der Lebensführung zur Förderung der körperlichen und seelischen Entwicklung.
Ausbildung	**Otto** § 66 IV 1 c: Ausbildung ist die Vermittlung größeren Wissens oder besseren Könnens zu einem bestimmten Ausbildungsziel, insbesondere zum Erwerb von Berufserfahrung.
Erziehung, Ausbildung	**Schönke-Schröder** § 174a: vgl. § 174 (Nr. 1).
Betreuungsverhältnis	**Maurach-Schroeder-Maiwald** BT I § 19 RdNr. 12: Betreuung bedeutet die Sorge für das körperliche und psychische Wohl. **Otto** § 66 IV 1 c: Ein Betreuungsverhältnis liegt vor, wenn zwischen Täter und Minderjährigen ein Verhältnis besteht, in dessen Rahmen der Täter wenigstens Mitverantwortung für das geistige und sittliche Wohl der Minderjährigen trägt und eine entsprechende Einwirkungsmöglichkeit hat.
anvertraut	**Otto** § 66 IV 1 c: Anvertraut ist das Opfer dem Täter, wenn zwischen beiden besonders enge Beziehungen bestehen, die zu einer gewissen Abhängigkeit der jungen Menschen führen. **Schönke-Schröder** § 174a RdNr. 5: vgl. § 174, braucht sich anders als in § 174 nicht auf die Lebensführung zu erstrecken: nicht notwendig ist hier deshalb eine Mitverantwortung für die Prägung der Persönlichkeit im ganzen, vielmehr genügen auch Betreuungsaufgaben in Teilbereichen, oder von nur vorübergehender Art.
zur Erziehung, Ausbildung, Beaufsichtigung oder Betreuung anvertraut	**Preisendanz** § 174a Anm. 3: zu den Erziehern und Ausbildern gehören z. B. Lehrer, Werkmeister und ähnliche Personen, die nicht notwendig zugleich auch Bewachungs- oder Betreuungsfunktionen wahrnehmen müssen. Das Merkmal Beaufsichtigung ... setzt keine engeren oder länger dauernden Beziehungen zwischen Täter und Opfer voraus. **Maurach-Schroeder-Maiwald** BT I § 20 RdNr. 24: setzt ein Verhältnis der Über- und Unterordnung voraus, kraft dessen einerseits der Übergeordnete auch wenigstens behütenden Einfluß auf die sittliche Haltung des Schutzbefohlenen nehmen und daher Mitverantwortung für ihn tragen soll und andererseits die Abhängigkeit den persönlichen, allgemein-menschlichen Bereich erfaßt. **Otto** § 66 III 4 a: Sind die Insassen jener Personen, denen ihnen gegenüber Betreuungsaufgaben übertragen sind.
Betreuung in der Lebensführung	**Maurach-Schroeder-Maiwald** BT I § 20 RdNr. 27: verlangt eine Verantwortlichkeit für das seelische und charakterliche Wohl während einer gewissen Dauer.

Insassen	**Maurach-Schroeder-Maiwald** BT I § 18 RdNr. 41: nur für mindestens eine Übernachtung Aufgenommene, nicht ambulant Behandelte oder Besucher. **Otto** § 66 III 4 a: Nur die in den angeführten Anstalten zur Behandlung oder Pflege untergebrachten Patienten. **Schönke-Schröder** § 174a RdNr. 8: nur die voll (d. h. mit Übernachtung) in die Anstalt zur Behandlung oder Pflege aufgenommenen Personen, nicht dagegen das Personal, Besucher oder nur ambulant oder halb- bzw. teilstationär behandelte Patienten.
Anstalten	**Schönke-Schröder** § 174a RdNr. 8: Einrichtungen von einer gewissen organisatorischen Selbständigkeit, bei denen das Verhältnis zu ihren Benutzern einer einheitlichen, rechtlichen Regelung unterliegt.
anvertraut	**Schönke-Schröder** § 174a RdNr. 9: ist der Insasse nur demjenigen, der generell oder im Einzelfall für die Beaufsichtigung oder Betreuung zu sorgen hat.
Mißbrauch der Stellung	**Otto** § 66 IV 1 c: Liegt bereits vor, wenn der Täter eine durch die Stellung gebotene Gelegenheit zur Tathandlung wahrnimmt. Dies ist der Fall, wenn der Täter seinen Machtbereich gegenüber dem Schutzbefohlenen erkennt und die auf ihr beruhende Abhängigkeit zur sexuellen Handlung ausnutzt. Beiden Teilen muß der Zusammenhang des Abhängigkeitsverhältnisses mit den sexuellen Handlungen bewußt sein **(BGHSt 28/367)**. **Schönke-Schröder** § 174a RdNr. 6: liegt schon dann vor, wenn der Täter die Gelegenheit, die seine Stellung bietet, unter Verletzung der mit dieser verbundenen Pflichten, bewußt zu sexuellen Kontakten mit Gefangenen benutzt.
unter Ausnutzung ...	**Schönke-Schröder** § 174a RdNr. 10: wenn das Vorgehen des Täters gerade durch einen physisch oder psychisch geschwächten Zustand des Insassen bzw. dessen Angewiesensein auf fremde Hilfe erleichtert wird, und der Täter dies bewußt in Rechnung stellt.
Verwahrung auf behördliche Anordnung	**Maurach-Schroeder-Maiwald** BT I § 19 RdNr. 7: Oberbegriff, unter den jede Einschließung auf Grund hoheitlicher Gewalt fällt, insbesondere auch auf Grund gerichtlicher Entscheidung.

§ 174b

Amtsträger	vgl. unter § 113.

§ 175

sexuelle Handlungen	vgl. unter § 174.

§ 176

Wer (Täter)	**Preisendanz** § 176 Anm. 3: Täter kann jeder sein, ohne Rücksicht auf Alter (sofern strafmündig) und Geschlecht.
sexuelle Handlungen	vgl. unter § 174.
„an"	**Schönke-Schröder** § 176 RdNr. 3: vgl. § 184c.
bestimmen	**Otto** § 66 V 1 a: Eine beeinflussende Einwirkung auf den Willen des Kindes.
	Schönke-Schröder § 176 RdNr. 8 (unter Hinweis auf **BGHSt** 9/113): der Täter muß den Willen des Kindes – ausdrücklich oder konkludent – beeinflußt und dadurch dessen Entschluß zur Vornahme der sexuellen Handlung jedenfalls mitverursacht haben.
leichtfertig	**Preisendanz** § 176 Anm. 7 b: der Täter handelt leichtfertig, wenn er sich „grob fahrlässig", d. h. in besonders leichtsinniger oder gleichgültiger Weise, über die naheliegende Möglichkeit eines tödlichen Ausgangs hinwegsetzt.
Beischlaf	vgl. unter § 173.
(Tathandlungen Abs. 5)	**Preisendanz** § 176 Anm. 8: sämtliche Fallgruppen des Abs. 5 haben gemeinsam, daß sie – anders als Abs. 1 und 2 – keine körperlichen Kontakte des Kindes mit dem Täter oder einem Dritten voraussetzen, mit Rücksicht auf die möglichen psychischen Reaktionen des Kindes aber ebenso sozialschädlich sein können, wie die Tathandlungen der Absätze 1 und 2.
pornographisch	vgl. unter § 184.
Abbildungen	**Maurach-Schroeder-Maiwald** BT I § 20 RdNr. 11: stoffliche Wiedergaben der Außenwelt; das Merkmal des Vorzeigens bedingt eine Beschränkung auf optisch erfaßbare Abbildungen.
Darstellungen	**Maurach-Schroeder-Maiwald** BT I § 20 RdNr. 11: Im Gegensatz zu § 11 Abs. 3 nicht der Oberbegriff für Ton- und Bildträger, Abbildungen usw., sondern ein Gegensatz zu Abbildungen. In Betracht kommen danach und in Verbindung mit dem Erfordernis des Vorzeigens nur stoffliche Fixierungen.
einwirken	**Maurach-Schroeder-Maiwald** BT I § 20 RdNr. 11: ist das Hervorrufen von möglichen schädlichen Wirkungen und verlangt daher eine Einflußnahme tiefergehender Art.

§ 177

Gewalt	**Otto** § 66 III 2 b: bedeutet auch hier den Einsatz körperlicher Kraftentfaltung, der von der Person, gegen die er sich richtet, als ein nicht nur seelischer, sondern körperlicher Zwang empfunden wird.

	Schönke-Schröder § 177 RdNr. 4: abweichend vom allgemeinen Gewaltbegriff ist hier eine Gewalt gegen die Person erforderlich, was eine nicht ganz unerhebliche, nicht notwendig mit einem besonderen Kraftaufwand verbundene, zumindest aber mittelbar gegen den Körper des Opfers gerichtete Einwirkung voraussetzt, die von diesem nicht nur als seelischer, sondern auch als körperlicher Zwang empfunden wird.
Drohung	vgl. unter § 240. **Schönke-Schröder** § 177 RdNr. 5: vgl. § 234.
nötigen	vgl. unter § 240.
Beischlaf	vgl. unter § 173.

§ 178

(Nötigungsmittel)	vgl. unter § 240 bzw. § 234.

§ 179

widerstandsunfähig	**Preisendanz** § 179 Anm. 2: geschützt sind alle Personen (ohne Rücksicht auf Geschlecht und Alter), die aufgrund eines krankhaften psychischen oder körperlichen Defekts widerstandsunfähig, d. h. nicht in der Lage sind, hinsichtlich der in Frage stehenden sexuellen Handlungen einen eigenen freien Willen zu fassen oder einen an sich vorhandenen Abwehrwillen zu realisieren. **Schönke-Schröder** § 179 RdNr. 3 (unter Hinweis auf **BGHSt** 32/183): wenn das Opfer gegenüber dem sexuellen Ansinnen des Täters keinen zur Abwehr ausreichenden Widerstandswillen bilden, äußern oder realisieren kann. **Otto** § 66 III 3 a: Widerstandsunfähig ist, wer gegenüber dem sexuellen Ansinnen des Täters nicht imstande ist, den zur Abwehr nötigen Widerstandswillen zu bilden, zu äußern oder zu betätigen. Die hier gemeinte Unfähigkeit bezieht sich nicht auf den Widerstand gegen etwaige Gewaltakte, sondern schlechthin auf den Widerstand gegen das sexuelle Ansinnen.
wegen einer krankhaften seelischen Störung	**Preisendanz** § 20 Anm. 3 a unter Hinweis auf **RGSt** 73/122 und **BGHSt** 14/30 krankhafte seelische Störung ist jede von der Norm abweichende, tiefgreifende Beeinträchtigung der Denkfähigkeit, der Willensbildung, des Gefühls- und Trieblebens.
Bewußtseinsstörung	**Preisendanz** § 20 Anm. 3 b unter Hinweis **BGHSt** 7/325, 327 f.: als Bewußtseinsstörungen kommen insbesondere Schlaftrunkenheit, Erschöpfung und Übermüdung sowie hypnotische und postypnotische Zustände in Betracht.
tiefgreifend	**Preisendanz** § 20 Anm. 3 b: tiefgreifend ist jede Bewußtseinsstörung, wenn sie das seelische Gefüge des Betroffenen zerstört oder erheblich erschüttert hat.

Schwachsinn	**Preisendanz** § 20 Anm. 3 c: Schwachsinn ist, wie der Sprachgebrauch des Gesetzes zeigt, eine Unterart der seelischen Abartigkeit. Sie begegnet hauptsächlich in den Erscheinungsformen der Idiotie (allenfalls Erreichung der Entwicklungsstufe eines 6jährigen Kindes), der Imbezilität (allenfalls Erreichung der Entwicklungsstufe bis zum Beginn der Pubertät) und der Debilität (Stehenbleiben auf der Entwicklungsstufe bei Abschluß der Pubertät), kann aber auch als Senilität (Altersschwäche) sowie bei entwicklungsgestörten Taubstummen auftreten.
andere schwere seelische Abartigkeiten	**Preisendanz** § 179 Anm. 3 d: Hierher gehören in diesem Zusammenhang vor allem psychopathische bzw. neurotische Störungen des Sexualtriebes, die so intensiv sind, daß sie die Einsichts- oder Steuerungsfähigkeit des Betroffenen ausschalten und diesen dadurch gegen sexuelle Einflüsse widerstandsfähig machen.
körperlich widerstandsunfähig	**Preisendanz** § 179 Anm. 3 e: (die Widerstandsunfähigkeit kann in Anlehnung auf § 20 StGB beruhen) auf einem körperlichen Mangel (vgl. Abs. 1 Nr. 2), z. B. wenn das Opfer gelähmt oder gefesselt ist und sich aus diesem Grunde nicht wehren kann. **Schönke-Schröder** § 179 RdNr. 7 (unter Hinweis auf **BGH NJW** 83/636): ist das Opfer, wenn es seinen entgegenstehenden Willen wegen körperlicher Gebrechen oder infolge äußerer Einwirkung nicht äußern oder realisieren kann.
Mißbrauch	vgl. unter § 174.
unter Ausnutzung	**Schönke-Schröder** § 179 RdNr. 9: der Widerstandsunfähigkeit handelt der Täter, wenn er den die Bildung oder Verwirklichung eines ausreichenden Abwehrwillens ausschließenden Zustand des Opfers bewußt als einen Faktor einkalkuliert, der sein Vorgehen begünstigt.
sexuelle Handlungen	vgl. unter § 174.
Beischlaf	vgl. unter § 173.

§ 180

sexuelle Handlungen „an", „vor"	vgl. unter § 174.
Vermittlung (Nr. 1)	**Schönke-Schröder** § 180 RdNr. 4: vgl. § 184c. **Blei** § 45 I: bedeutet Partnervermittlung, d. h. Herstellen der sexualbezüglichen Beziehung. **Maurach-Schroeder-Maiwald** BT I § 20 RdNr. 34: kann nur die Herstellung tatsächlicher Beziehungen bedeuten, die allerdings die Einbeziehung weiterer Zwischenglieder nicht ausschließt.

	Otto § 66 V 3 b aa: Vermittlung ist die Herstellung einer persönlichen Beziehung zwischen dem Dritten und der geschützten Person, welche die sexuellen Handlungen zum Inhalt hat. **Schönke-Schröder** § 180 RdNr. 8 unter Hinweis auf **RGSt** 29/109, **BGHSt** 1/116: ist gegenüber dem Verschaffen von Gelegenheit in Nr. 2 der engere Begriff und umfaßt nur die Partnervermittlung, d. h. die Herstellung einer – bisher nicht bestehenden – persönlichen Beziehung zwischen dem Jugendlichen und dem Dritten, welche sexuelle Handlungen zum Gegenstand hat.
Gewähren oder Verschaffen von Gelegenheit (Nr. 2)	**Schönke-Schröder** § 180 RdNr. 9: ist das Bereitstellen oder Herbeiführen der äußeren Bedingungen für die Ermöglichung oder wesentliche Erleichterung der Vornahme von sexuellen Handlungen, wobei die Beziehungen zwischen den Beteiligten in diesem Fall entweder schon bestehen oder der Jugendliche sich den Partner selbst beschafft. Das „Gewähren" unterscheidet sich vom „Verschaffen" nur dadurch, daß die Gelegenheit hier bereits vorhanden ist und zur Verfügung des Täters steht.
Vorschub leisten	**Preisendanz** § 180 Anm. 3 a unter Hinweis auf **BGHSt** 24/249: (Vorschub leisten) ist jede Verbesserung der Bedingungen für die Vornahme sexueller Handlungen. **Otto** § 66 V 3 b aa: Das Fördern der sexuellen Handlung, ohne daß es zu dieser kommen muß, d. h. erfolgreiche oder erfolglose Beihilfe zu der sexuellen Handlung. **Schönke-Schröder** § 180 RdNr. 6: ist – insoweit dem „Hilfeleistenden" in § 27 vergleichbar – das Fördern sexueller Kontakte zwischen dem Jugendlichen und einem Dritten, ohne daß es jedoch zu den sexuellen Handlungen tatsächlich gekommen sein müßte.
gröbliche Verletzung der Erziehungspflicht	**Preisendanz** § 180 Anm. 5 d: gröblich ist die Verletzung der Erziehungspflicht z. B., wenn dem bzw. der Jugendlichen Gelegenheit zur Prostitution, zum ständigen Partnerwechsel, zum Inzest, zur Homosexualität oder Sodomie gewahrt wird, oder wenn die Erziehungsberechtigten aus purer Gewinnsucht handeln.
bestimmen (Abs. 2)	vgl. § 176. **Otto** § 66 V 3 b: ist hier i. S. v. Anstiftung zu verstehen.
Entgelt	**Otto** § 66 V 3 b: Das Entgelt braucht nicht in Geld zu bestehen, es genügen auch Sachwerte.
gegen Entgelt	**Schönke-Schröder** § 180 RdNr. 24: wenn die Entrichtung des Entgeltes schon vor oder jedenfalls während des sexuellen Kontaktes als Gegenleistung für die Mitwirkung des Jugendlichen vereinbart worden ist.
Vorschub leisten	**Schönke-Schröder** § 180 RdNr. 25: anders als in Abs. 1 muß hier das Vorschubleisten in dem Sinne erfolgreich gewesen

Mißbrauch (Abs. 3)	sein, daß es zu dem sexuellen Kontakt tatsächlich gekommen ist; das bloße Schaffen günstigerer Bedingungen dafür genügt hier nicht. vgl. § 174.

§ 180a

gewerbsmäßig	**Preisendanz** § 260 Anm. 2 unter Hinweis auf **BGHSt** 1/383; **BGH GA** 55/212; gewerbsmäßig handelt, wer sich durch wiederholte Tatbegehung eine nicht nur vorübergehende Einnahmequelle verschaffen möchte. **Schönke-Schröder** Vorbem. § 52 RdNr. 95: für das gewerbsmäßige Verbrechen ist kennzeichnend die Absicht des Täters, sich durch wiederholte Begehung des Verbrechens eine fortlaufende Einnahmequelle von einiger Dauer und einigem Umfang zu verschaffen **(RGSt** 66/21), die jedoch nicht den hauptsächlichen oder regelmäßigen Erwerb zu bilden braucht.
Prostitutionsbetrieb	**Maurach-Schroeder-Maiwald** BT I § 21 RdNr. 9: Betriebe setzen eine gewisse Gesamtorganisation voraus, in die mindestens zwei Prostituierte eingefügt sind. Die Prostitutionsausübung in dem Betrieb verlangt, daß diese in den Räumlichkeiten des Betriebs erfolgt. **Preisendanz** § 180a Anm. 2 c: von einem Prostitutionsbetrieb kann nur dort gesprochen werden, wo mehrere Personen (als solche kommen auch Männer in Betracht) der Prostitution nachgehen. **Schönke-Schröder** § 180a RdNr. 4: ein auf Gewinnerzielung gerichtetes Unternehmen, in das mehrere (mindestens 2) Prostituierte organisatorisch und räumlich eingegliedert sind, wobei es wegen des „Nachgehens" allerdings genügt, wenn nur die Anbahnung des sexuellen Kontaktes in dem Betrieb erfolgt.
unterhalten	**Schönke-Schröder** § 180a RdNr. 16: unterhalten bedeutet, daß der Täter (Mit-)Inhaber ist, wobei er in wirtschaftlicher und organisatorischer Beziehung Einfluß auf die Prostitutionsausübung nimmt und direkt an Gewinn und Verlust teilhat.
leiten	**Schönke-Schröder** § 180a RdNr. 16: der Begriff des Leitens betont die Direktionsbefugnis und ist unabhängig von der Teilhaberschaft.
Prostitution	**Preisendanz** § 180a Anm. 2 b unter Hinweis auf **OLG Köln NJW** 74/1380. Prostitution setzt voraus, daß jemand zu Erwerbszwecken wiederholt oder vor wechselnden Partnern (Partnerinnen) sexuelle Handlungen von einiger Erheblichkeit vornimmt oder an sich vornehmen läßt. **Schönke-Schröder** § 180a RdNr. 5: ist sowohl die hetero- als auch die homosexuelle Prostitution und bedeutet, wie der

	Begriff der „gewerbsmäßigen Unzucht" in § 181a aF die gewerbsmäßige (entgeltliche) Vornahme sexueller Handlungen mit wechselnden Partnern.
nachgehen	**Schönke-Schröder** § 180a RdNr. 6: Der Begriff soll nicht, wie der Wortsinn anzudeuten scheint, dazu dienen, ein länger andauerndes Verhalten zu kennzeichnen, sondern ist gleichbedeutend mit Ausübung der Prostitution und kann daher schon durch eine Handlung verwirklicht werden.
persönliche Abhängigkeit	**Otto** § 66 VII 1 a (ebenso **Schönke-Schröder** § 180a RdNr. 9): die betreffende Person ist in ihrer Lebensführung einschließlich der Ausübung ihres „Gewerbes" weitgehend der Disposition eines anderen unterworfen, d. h. wenn das Ob, Wo und Wie der Prostitution durch andere bestimmt wird.
wirtschaftliche Abhängigkeit	**Schönke-Schröder** § 180a RdNr. 9 (ebenso **Otto** § 66 VII 1 a): liegt vor, wenn die Prostituierte hinsichtlich ihrer Einkünfte unter Sicherung ihres Lebensbedarfs in erheblichem Maß einer Fremdbestimmung unterliegt.
gehalten	**Schönke-Schröder** § 180a RdNr. 10 (ähnlich **Otto** § 66 VII 1 a): damit ist eine gezielte und dauerhafte Einwirkung auf die persönliche oder wirtschaftliche Unabhängigkeit (der Prostituierten) gemeint, so daß es nicht ausreicht, wenn eine anderweit entstandene Not oder Zwangslage ausgenutzt wird.
in persönlicher oder wirtschaftlicher Abhängigkeit	**Maurach-Schroeder-Maiwald** BT I § 21 RdNr. 11: verlangt eine gezielte Einwirkung; die bloße ungerechte Entgeltaufteilung reicht nicht aus. **Preisendanz** § 180a Anm. 2 d: Hierzu ist eine gezielte Einwirkung auf ihre persönliche oder wirtschaftliche Unabhängigkeit erforderlich. **Otto** § 66 VII 1 a aa: Persönliche Abhängigkeit liegt vor, wenn der Betroffene in seiner Lebensführung einschließlich der Ausübung seines Gewerbes weitgehend der Disposition durch andere unterworfen ist, d. h., wenn das Ob, Wo und Wie der Prostitution durch andere bestimmt wird. Wirtschaftlich abhängig ist, wer hinsichtlich seiner Einkünfte und der Sicherung seines Lebensunterhaltes im wesentlichen einer Fremdbestimmung unterliegt.
gewähren (Abs. 1 Ziff. 2)	**Schönke-Schröder** § 180a RdNr. 19: das tatsächliche (entgeltliche oder unentgeltliche, unmittelbare oder mittelbare) Überlassen von Wohnung, Unterkunft oder Aufenthalt.
Wohnung	**Schönke-Schröder** § 180a RdNr. 13: eine Räumlichkeit mit der Möglichkeit eines längeren Aufenthaltes einschließlich der Übernachtung, was keine Wohnsitzbegründung voraussetzt.
Gewähren von Wohnung	**Schönke-Schröder** § 180a RdNr. 13 unter Hinweis auf **RGSt** 62/221, **BGHSt** MDR 1952/274: ist die Bereitstellung einer

	Räumlichkeit mit der Möglichkeit eines längeren Aufenthaltes einschließlich der Übernachtung.
Unterkunft	**Schönke-Schröder** § 180a RdNr. 13: auch zum Übernachten geeignete, aber nur für einen kürzeren Zeitraum benutzte Räumlichkeit.
Aufenthalt	**Schönke-Schröder** § 180a RdNr. 13: auch im Freien befindliche Räumlichkeiten, die nur vorübergehend benutzt werden.
übliche Nebenleistungen	**Schönke-Schröder** § 180a RdNr. 14: sind diejenigen, die normalerweise im Beherbergungs- oder Gaststättengewerbe oder bei privater Zimmervermietung erbracht werden.
unterhalten	**Schönke-Schröder** § 180a RdNr. 16: bedeutet, daß der Täter (Mit-)Inhaber ist, wobei er in wirtschaftlicher und organisatorischer Beziehung Einfluß auf die Prostitutionsausübung nimmt und direkt an Gewinn und Verlust teilhat.
ausbeuten (Abs. 2 Ziff. 2)	**Otto** § 66 VII 1 b unter Hinweis auf **BGH** GA 87/261: ein gewinnsüchtiges Ausnutzen der Prostitutionsausübung als Erwerbsquelle, durch das die Prostituierte in eine schlechtere wirtschaftliche Lage gebracht wird. **Preisendanz** § 180a Anm. 4 c: ein Ausbeuten, d. h. eigensüchtiges und planmäßiges Ausnützen, liegt vor, wenn Leistungen und Gegenleistung in einem deutlichen Mißverhältnis stehen. **Schönke-Schröder** § 180a RdNr. 23, unter Hinweis auf **BGH** MDR 74/722, **Dallinger** MDR 1974/722 (ebenso **Otto** § 66 VII 1 b): bedeutet das gewinnsüchtige Ausnützen der Prostitutionsausübung als Erwerbsquelle.
anhalten Abs. 2 Ziff. 2)	**Schönke-Schröder** § 180a RdNr. 22: eine andauernde und nachhaltige Beeinflussung.
anwerben (Abs. 3)	**Preisendanz** § 180a Anm. 5 b: die vom Täter in Aussicht genommene Person ist angeworben, wenn sie sich zu der ihr angetragenen Tätigkeit bereit erklärt. **Schönke-Schröder** § 180a RdNr. 25: Anwerben ist nicht nur ein finaler Begriff, sondern bedeutet das Herbeiführen einer Verpflichtung ohne Rücksicht auf ihre zivilrechtliche Wirksamkeit; es genügt, daß sich der Angeworbene durch die Vereinbarung gebunden fühlt.
zuführen (Abs. 4)	**Otto** § 66 VII 1 d: Zuführen ist ein Verbringen des Opfers in den Einwirkungsbereich des prostituierten Milieus, so daß es sich der Prostitutionsausübung zuwendet.
einwirken	**Otto** § 66 VII 1 d: Einwirken ist intellektuelle Beeinflussung mit einer gewissen Hartnäckigkeit (vgl. **BGH NJW** 1990/196).

§ 181

Gewalt, Drohung	vgl. unter § 240.

List	**Preisendanz** § 234 Anm. 3: für die Annahme von List genügt bereits, daß der Täter die verfolgte Absicht geflissentlich verbirgt. **Schönke-Schröder** § 181 RdNr. 3 Vorbem. 38 vor § 234: ein Verhalten, das darauf abzielt, unter geflissentlicher und geschickter Verbergung der wahren Absichten oder Umstände die Ziele des Täters durchzusetzen.
der Prostitution nachgehen	**Schönke-Schröder** § 181 RdNr. 4: vgl. 180a.
entführen (Ziff. 2)	**Otto** § 66 VII 3 b: setzt voraus, daß der Täter das Opfer durch Verbringen an einen anderen Ort für eine gewisse Dauer so in seine Gewalt bringt, daß es seinem ungehemmten Einfluß preisgegeben ist.
Hilflosigkeit	**Otto** § 66 VII 2 b: Liegt vor, wenn der Betroffene aufgrund seiner besonderen persönlichen Situation in dem für ihn fremden Land nach seinen persönlichen Fähigkeiten nicht imstande ist, sich dem Ansinnen der ihm unerwünschten sexuellen Betätigung aus eigener Kraft zu entziehen. **Schönke-Schröder** § 181 RdNr. 12: eine solche „auslandsspezifische" Hilflosigkeit besteht, wenn das Opfer wegen Sprach- oder Kontaktschwierigkeiten, Unkenntnis der Verhältnisse, wegen Fehlens ausreichenden Rechtsschutzes usw. nicht imstande ist, sich dem Ansinnen der ihm unerwünschten sexuellen Betätigung aus eigener Kraft zu entziehen; eine Hilflosigkeit aus Gründen, die auch im eigenen Lande eintreten könnten, reicht daher nicht aus.
„an", „vor"	**Schönke-Schröder** § 181 RdNr. 11: vgl. § 184c.
gewerbsmäßig (Ziff. 3)	**Otto** § 66 VII 3 c: sich durch wiederholte Tatbegehung eine fortlaufende Einnahmequelle verschaffen.

§ 181a

der Prostitution nachgehen	vgl. § 180a.
ausbeuten	**Maurach-Schroeder-Maiwald** BT I § 21 RdNr. 16: ist mehr als „Ausnutzen" und Ausgehaltenwerden; die Ausbeutung verlangt ein gewisses Herrschaftsverhältnis zur Erlangung übermäßiger Vermögensvorteile. **Otto** § 66 VII 4 a: Erfordert, daß der Täter auf der Grundlage eines Abhängigkeitsverhältnisses durch planmäßiges und eigennütziges Ausnutzen der Prostitutionsausübung als Erwerbsquelle eine spürbare Verschlechterung der wirtschaftlichen Lage der Prostituierten herbeiführt.
überwachen	**Preisendanz** § 181a Anm. 3 b aa: Überwachen ist mehr als „schützend bewachen". Tatbestandsmäßig handelt z. B., wer eine Prostituierte ständig beobachtet (oder beobachten läßt), um die Zahl der Freier festzustellen und damit die mutmaßlichen Einkünfte besser schätzen zu können. Oder:

	Durchführen von Kontrollen, um zu erreichen, daß die Prostituierte fleißig ihrer Tätigkeit nachgeht und sich nicht zu oft oder zu lange in Lokalen aufhält, in denen sie keine Freier erwarten kann.
	Schönke-Schröder § 181a RdNr. 9: dies ist nur die in ihrer Wirkung auf eine gewisse Dauer berechnete kontrollierende Überwachung, die wegen der überlegenen Stellung des Täters geeignet ist, die Prostituierte bei Ausübung ihres Gewerbes in ihrer Entscheidungsfreiheit zu beeinträchtigen.
Bestimmung von Ort, Zeit und Ausmaß oder anderen Umständen	**Preisendanz** § 181a Anm. 3 bb: die TB-Merkmale Bestimmung von Ort, Zeit und Ausmaß oder anderen Umständen der Prostitutionsausübung zielen auf den organisierten Einsatz der Prostituierten ab.
	Schönke-Schröder § 181a RdNr. 10: der Täter nimmt durch Anordnungen, denen sich die Prostituierte wegen der überlegenen Stellung des Täters nicht ohne weiteres entziehen kann, bestimmenden Einfluß auf die näheren Umstände der Prostitutionsausübung.
Maßnahmen trifft die (etc.)	**Schönke-Schröder** § 181a RdNr. 11: Erfaßt werden hier Vorkehrungen gleich welcher Art, die dem anderen die Lösung von der Prostitution erschweren sollen, ... die den anderen in seiner Entscheidungsfreiheit beeinträchtigen.
	Otto § 67 VII 4 b: Maßnahmen sind Vorkehrungen, die das Lösen aus dem Prostitutionsmilieu erschweren oder unmöglich machen, z. B. Entzug von Geldmitteln, Drohungen, Täuschungen u. ä.
Beziehungen unterhält, die über den Einzelfall hinausgehen	**Preisendanz** § 181a Anm. 3 c: erfaßt also nur eine solche Ausbeutung, Überwachung usw., die im Rahmen eines auf eine gewisse Dauer ausgerichteten Verhältnisses zwischen dem Täter und der Prostituierten erfolgt, in dem die Prostitutionsausübung einen maßgeblichen Bezugspunkt darstellt.
Förderung (etc.) (Abs. 2)	**Schönke-Schröder** § 181a RdNr. 17: bedeutet an sich schon das Schaffen günstigerer Bedingungen für diese, ohne daß der Täter jedoch wie in Abs. 1 Nr. 2 einen bestimmenden Einfluß darauf nimmt. Jedoch sind beim Tatbestand des Abs. 2 ähnliche Einschränkungen geboten wie bei § 180 I Nr. 2, die, wenn nicht hier, so spätestens bei der „Beziehungs"-Klausel vorzunehmen sind.
Vermittlung	**Schönke-Schröder** § 181a RdNr. 18: bedeutet die Herstellung des Kontakts zwischen der Prostituierten und ihrem Partner, auch über Mittelsmänner und gleichgültig auf wessen Anregung die Vermittlung zurückgeht; vgl. im übrigen § 180
sexueller Verkehr	**Schönke-Schröder** § 181a RdNr. 18: nicht nur bei Beischlaf, sondern jede Form sexueller Betätigung mit einem anderen.

§ 182

(verführen)

Blei § 44 II: alle Formen des Geneigtmachens einschließlich solcher Nötigungen, mit denen nicht die Grenze zur Vergewaltigung des § 177 überschritten wird.

Schönke-Schröder § 182 RdNr. 4: Überwindung eines inneren Widerstandes auf seiten des Mädchens, wobei ein über das bloße Bestimmen an Intensität hinausgehendes Willfährigmachen notwendig ist.

Welzel Seite 437: unter Mißbrauch der geschlechtlichen Unerfahrenheit und seiner geringen seelischen Widerstandskraft zum Beischlaf geneigt machen.

BGHSt 7/99: Zum Verführen gehört nur, daß der Mann als bestimmender Teil zur Befriedigung seiner sinnlichen Begierde die Jugendliche unter Ausnutzung ihrer geschlechtlichen Unerfahrenheit und ihrer geringen Widerstandskraft beeinflußt, sich ihm hinzugeben.

§ 183

exhibitionistische Handlungen

Preisendanz § 183 Anm. 3 (ähnlich **Lackner** § 183 Anm. 2): sind solche Handlungen, mit denen ein Mann einer anderen Person ohne deren Einverständnis sein entblößtes Glied vorweist, um sich entweder allein dadurch oder zusätzlich durch Beachten der Reaktion der betroffenen Person oder durch Masturbieren sexuell zu befriedigen.

Otto § 66 VI 1 a (ebenso **Maurach-Schroeder-Maiwald** BT I § 26 RdNr. 6): das Entblößen des Geschlechtsteils vor einem anderen ohne dessen Einverständnis, um sich durch die Wahrnehmung durch den anderen oder durch dessen Reaktion geschlechtlich zu befriedigen, zu erregen oder eine geschlechtliche Erregung zu steigern. Der Täter kann nur ein Mann sein (zum Täter ebenso **Blei** § 47 I).

belästigen

Otto § 66 VI 1 a: der andere muß schockiert, erschreckt oder mit Abscheu erfüllt werden. Der Eintritt des Deliktserfolges ist Tatbestandsvoraussetzung.

Preisendanz § 183 Anm. 4: die mit der exhibitionistischen Handlung konfrontierte Person ist belästigt, wenn sie sich bedroht fühlt oder in ihrem sittlichen oder ästhetischen Empfinden verletzt wird, insbesondere wenn sie Schrecken oder Abscheu empfindet und dadurch in ihrem psychischen Wohlergehen beeinträchtigt wird.

Schönke-Schröder § 183 RdNr. 4: jede negative Gefühlsempfindung von einigem Gewicht reicht aus.

§ 183a

sexuelle Handlungen

vgl. unter § 174 bzw. § 184c.

öffentlich

Maurach-Schroeder-Maiwald BT I, § 22 RdNr. 8 unter Hinweis auf **BGHSt** 11/182 (ähnlich **Otto** § 66 VI 2): Öffentlich bedeutet wahrnehmbar für einen Personenkreis, der weder mit dem Täter noch untereinander durch persönliche Beziehungen zusammengehalten wird und damit „geschlossen" ist, wie z. B. die Mitglieder eines Klubs.

Schönke-Schröder § 183a RdNr. 4: wenn sie wahrgenommen wird oder wahrgenommen werden könnte, entweder 1. von einem nach Zahl und Zusammensetzung unbestimmten Personenkreis, ohne daß die unbestimmte Vielheit von Personen tatsächlich zugegen sein müßte, oder 2. von einem zwar bestimmten, aber nicht durch persönliche Beziehungen miteinander verbundenen Personenkreis, wobei es genügt, wenn die Möglichkeit der Wahrnehmung jeweils nur für einzelne, aber individuell nicht feststehende Angehörige des fraglichen Kreises besteht.

Ärgernis

Schönke-Schröder § 183a RdNr. 5: die Verletzung des Scham- und Anstandsgefühls eines normal empfindenden Menschen, der sich ungewollt mit fremden Sexualhandlungen konfrontiert sieht.

Ärgernis erregen

Maurach-Schroeder-Maiwald BT I § 22 RdNr. 10: das Schamgefühl mindestens eines anderen verletzen.

Otto § 66 VI 2: Ärgernis ist erregt, wenn eine Person erheblich in ihrem Empfinden, nicht mit sexuellen Handlungen gegen ihren Willen konfrontiert zu werden, verletzt ist (Erfolgsdelikt).

§ 184

pornographisch

Preisendanz § 184 Anm. 2 unter Hinweis auf Ber. VI S Seite 60, ähnlich **Lackner** § 184 Anm. 2 a: pornographisch sind alle Erzeugnisse, die ausschließlich oder überwiegend auf die Erregung eines sexuellen Reizes beim Leser, Betrachter, Hörer usw. abzielen und daher die im Einklang mit allgemeinen gesellschaftlichen Wertvorstellungen gezogenen Grenzen eindeutig überschreiten.

Schönke-Schröder § 184 RdNr. 4 unter Hinweis auf **Bay. ObLGSt** 74/181; **OLG Karlsruhe NJW** 74/2055; **BGHSt** 23/40 (ähnlich **Otto** § 66 VIII 1): Als pornographisch ist eine Darstellung anzusehen, wenn sie unter Ausklammerung aller sonstigen menschlichen Bezüge sexuelle Vorgänge in grob aufdringlicher **(BGHSt** 23/44; „anreißerischer") Weise in den Vordergrund rückt und ihre Gesamttendenz ausschließlich oder überwiegend auf das lüsterne Interesse an sexuellen Dingen abzielt ... Wesentlich ist danach, daß der Mensch durch die Vergröberung des Sexuellen „auf ein physiologisches Reiz-Reaktions-Wesen reduziert", daß er „zum bloßen (auswechselbaren) Objekt geschlechtlicher Begierde degradiert wird".

Schriften

Schönke-Schröder § 184 RdNr. 4, definiert unter § 11 RdNr. 90 ff. unter Hinweis auf **BGHSt** 13/375: sind solche stoff-

	lichen Zeichen zu verstehen, in denen eine Gedankenäußerung durch Buchstaben, Bilder oder Zeichen verkörpert ist und damit vor allem durch Gesichts- oder Tastsinne wahrgenommen werden kann.
anbieten	**Schönke-Schröder** § 184 RdNr. 7 (ähnlich **Otto** § 66 VIII 2 a): ist die ausdrückliche oder konkludente Erklärung der Bereitschaft zur Besitzübertragung.
überlassen	**Schönke-Schröder** § 184 RdNr. 8: ist die Verschaffung des Besitzes zu eigener Verfügung oder zu eigenem, auch nur vorübergehendem Gebrauch. **Otto** § 66 VIII 2: die Übertragung des Gewahrsams.
zugänglich machen (Nr. 1)	**Schönke-Schröder** § 184 RdNr. 9: a) Fälle, in denen der Täter bewirkt, daß das pornographische Erzeugnis seiner Substanz nach derart in den Wahrnehmungs- oder Herrschaftsbereich eines Jugendlichen gelangt, daß dieser die unmittelbare Zugriffsmöglichkeit auf die Sachen selbst und damit auch die Möglichkeit der Kenntnisnahme von dem pornographischen Inhalt erlangt. (Zugänglichmachen gegenüber Überlassen der weitere Begriff.) b) Der Jugendliche erlangt zwar nicht die Zugriffsmöglichkeit auf die Sachen selbst, ihm wird aber sonst die Möglichkeit gegeben, von dem Inhalt der pornographischen Darstellung Kenntnis zu nehmen. **Otto** § 66 VIII 2 a: Heißt eröffnen von Wahrnehmungsmöglichkeiten.
Tathandlungen (Nr. 2)	**Schönke-Schröder** § 184 RdNr. 15: ohne Weitergabe der Sache selbst wird der gedankliche oder bildliche Inhalt der pornographischen Darstellung optisch wahrnehmbar und damit der Kenntnisnahme zugänglich gemacht, das Vorführen umfaßt darüber hinaus auch die akustische Wiedergabe des pornographischen Inhalts von Tonträgern.
zugänglich (Nr. 2)	**Schönke-Schröder** § 184 RdNr. 11: für Personen unter 18 Jahren ist jeder Ort, der von ihnen ohne Überwindung rechtlicher oder tatsächlicher Hindernisse betreten werden kann.
gewerbliche Leihbücherei (Nr. 3)	**Schönke-Schröder** § 184 RdNr. 23: nur solche Büchereien, die Bücher entgeltlich „ausleihen" (d. h. vermieten) und bei denen die Gewinnerzielung Haupt- oder Nebenzweck ist.
gewerblich (Nr. 3a)	**Schönke-Schröder** § 184 RdNr. 24b: ist die Vermietung usw., wenn sie, wenn auch nur neben anderen Geschäften entgeltlich zum Zweck der Gewinnerzielung und in der Absicht erfolgt, aus solchen Geschäften eine nicht nur vorübergehende Einnahmequelle zu machen.
Ladengeschäft	**Schönke-Schröder** § 184 RdNr. 24c: nur solche Geschäftslokale, die über eine herkömmlich zu einem „Laden", in dem Gegenstände angeboten und überlassen werden,

	gehörende Ausstattung verfügen und die außerdem räumlich und organisatorisch selbständig sind und deshalb einen eigenen Zugang von außen haben.
Verbreiten (Nr. 5)	**Schönke-Schröder** § 184 RdNr. 57: die mit einer Gewahrsamsübertragung verbundene Tätigkeit, die darauf gerichtet ist, die Schrift usw. ihrer Substanz nach – also nicht nur bezüglich ihres Inhalts durch bloßes Vorlesen, Anschlagen, Ausstellen, Anbringen von Aufklebern usw. – einem größeren Personenkreis zugänglich zu machen, wobei dieser nach Zahl und Individualität unbestimmt oder jedenfalls so groß sein muß, daß er für den Täter nicht mehr kontrollierbar ist.
ankündigen (Nr. 5)	**Schönke-Schröder** § 184 RdNr. 31 unter Hinweis auf **RGSt** 37/142: **OLG Hamm JMBINRW** 58/111: jede Kundgebung, durch die auf die Gelegenheit zum Bezug aufmerksam gemacht wird.
anpreisen (Nr. 5)	**Schönke-Schröder** § 184 RdNr. 31 unter Hinweis auf **RGSt** 37/142: ist die lobende und empfehlende Erwähnung und Beschreibung eines bestimmten pornographischen Erzeugnisses, das Hervorheben seiner Vorzüge usw.
öffentlich (Nr. 5)	**Schönke-Schröder** § 184 RdNr. 32: wenn von einem größeren, individuell nicht feststehenden, oder jedenfalls durch persönliche Beziehungen nicht verbundenen Personenkreis wahrgenommen werden kann.
gelangen lassen (Nr. 6)	**Schönke-Schröder** § 184 RdNr. 36: ist dem Zugehen i. S. des **BGB** vergleichbar und bedeutet, daß die Schrift usw. so in den Verfügungsbereich eines anderen überführt wird, daß dieser vom Inhalt Kenntnis nehmen kann; daß er tatsächlich Kenntnis genommen hat, ist nicht erforderlich.
herstellen (Nr. 8)	**Schönke-Schröder** § 184 RdNr. 43: ist das Anfertigen von Schriften, Ton- oder Bildträgern usw., gleichgültig, ob das gewonnene Stück selbst nach Nr. 1–7 verwendet werden soll oder ob es noch weiterer Akte bedarf, um aus ihm die Verwendung nach Nr. 1–7 bestimmten Stücke zu gewinnen.
beziehen (Nr. 8)	**Schönke-Schröder** § 184 RdNr. 44: ist das Erlangen tatsächlich eigener Verfügungsgewalt durch abgeleiteten Erwerb von einem anderen, gleichgültig, ob dies entgeltlich oder unentgeltlich geschieht.
liefern (Nr. 8)	**Schönke-Schröder** § 184 RdNr. 45: ist der entsprechende Vorgang auf der Gegenseite und bedeutet die Übergabe der Sache zur eigenen Verfügungsgewalt des Bestellers.
vorrätig halten (Nr. 8)	**Schönke-Schröder** § 184 RdNr. 46 unter Hinweis auf **RGSt** 42/210: das Besitzen zu einem bestimmten Verwendungszweck.
einführen (Nr. 8)	**Schönke-Schröder** § 184 RdNr. 47: das Verbringen der Sache über die Grenze, soweit dies nicht im Wege des Versandhandels an den Letztbezieher geschieht, weil dafür Nr. 4 gilt.

| ausführen (Nr. 8) | **Schönke-Schröder** § 184 RdNr. 49: Verbringen über die Grenzen der Bundesrepublik. |

§ 184a

| der Prostitution nachgehen | **Maurach-Schroeder-Maiwald** BT I § 2n RdNr. 53: die Vornahme von Anbahnungshandlungen wie Sichanbieten, Anwerben, Verhandeln u. ä., ohne Rücksicht auf den Erfolg.
Otto § 66 VI 2: Bereits das Aufsuchen von Gelegenheiten zur Ausübung der Prostitution, nicht erst die Vornahme oder das Geschehenlassen der sexuellen Handlungen.
Schönke-Schröder § 184a RdNr. 4: vgl. § 180a. |
| beharrlich | **Maurach-Schroeder-Maiwald** BT I § 20 RdNr. 56: Beharrlichkeit setzt mindestens eine vorhergehende vorsätzliche Zuwiderhandlung (**BGH** 23/172) vor nicht allzu langer Zeit voraus und verlangt eine durch Uneinsichtigkeit indizierte Gefahr weiterer Zuwiderhandlungen.
Schönke-Schröder § 184a RdNr. 5: eine in der Tatbegehung zum Ausdruck kommende, besondere Hartnäckigkeit und damit gesteigerte Gleichgültigkeit des Täters gegenüber dem gesetzlichen Verbot, die zugleich die Gefahr weiterer Begehung indiziert.
Otto § 66 VI 3 a: Ein beharrliches Zuwiderhandeln setzt eine wiederholte Tatbegehung voraus, mit der der Täter erkennen läßt, daß er nicht bereit ist, sich an das Verbot zu halten, und das deshalb eine weitere Wiederholung indiziert. |

§ 184b

| Prostitution | **Otto** § 66 V 5: Die auf gewisse Dauer angelegte Vornahme sexueller Handlungen gegen Entgelt an oder vor wechselnden Partnern oder Zuschauern oder die Duldung derartiger Handlungen an sich durch Dritte. |
| Örtlichkeit | **Schönke-Schröder** § 184b RdNr. 3: Örtlichkeiten i. S. der Nr. 1 sind nicht nur Gebäude, Spielplätze usw., sondern auch vorübergehende Einrichtungen, wie z. B. das Zeltlager einer Jugendgruppe. Ob die Örtlichkeit zum Besuch von Jugendlichen bestimmt ist, hängt von einer entsprechenden Widmung dessen ab, der über ihren Verwendungszweck zu entscheiden hat. |

§ 184c

| sexuelle Handlungen | **Otto** § 66 II 1 a: Zunächst alle Handlungen, die nach ihrem äußeren Erscheinungsbild aus der Sicht eines objektiven Beobachters die Sexualbezogenheit erkennen lassen.
Schönke-Schröder § 184c RdNr. 5: während der Begriff der „unzüchtigen Handlung" in §§ 174 f. a. F. nach allg. M. eine objektive und eine subjektive Komponente enthalten hatte, ist die entsprechende Frage bei der „sexuellen Handlung" zweifelhaft und umstritten. Z. T. wird neben dem äußeren |

von einiger Erheblichkeit (Nr. 1)	Sexualbezug weiterhin ein subjektives Element in Gestalt einer sexuellen Tendenz des Handelns verlangt. Unverzichtbar ist zunächst, daß die Handlung objektiv, d. h. nach ihrem äußeren Erscheinungsbild einen Sexualbezug aufweist; abzustellen ist dabei auf den Gesamtvorgang. **Otto** § 66 II 1 b: Handlungen, die für das in den einzelnen Tatbeständen jeweils geschützte Rechtsgut nach Art und Intensität des Angriffs gefährlich erscheinen und nicht als bloße Belanglosigkeit abzutun sind.
„an" einem anderen	**Otto** § 66 II 2 b: Setzt eine körperliche Berührung dieser Person voraus, braucht aber von dieser weder bewußt wahrgenommen noch als sexuelle Handlung verstanden zu werden. **Schönke-Schröder** § 184c RdNr. 18: ist die sexuelle Handlung vorgenommen, wenn eine körperliche Berührung stattgefunden hat.
„vor" einem anderen (Nr. 2)	**Schönke-Schröder** § 184c RdNr. 20 (ebenso **Otto** § 66 II 2 a): vorgenommen, wenn dieser sie wahrgenommen hat.
Beleidigung	**Maurach-Schroeder-Maiwald** BT I § 25 RdNr. 3 unter Hinweis auf **RGSt** 71/160 (ähnlich **Blei** § 25 I, **Schönke-Schröder** § 185 RdNr. 1, **BGHSt** 1/289): Angriff auf die Ehre eines anderen durch vorsätzlich-rechtswidrige Kundgebung der Nicht- oder Mißachtung. **Otto** § 32 I 1 a: Beleidigung bedeutet Kundgabe der Mißachtung oder Nichtachtung der Ehre, d. h. des sittlichen und sozialen Achtungsanspruchs eines anderen. Kundgabe ist die Äußerung der Mißachtung oder Nichtachtung gegenüber einem anderen.
(Kundgabe der Mißachtung)	**Otto** § 32 I 1 a: Kundgabe ist Äußerung der Miß- oder Nichtachtung gegenüber einem anderen. **Schönke-Schröder** § 185 RdNr. 8: Manifestation durch ein Verhalten mit einem entsprechenden Erklärungswert, gleichgültig, ob es sich dabei um Äußerungen durch Wort, Schrift, Bild, Gesten, symbolische Handlungen oder Tätigkeiten handelt. Maßgebend dafür, ob eine Äußerung die Mißachtung eines anderen zum Ausdruck bringt, ist nicht wie der Täter sie versteht (dies ist nur für den Vorsatz von Bedeutung) oder wie der Empfänger sie tatsächlich verstanden hat, sondern wie er sie verstehen durfte, d. h. ihr durch Auslegung zu ermittelnder, objektiver Sinngehalt (**BGHSt** 19/237).
Tätlichkeit	**Schönke-Schröder** § 185 RdNr. 18: eine unmittelbar gegen den Körper gerichtete Einwirkung, die nach ihrem objektiven Sinn eine besondere Mißachtung des Geltungswertes des Betroffenen ausdrückt. **RGSt** 67/175: „Die Entstehungsgeschichte des § 185 StGB läßt erkennen, daß der Gesetzgeber unter dem Merkmal

‚mittels einer Tätlichkeit' eine Einwirkung verstanden hat, die nicht nur gegen den Körper eines anderen gerichtet ist, sondern zugleich auch ein körperliches Berühren einschließt".

§ 186

(Tatsachenbehauptung) **Otto** § 32 I 1 a: liegt vor, wenn die Äußerung einer objektiven Klärung zugänglich ist und als etwas Geschehenes dem Beweis offen steht.

(Werturteil) **Otto** § 32 I 1 q unter Hinweis auf **BGH NJW** 82/2248: wenn die Äußerung durch Element der Stellungnahme, des Dafürhaltens oder Meinens geprägt ist und die Richtigkeit oder Unrichtigkeit der Behauptung Sache der persönlichen Überzeugung ist.

Schönke-Schröder § 186 RdNr. 4: die Äußerung ist durch Elemente der Stellungnahme, des Dafürhaltens oder Meinens geprägt und die Richtigkeit oder Unrichtigkeit Sache persönlicher Überzeugung.

(Üble Nachrede) **Welzel** Seite 312: ist die Beleidigung, die durch Behaupten oder Verbreiten einer ehrenrührigen Tatsache gegenüber einem Dritten begangen wird.

in Beziehung auf einen anderen **Otto** § 32 II 1c: heißt einem Dritten, nicht nur dem Verletzten gegenüber.

Tatsachen **Maurach-Schroeder-Maiwald** BT I § 25 RdNr. 23: wie beim Betrug gelten als Tatsachen auch hier nur Ereignisse und Vorgänge der Vergangenheit und Gegenwart, nicht auch der Zukunft.

Blei § 26 I: sind alle Vorgänge und Zustände der Außen- und Innenwelt, also des körperlichen (physischen) und seelischen (psychischen) Daseins in einer konkreten raumzeitlichen Bestimmtheit, sofern sie der Vergangenheit oder Gegenwart angehören. Den Gegensatz zu solchen Tatsachenbehauptungen (Tatsachenurteilen) bilden die Werturteile.

Schönke-Schröder § 186 RdNr. 3 (ebenso **Wessels** BT 1 § 10 RdNr. 498): sind alle konkreten Vorgänge oder Zustände der Vergangenheit oder Gegenwart, die sinnlich wahrnehmbar in die Wirklichkeit getreten und damit dem Beweis zugänglich sind.

RGSt 55/131 (ähnlich **Welzel** Seite 312): Der Begriff der Tatsache i. S. des § 186 setzt etwas Geschehenes oder etwas Bestehendes voraus, das zur Erscheinung gelangt und in die Wirklichkeit getreten ist und das daher dem Beweis zugänglich ist.

behaupten **Maurach-Schroeder** BT I § 25 RdNr. 28: der Täter stellt die Tatsache als Produkt eigener Wahrnehmung oder eigener Schlußfolgerung dar.

	Schönke-Schröder § 186 RdNr. 7 (ähnlich **Otto** § 32 II, **Blei** § 26 I): etwas als nach eigener Überzeugung geschehen oder vorhanden hinstellen.
verbreiten	**Preisendanz** § 186 Anm. 4 b: unter Verbreiten fällt jede Weitergabe einer von anderen aufgestellten Behauptung und zwar als Gegenstand fremden Wissens, nicht eigener Überzeugung.
	Schönke-Schröder § 186 RdNr. 8: die Mitteilung einer ehrenrührigen Tatsache als Gegenstand fremden Wissens und fremder Überzeugung durch Weitergabe von – wirklichen oder angeblichen – Tatsachenbehauptungen anderer, die sich der Täter nicht selbst zu eigen macht und für deren Richtigkeit er daher auch nicht eintritt.
	Otto § 32 II 1 b: Die Weitergabe einer fremden Äußerung.
verächtlich zu machen	**Preisendanz** § 186 Anm. 5 a: verächtlich machen bedeutet, den anderen als eine Person hinstellen, die ihren Pflichten im sozialen Leben nicht gerecht wird.
	Blei § 26 I: jemand als eine Person hinstellen, die ihren (im weitesten Sinne) sittlichen Pflichten nicht gerecht wird oder geworden ist.
öffentlich	**Schönke-Schröder** § 186 RdNr. 19 (ähnlich **Otto** § 32 III 2): ist die üble Nachrede erfolgt, wenn sie von einem größeren, nach Zahl und Individualität unbestimmten und durch nähere Beziehung nicht verbundenen Personenkreis unmittelbar wahrgenommen werden kann.
in der öffentlichen Meinung herabgewürdigt	**Preisendanz** § 186 Anm. 5 b: in der öffentlichen Meinung herabgewürdigt ist jemand, wenn sein guter Ruf geschmälert ist.
	Otto § 32 II 1 d: Bedeutet nichts anderes, als daß die Tatsachenbehauptung ehrverletzenden Inhalt hat.
erweislich wahr	**Schönke-Schröder** § 186 RdNr. 15: Der Wahrheitsbeweis ist geführt, wenn die behauptete Tatsache in den wesentlichen Punkten als richtig festgestellt ist.
	Otto § 32 II 3: Der Wahrheitsbeweis ist geführt, wenn die Behauptung in ihrem Kern zutrifft (**BGHSt** 18/182).

§ 187

(Verleumdung)	**Welzel** Seite 315: ist das bewußt wahrheitswidrige Behaupten oder Verbreiten ehrenrühriger Tatsachen gegenüber einem Dritten.
(ehrenrührig)	**Wessels** BT 1 § 11 RdNr. 484: ist eine Tatsache, wenn sie geeignet ist, den Betroffenen verächtlich zu machen oder in der öffentlichen Meinung herabzuwürdigen.
unwahr	**Schönke-Schröder** § 187 RdNr. 2: ist die Behauptung, wenn sie in ihren wesentlichen Punkten falsch ist; geringfügige Übertreibung oder die Unrichtigkeit von Nebensächlichkeiten genügen nicht.

behaupten	**Wessels** BT 1 § 11 RdNR. 484: heißt, etwas als nach eigener Überzeugung gewiß oder richtig hinstellen, gleichgültig ob es als Produkt eigener Wahrnehmung erscheint oder nicht.
verbreiten	**Wessels** BT 1 § 11 RdNr. 484: bedeutet dagegen die Weitergabe von Mitteilungen als Gegenstand fremden Wissens.
Kreditgefährdung	**Otto** § 32 III 3 b: Die Verletzung des Vertrauens, das jemand bezüglich der Erfüllung seiner Verbindlichkeiten genießt.
	Schönke-Schröder § 187 RdNr. 4: das Vertrauen in die Leistungsfähigkeit und -willigkeit beeinträchtigen, das ein anderer hinsichtlich der Erfüllung seiner vermögensrechtlichen Verbindlichkeiten genießt.
öffentlich	**Otto** § 32 III 4: vgl. unter § 186.
Versammlung	**Otto** § 32 III 4: das Beisammensein einer größeren Zahl von Personen zur Verfolgung eines bestimmten Zweckes (**RGSt** 21/71).

§ 187a

eine im politischen Leben ... stehende Person	**Schönke-Schröder** § 187a RdNr. 2 unter Hinweis auf **RGSt** 58/415 (ebenso **Otto** § 32 III 4 b): Personen, die sich für eine gewisse Dauer mit den grundsätzlichen, den Staat, seine Verfassung, Gesetzgebung, Verwaltung, internationale Beziehungen usw. unmittelbar berührenden Angelegenheiten befassen und aufgrund der ausgeübten Funktion das politische Leben maßgeblich beeinflussen.
verunglimpfen	**Blei** § 26 III: Der Tatbestand („verunglimpft") umfaßt die §§ 185, 186 u. 187, soll aber zum Ausdruck bringen, daß besonders schwere Ehrenkränkung erforderlich ist.
	Otto § 33 2: eine grobe Form der Ehrverletzung.

§ 193

berechtigtes Interesse	**Schönke-Schröder** § 193 RdNr. 9: Verfolgung eines vom Recht als schutzwürdig anerkannten öffentlichen oder privaten, ideellen oder materiellen Zwecks.

§ 194

verbreiten, öffentlich zugänglich machen, Darbietungen im Rundfunk	vgl. § 184.
Versammlung	vgl. § 90.
Gruppe	**Schönke-Schröder** § 194 RdNr. 5: ebenso wie in § 220a eine – räumlich nicht notwendig vereinigte – Mehrzahl von Personen, die durch gemeinsame Merkmale verbunden ist und sich dadurch von der übrigen Bevölkerung abhebt.
Teil der Bevölkerung	vgl. § 130.

mit dieser Verfolgung zusammenhängend	**Schönke-Schröder** § 194 RdNr. 6: das ist der Fall, wenn die von dem Verletzten erlittene Verfolgung Anlaß oder Bezugspunkt der Beleidigung gewesen ist, wobei sich dieser Zusammenhang, wenn auch nicht ausdrücklich, so jedoch jedenfalls aus den Umständen ergeben muß, unter denen die Äußerung erfolgte.
während der Ausübung des Dienstes (Abs. 3)	**Schönke-Schröder** § 194 RdNr. 13: ist die Beleidigung begangen, wenn sie mit dieser zeitlich zusammentrifft und in einer örtlichen Beziehung zu ihr steht.
in Beziehung auf den Dienst	**Schönke-Schröder** § 194 RdNr. 14: ist die Beleidigung begangen, wenn sie die Tätigkeit im Dienst oder die dienstliche Stellung erkennbar zum Gegenstand hat oder sonst ein erkennbarer Zusammenhang zu diesen hergestellt wird.

§ 199

auf der Stelle	**Schönke-Schröder** § 199 RdNr. 9: wird von der h. M. nicht als eine unmittelbare, zeitliche Aufeinanderfolge, sondern i. S. eines sachlich-psychologischen Zusammenhanges verstanden: auf der Stelle erwidert ist die Beleidigung danach, wenn und solange die Zweittat durch die infolge der Erstbeleidigung ausgelösten, affektiven Erregungen verursacht ist.
erwidern	**Schönke-Schröder** § 199 RdNr. 8 a: in ursächlichem Zusammenhang zur ersten Beleidigung stehend.
Beleidigung	vgl. unter § 185.

§ 201

unbefugt	**Schönke-Schröder** § 201 RdNr. 29: bezeichnet lediglich das allgemeine Deliktsmerkmal der Rechtswidrigkeit, auf das hier wegen des häufigen Vorliegens eines Rechtfertigungsgrundes besonders hingewiesen worden ist.
nichtöffentlich	**Schönke-Schröder** § 201 RdNr. 6: Die Äußerung ist dann nichtöffentlich, wenn sie nicht für einen größeren, nach Zahl und Individualität unbestimmten, oder nicht durch persönliche oder sachliche Beziehungen miteinander verbundenen Personenkreis bestimmt oder unmittelbar verstehbar ist. **Otto** § 34 I 1 b: ist das Wort, wenn es objektiv und nach dem Willen des Sprechers nicht über einen überschaubaren, durch persönliche Beziehung verbundenen Personenkreis hinaus wahrnehmbar ist. **Wessels** BT 1 § 12 RdNr. 519: ist eine Äußerung, wenn sie nicht an die Allgemeinheit gerichtet und für Außenstehende nicht oder nicht ohne besondere Mühe wahrnehmbar ist.
gesprochenes Wort	**Schönke-Schröder** § 201 RdNr. 5: ist zum einen als Gegensatz des geschriebenen oder durch andere Zeichen (z. B. Morsezeichen) ausgedrückten Worts zu verstehen, bedeutet also nur das Erfordernis einer mündlichen Äußerung, nicht

	aber den Ausschluß von Gesang und Sprechgesang aus dem Schutzbereich des Tatbestandes ... Zum anderen bedeutet es das „live" gesprochene Wort im Gegensatz zu dem von Tonträgern reproduzierten Wort.
Wort	**Lackner** § 201 Anm. 2: dabei bedeutet „Wort" die gesprochene Äußerung eines Gedankens.
Tonträger	**Schönke-Schröder** § 11 RdNr. 78: Gegenstände, die bestimmte, technisch-gespeicherte Laute (Sprache, Musik) enthalten und durch Widergabegeräte für das Ohr wahrnehmbar machen.
aufnehmen	**Blei** § 31 III: Die Aufnahme kann auf beliebigem technischen Wege geschehen, sofern nur das Ergebnis des Aufzeichnungsvorganges so beschaffen ist, daß mit seiner Hilfe eine akustische Reproduktion des Gesprochenen möglich ist.
	Otto § 34 I 2 a: das mechanische Fixieren des Wortes auf einen Tonträger, d. h. eine Vorrichtung zur wiederholten Wiedergabe von Tonfolgen.
	Preisendanz § 201 Anm. 3: d. h. Fixieren und Konservieren des gesprochenen Worts, so daß eine spätere Wiedergabe möglich ist.
	Schönke-Schröder § 201 RdNr. 11/12: (Das Wort ist aufgenommen), wenn eine akustische Wiedergabe möglich ist ... Nur die im Augenblick des Sprechens gemachte Aufnahme erfüllt den Tatbestand.
gebraucht	**Schönke-Schröder** § 201 RdNr. 18: wenn (die Aufnahme) entweder zur akustischen Reproduktion des gesprochenen Wortes oder zur Anfertigung von Kopien benutzt wird.
	Preisendanz § 201 Anm. 4 b: (ähnlich **Lackner** § 201 Anm. 3 b; ebenso **Wessels** BT 1 § 12 RdNr. 527): Gebrauchen ist jedes Verwenden zum Abspielen oder Kopieren, und zwar ohne Rücksicht auf den damit verfolgten Zweck.
zugänglich machen	**Schönke-Schröder** § 201 RdNr. 19: Einem Dritten zugänglich gemacht ist die Aufnahme, wenn ihm die Möglichkeit gegeben ist, von der akustischen Reproduktion Kenntnis zu nehmen, gleichgültig, ob ihm der Tonträger übergeben, die Benutzung eines Tonbandgerätes o. ä. zum Abspielen gestattet oder die Aufnahme lediglich vorgespielt wurde.
	Preisendanz § 201 Anm. 4 c (ähnlich **Dreher/Tröndle** § 201 RdNr. 4, 5; ähnlich **Lackner** § 201 Anm. 3 b; **Otto** § 34 I 2 a): zugänglich gemacht ist die Aufnahme, wenn dem Dritten die Möglichkeit des Gebrauchs eingeräumt wird.
Abhörgerät	**Blei** § 31 III: irgendein technisches Mittel, welches das gesprochene Wort über einen natürlichen Klangbereich hinaus vernehmbar macht.
	Schönke-Schröder § 201 RdNr. 23: sind technische Vorrichtungen jeglicher Art, die das gesprochene Wort über dessen

abhören	normalen Klangbereich hinaus durch Verstärkung oder Übertragung unmittelbar wahrnehmbar machen. **Schönke-Schröder** § 201 RdNr. 24: ist nicht nur das unmittelbare Zuhören; unter Abs. 2 fällt auch, wer das Abhörgerät mit einer Aufnahme-Vorrichtung koppelt.

§ 202

Brief	**Preisendanz** § 202 Anm. 2 a (ebenso **Wessels** BT 1 § 10 RdNr. 539): Brief ist jede schriftliche Mitteilung von Person zu Person. **Schönke-Schröder** § 202 RdNr. 4: ist jede schriftliche Mitteilung einer Person an eine andere ... unabhängig von der Art der Übermittlung ... und dem Vorhandensein einer Unterschrift des Absenders.
Schriftstück	**Preisendanz** § 202 Anm. 2 b (ebenso **Wessels** BT 1 § 10 RdNr. 539): Schriftstück ist jedoch durch Schriftzeichen fixierte Gedankenäußerung. **Schönke-Schröder** § 202 RdNr. 4 (ebenso **Otto** § 34 II 1): ist jede Verkörperung eines gedanklichen Inhalts durch Schriftzeichen.
verschlossen	**Preisendanz** § 202 Anm. 2 c (ebenso **Blei** § 32 II): Verschlossen ist ein Schriftstück, wenn es mit einer Vorrichtung versehen ist, die dem Vordringen zum gedanklichen Inhalt ein physisches Hindernis bereitet. **Schönke-Schröder** § 202 RdNr. 7: ist das Schriftstück, wenn ein mit ihm unmittelbar verbundener Verschluß die Kenntnisnahme durch beliebige Dritte zumindest erschwert.
öffnen	**Preisendanz** § 202 Anm. 3 a (ebenso **Otto** § 34 II 2 a; **Blei** § 32 III 1): Öffnen ist jede Tätigkeit, die den Verschluß beseitigt oder unwirksam macht. **Schönke-Schröder** § 202 RdNr. 9: liegt vor, wenn der Verschluß soweit aufgehoben ist, daß eine Kenntnisnahme des Inhalts möglich ist.
unbefugt	**Schönke-Schröder** § 202 RdNr. 12: es handelt sich hierbei um das allg. Deliktsmerkmal der Rechtswidrigkeit, welches immer dann vorliegt, wenn der Täter kein Recht hat, den Brief oder das Schriftstück zu öffnen oder sich von seinem Inhalt Kenntnis zu verschaffen.
Behältnis	**Schönke-Schröder** § 202 RdNr. 18: vgl. bei § 243.
verschlossenes Behältnis	**Otto** § 34 II 2 c: Ein zur Aufnahme von Sachen – und nicht zum Betreten von Menschen – bestimmtes Raumgebilde, dessen Verschluß fremde Kenntnisnahme des Behältnisinhalts verhindern soll.
Kenntnis verschaffen	**Schönke-Schröder** § 202 RdNr. 10: unter Anwendung technischer Mittel; setzt den Gebrauch spezifisch technischer Hilfsmittel voraus.

Otto § 34 II 2 b: Wenn der Täter den Inhalt wahrgenommen hat. Verständnis des Inhalts ist nicht erforderlich.

§ 202a

nicht bestimmt   **Schönke-Schröder** § 202a RdNr. 6: sind die Daten, wenn sie dem Täter nach dem Willen des Berechtigten im Zeitpunkt der Tathandlung nicht zur Verfügung stehen sollen.

verschaffen   **Schönke-Schröder** § 202a RdNr. 10: verschafft sich die Daten zunächst, wenn der Täter bzw. der Dritte durch optische bzw. akustische Wahrnehmung von ihrem Inhalt tatsächlich Kenntnis genommen hat, ferner ohne vorherige Kenntnisnahme aber auch dann, wenn der Täter den (körperlichen) Datenträger in seine oder des Dritten Verfügungsgewalt bringt, oder wenn er die Daten auf einem solchen fixiert.

§ 203

unbefugt   **Schönke-Schröder** § 203 RdNr. 21: wenn (die Offenbarung des Geheimnisses) ohne Zustimmung des Verfügungsberechtigten und ohne ein Recht zur Mitteilung erfolgte.

offenbart   **Maurach-Schroeder-Maiwald** BT I § 29 RdNr. 26: offenbaren ist als bloßer Komplementärbegriff zum „Geheimnis" die Weitergabe der Tatsache in Verbindung mit der Bezugsperson an einen Außenseiter durch Mitteilung oder auf andere Weise.
Schönke-Schröder § 203 RdNr. 19: ist ein Geheimnis, wenn es in irgendeiner Weise an einen anderen gelangt ist.
Otto § 34 III 2 a: Offenbaren ist die Mitteilung an einen Dritten.
Wessels BT 1 § 10 RdNr. 557 unter Hinweis auf **RGSt** 38/62: es genügt jede Bekanntgabe der geheimhaltungsbedürftigen Tatsachen an einen anderen, der davon zumindest noch keine sichere Kenntnis besitzt. Vorausgesetzt wird aber, daß dabei zugleich die Person dessen erkennbar gemacht wird, auf den sich das Geheimnis bezieht.

Geheimnisse   **Maurach Schroeder-Maiwald** BT I § 29 RdNr. 23: Tatsachen, die nur einem beschränkten Kreis Beteiligter bekannt sind und die nach ihrem von vernünftigen Interessen bestimmten Willen nur ihnen selbst oder den von ihnen Eingeweihten bekannt bleiben sollen.
Schönke-Schröder § 203 RdNr. 5 (ähnlich **Otto** § 34 III 1 b): sind Tatsachen, die nur einem beschränkten Personenkreis bekannt sind und an deren Geheimhaltung derjenige, den sie betreffen (sog. Geheimnisträger), ein von seinem Standpunkt aus sachlich begründetes Interesse hat oder bei eigener Kenntnis der Tatsache haben würde.
Blei § 33 II: ist ein Sachverhalt, der über einen begrenzten Kreis Eingeweihter noch nicht hinausgedrungen ist.

	Wessels BT 1 § 10 RdNr. 554 unter Hinweis auf **BGH NJW** 95/2301: Tatsachen, die nur einem begrenzten Kreis bekannt sind und an deren Geheimhaltung eine Privatperson (= der Geheimnisträger) ein schutzwürdiges Interesse hat.
fremd	**Schönke-Schröder** § 203 RdNr. 8: ist jedes eine andere – natürliche oder juristische – Person betreffende Geheimnis.
anvertraut	**Schönke-Schröder** § 203 RdNr. 13: ist ein Geheimnis, wenn es dem Täter „als" Arzt im inneren Zusammenhang mit der Ausübung seines Berufs mündlich, schriftlich oder auf sonstige Weise unter Umständen mitgeteilt worden ist, aus denen sich die Anforderung des Geheimhaltens ergibt.
	Blei § 33 III: ist ein Geheimnis dann, wenn es dem Pflichtigen unter Umständen mitgeteilt worden ist, aus denen sich die begründete Erwartung der Geheimhaltung ergibt; Kundgabe des Wunsches nach vertraulicher Behandlung ist nicht erforderlich.
sonst bekanntgeworden	**Schönke-Schröder** § 203 RdNr. 15: ist das Geheimnis dem Täter „als" Arzt usw., wenn er es auf andere Weise, jedoch gleichfalls im inneren Zusammenhang mit der Ausübung seines Berufs erfahren hat.
bekanntgeworden	**Blei** § 33 III: wenn dem Pflichtigen ein Geheimnis, wenn er es selbst wahrgenommen (Diagnose, Geschäftsgeheimnis durch Einsicht in die Geschäftsunterlagen, häusliche Umstände …) oder von Dritten erfahren hat, ohne daß diese es ihm anvertraut hätten …
berufsmäßig tätiger Gehilfe (Abs. 3)	**Schönke-Schröder** § 203 RdNr. 64: jeder, der innerhalb des beruflichen Wirkungsbereichs eines Schweigepflichtigen, eine auf dessen berufliche Tätigkeit bezogene unterstützende Tätigkeit ausübt, welche die Kenntnis fremder Geheimnisse mit sich bringt oder ohne Überwindung besonderer Hindernisse ermöglicht.

§ 204

unbefugt	**Schönke-Schröder** § 204 RdNr. 7: vgl. unter § 203.
Geheimnis	**Schönke-Schröder** § 204 RdNr. 3: Obwohl sich § 204 seinem Wortlaut nach auf alle dem § 203 unterfallenden Geheimnisse bezieht, kommen hier, wie sich aus der Tathandlung des „Verwertens" ergibt, praktisch nur solche Geheimnisse in Betracht, die ihrer Natur nach zur wirtschaftlichen Ausnutzung geeignet sind.
zur Geheimhaltung verpflichtet	**Schönke-Schröder** § 204 RdNr. 4: (Der Täter) gehört zu dem (in § 203) genannten Personenkreis und ihm ist das Geheimnis in seiner Eigenschaft als Angehöriger der fraglichen Berufsgruppe anvertraut worden oder sonst bekannt geworden.
verwerten	**Maurach-Schroeder-Maiwald** BT I § 29 RdNr. 26: ist die wirtschaftliche Ausnutzung zum Zweck der Gewinnerzielung durch andere Weise als durch Offenbaren.

Schönke-Schröder § 204 RdNr. 5: die eigene wirtschaftliche Nutzung des in dem Geheimnis verkörperten Wertes zum Zweck der Gewinnerzielung.

Wessels BT 1 § 10 RdNr. 562: das wirtschaftliche Ausnutzen des Geheimnisses zum Zweck der Gewinnerzielung, und zwar anders als durch ein Offenbaren.

§ 211

Mordlust

BGH NJW 53/1440: die „unnatürliche" Freude an der Vernichtung eines Menschenlebens.

Schönke-Schröder § 211 RdNr. 15 (unter Hinweis auf **BGH NJW** 53/1440): wurde üblicherweise als das Töten „aus unnatürlicher Freude an der Vernichtung eines Menschenlebens" bezeichnet. Der BGH stellt neuerdings zurecht mehr nach Gefährlichkeitskriterien darauf ab, ob in der Tat eine „prinzipielle, vom individuellen Täter losgelöste, Mißachtung fremden Lebens zum Ausdruck kommt" **(BGHSt** 34/59).

Otto § 4 II 1 a: Hier sind die Fälle einzuordnen, in denen es dem Täter allein darauf ankommt, einen Menschen sterben zu sehen, sei es, daß er die Tötung aus Mutwillen, Langeweile oder Angeberei begeht oder sie als Stimulans für seine abgestumpften Nerven bzw. als „sportliches Vergnügen" betrachtet.

Wessels BT 1 § 2 RdNr. 85 unter Hinweis auf **BGH NStZ** 94/239: liegt vor, wenn der Antrieb zur Tat allein dem Wunsch entspringt, einen anderen sterben zu sehen, einziger Zweck des Handelns somit die Tötung des Opfers als solche ist.

Befriedigung des Geschlechtstriebes

Blei § 6 II (ähnlich **Schönke-Schröder** § 211 RdNr. 16): Zur Befriedigung des Geschlechtstriebes handelt der Täter nicht nur, wenn er im Tötungsakt als solchem geschlechtliche Befriedigung sucht („Lustmord"), sondern ebenso, wenn ihn nur überhaupt, „die Vorstellung, sich am Opfer geschlechtlich befriedigen zu können, entscheidend beeinflußt hat".

Otto § 4 II 1 b: Drei Fallgruppen sind zu unterscheiden: 1. Der Täter befriedigt seinen Geschlechtstrieb durch Töten; 2. der Täter tötet, um sich an der Toten zu vergehen; 3. der Täter nimmt eine Tötung infolge von Gewaltanwendung beim Geschlechtsverkehr in Kauf.

Welzel Seite 282 unter Hinweis auf **BGHSt** 7/353: die aus sexueller Erregung zur sexuellen Befriedigung begangene Tötung.

Habgier

Maurach-Schroeder-Maiwald BT I § 2 RdNr. 33: Handeln aus einem rücksichtslosen Gewinnstreben unter brutaler Mißachtung fremden Menschenlebens.

Blei § 6 II: aus Habgier handelt, wer sich durch einen auf ein ungewöhnliches, ungesundes, sittlich anstößiges Maß gesteigerten Erwerbssinn leiten und durch Rechte und Interessen anderer nicht abhalten läßt (vgl. **BGHSt** 10/399).

Otto § 4 II 1 c: als besonders rücksichtsloses und sozialethisch anstößiges Streben nach Gewinn bedeutet ein Handeln um eines materiellen Vorteils willen in einer Handlungssituation, in der der erstrebte Vorteil in einem unerträglichen Mißverhältnis zum angerichteten Schaden steht.

Welzel Seite 283: das Streben nach Gewinn um jeden Preis.

Wessels BT 1 § 2 RdNr. 85 unter Hinweis auf **BGH NStZ** 93/385: bedeutet mehr als „Bereicherungsabsicht"; schon vom allgemeinen Sprachgebrauch her ist darunter nur ein ungezügeltes und rücksichtsloses Streben nach Gewinn „um jeden Preis" zu verstehen, gleichgültig, ob es dabei um einen Vermögenszuwachs oder um die Vermeidung von Aufwendungen als unmittelbare Folge der Tötungshandlung geht.

niedrige Beweggründe

BGH NJW 80/537: ob ein Beweggrund niedrig ist (§ 211 II StGB), also nach allgemeiner sittlicher Wertung auf tiefster Stufe steht (BGHSt 3/132 [133] = NJW 1952/1026), muß aufgrund einer Gesamtwürdigung beurteilt werden, die die Umstände der Tat, die Lebensverhältnisse und die Persönlichkeiten der Täter einschließt (BGH, GA 1974/370). Dabei können die besonderen Anschauungen und Wertvorstellungen, denen die Täter wegen ihrer Bindung an eine fremde Kultur verhaftet sind, nicht außer Betracht bleiben. Das hat der BGH bereits hervorgehoben (BGH, GA 1967/244; BGH, bei **Holtz**, MDR 1977/809).

Maurach-Schroeder-Maiwald BT I § 2 RdNr. 37 (ebenso **BGHSt** 3/133; ähnlich **Blei** § 6 II): als niedrig gilt allgemein ein Beweggrund, der nach allgemeiner sittlicher Wertung auf tiefster Stufe steht, durch hemmungslose Eigensucht bestimmt und deshalb besonders verwerflich und verächtlich ist.

Otto § 4 II 1 d: Beweggründe sind niedrig, wenn zwischen dem Anlaß der Tat und ihren Folgen ein unerträgliches Mißverhältnis besteht (BGH bei **Dallinger** MDR 1975/725).

Wessels BT 1 § 2 RdNr. 86 unter Hinweis auf **BGHSt** 3/132: alle Tattriebe, die sittlich auf niedrigster Stufe stehen und nach allgemein anerkannten Wertmaßstäben besonders verwerflich und geradezu verachtenswert sind.

heimtückisch

Maurach-Schroeder-Maiwald BT I § 2 RdNr. 43 unter Hinweis auf **RGSt** 77/41, **BGHSt** 19/321: handelt der Täter, wenn er in feindlicher Willensrichtung die Arglosigkeit, das besondere Vertrauen oder die Wehrlosigkeit des Opfers für seine Tat ausnutzt.

Schönke-Schröder § 211 RdNr. 23–24 a: Der Begriff ist umstritten. Die Rspr. bezeichnet als heimtückisch ein Verhalten, bei dem der Täter die Arg- und Wehrlosigkeit seines Opfers zur Tat ausnutzt ... **Arglos** ist, wer sich im Zeitpunkt der Tat keines Angriffs versieht ... **Wehrlos** ist, wer keine oder nur eine reduzierte Möglichkeit zur Abwehr des Angriffs besitzt.

Otto § 4 II 2 a: Die Ausnutzung eines Vertrauensverhältnisses oder Mißbrauch begründeten Vertrauens des Opfers zur Ausführung der Tat erscheinen als die wesentlichen Qualifikationskriterien.

Welzel Seite 283 unter Hinweis **RGSt** 77/48, **BGHSt** 2/60: Heimtücke ist objektiv ein heimliches, der Kenntnis des Opfers verborgenes Verhalten, das die Heimlichkeit subjektiv mit besonderer Falschheit und Verschlagenheit ausnutzt.

BGHSt 20/301 = **NJW** 66/556 f.: Heimtückisch tötet, wer die Arglosigkeit und die Wehrlosigkeit seines Opfers ausnutzt, um es zu töten. Das „Tückische" eines solchen Verhaltens liegt darin, daß der Mörder sein Opfer in einer hilflosen Lage überrascht und es dadurch daran hindert, dem Anschlag auf sein Leben zu begegnen oder ihn wenigstens zu erschweren (vgl. auch **BGH NJW** 1980/792 und **BGH NStZ** 1985/216.

Wessels BT 1 § 2 RdNr. 95 unter Hinweis auf **BGHSt** 39/368: handelt, wer in feindseliger Willensrichtung (**BGHSt** GrS 9/385) die Arg- und Wehrlosigkeit des Opfers bewußt zur Tötung ausnutzt.

(arglos) **Wessels** BT 1 § 2 RdNr. 98 unter Hinweis auf **BGHSt** 28/2101: arglos ist, wer sich im Zeitpunkt der Tat keines tätlichen Angriffs auf seine körperliche Unversehrtheit oder sein Leben versieht. Voraussetzung dafür ist die Fähigkeit zum Argwohn.

(wehrlos) **Wessels** BT 1 § 2 RdNr. 100: wehrlos ist, wer infolge seiner Arglosigkeit zur Verteidigung außerstande oder in seiner Verteidigung stark eingeschränkt ist.

(ausnutzen) **Wessels** BT 1 § 2 RdNr. 102: Wenn der Täter die von ihm herbeigeführte oder vorgefundene Lage der Arg- und Wehrlosigkeit im Wege des listigen, hinterhältigen oder planmäßig-berechnenden Vorgehens bewußt zu einem Überraschungsangriff ausnutzt und das Opfer so daran hindert, sich zu verteidigen, zu fliehen, Hilfe herbeizurufen oder dem Anschlag auf sein Leben sonstwie Hindernisse entgegenzusetzen.

grausam **Maurach-Schroeder-Maiwald** BT I § 2 RdNr. 47 (ähnlich **Otto** § 4 II 2 b): tötet, wer dem Opfer besonders starke Schmerzen oder Qualen körperlicher oder seelischer Art aus gefühlloser oder unbarmherziger Gesinnung zufügt.

Blei § 6 II: Grausamkeit der Tötung erfordert die Zufügung besonders schwerer körperlicher oder seelischer ... Leiden, wobei der Täter nach h. M. ... aus gefühlloser und unbarmherziger Gesinnung gehandelt haben muß.

Schönke-Schröder § 211 RdNr. 27: Grausam handelt, wer dem Opfer Schmerzen oder Qualen körperlicher oder seelischer Art zufügt, die nach Stärke oder Dauer über das für die Tötung als solche erforderliche Maß hinausgehen. Dazu verlangt er h. M. subjektiv ein Handeln des Täters aus einer gefühllosen und unbarmherzigen Gesinnung.

Welzel Seite 283 unter Hinweis auf **RGSt** 76/299, 77/45, **BGHSt** 3/180, 264: Das Zufügen besonders schwerer, über das zur Herbeiführung des Todes erforderliche Maß hinausgehender Leiden aus gefühlloser, unbarmherziger Gesinnung, gleichgültig ob die Schwere der Leiden in ihrer Stärke, Dauer oder Wiederholung besteht.

BGH NStZ 1986/265: Das Mordmerkmal „grausam" kennzeichnet eine bestimmte Gesinnung des Täters und Tatumstände, welche es bedingen, daß dem Opfer besondere Schmerzen oder Leiden zugefügt werden.

gemeingefährliche Mittel

Welzel Seite 284: Mittel, die in der konkreten Verwendung eine in der Ausdehnung unberechenbare Gefahr mit sich führen.

Otto § 4 II 2 c: Mittel, deren Wirkung auf Leib und Leben anderer Menschen, der Täter nach den konkreten Umständen ihres Einsatzes nicht in der Hand hat.

Straftat

Schönke-Schröder § 211 RdNr. 32: nur kriminell strafbare Handlungen i. S. von § 11 Abs. 1 Nr. 5.

Mensch

Maurach-Schroeder-Maiwald BT I § 1 RdNr. 10 unter Hinweis auf **BGHSt** 10/292: Mensch i. S. d. Strafrechts ist auch die in Abtreibungsabsicht zur Welt gebrachte lebensunfähige, aber noch lebende Leibesfrucht.

Schönke-Schröder Vorbem. § 211 RdNr. 13: Mensch i. S. des StGB wird man mit Beginn des Geburtsaktes und nicht erst mit „Vollendung der Geburt".

§ 213

ohne eigene Schuld

Schönke-Schröder § 213 RdNr. 7 (unter Hinweis auf **BGHSt** 21/16): entscheidend ist, daß der Täter im gegebenen Augenblick keine genügende Veranlassung zu der Mißhandlung oder schweren Beleidigung durch das Opfer gab bzw. eine etwaige akute Veranlassung ihm nicht vorzuwerfen ist.

Mißhandlung

Schönke-Schröder § 213 RdNr. 5: nicht nur körperliche Mißhandlung, sondern auch solche seelischer Art.

schwere Beleidigung

Schönke-Schröder § 213 RdNr. 5: setzt keine Beleidigung im technischen Sinne voraus; sie umfaßt jede schwere Kränkung.

Wessels BT 1 § 2 RdNr. 168: die Schwere der Kränkung ist nach objektiven Maßstäben zu beurteilen; dabei sind neben dem konkreten Geschehensablauf, den Anschauungen im Lebenskreis der Beteiligten sowie den Beziehungen zwi-

	schen Opfer und Täter alle Umstände des Einzelfalles zu berücksichtigen.
zum Zorn gereizt	**Schönke-Schröder** § 213 RdNr. 8: ausreichend sind alle sthenischen Antriebe wie etwa Wut oder Empörung, darüber hinaus aber überhaupt jede zornnahe Erregung, sofern diese reaktiven Vorgänge bei der Tötung einen beherrschenden Einfluß ausgeübt haben und nicht lediglich persönlichkeitsbedingte Überreaktionen darstellen. **Wessels** BT 1 § 2 RdNr. 168 unter Hinweis auf **BGHSt** 21/14: ist man nicht nur bei einem Affekt i. e. S., vielmehr können Wut und Empörung genügen. An dem erforderlichen ursächlichen Zusammenhang zwischen Gemütsbewegung und Tat fehlt es dann, wenn der Totschläger aus anderen Gründen zur Tötung entschlossen war.
auf der Stelle	**Schönke-Schröder** § 213 RdNr. 9: auf der Stelle hingerissen ist der Täter dann, wenn seine Tat noch unter dem Eindruck der durch die Mißhandlung hervorgerufenen Erregung begangen wird. **Otto** § 5 RdNr. 1: reagiert der Täter, der noch voll unter dem Einfluß des erlittenen Unrechts steht. **Wessels** BT 1 § 2 RdNr. 168 unter Hinweis auf **BGH NStZ** 95/83: bedeutet nicht, daß die Tötung der Provokation unmittelbar zeitlich folgen müßte; entscheidend ist allein, ob der Täter bei seinem Entschluß zur Tat und bei dessen Realisierung noch unter dem beherrschenden Einfluß der vom Opfer ausgelösten Gemütsaufwallung stand.

§ 216

ausdrücklich	**Maurach-Schroeder-Maiwald** BT I § 2 RdNr. 62: als ausdrücklich muß der Täter ein solches Verlangen betrachten, das ihm unzweideutig und unmißverständlich erschien. **Schönke-Schröder** § 216 RdNr. 7: ist das Verlangen dann, wenn es in eindeutiger, nicht mißzuverstehender Weise gestellt worden ist. **Welzel** Seite 285: Das Verlangen muß ausdrücklich, d. h. unzweideutig (dies auch durch Gesten) erklärt und ernstlich gemeint sein, d. h. es muß dem wahren Willen entsprechen und nicht einer bloßen Augenblicksstimmung entstammen.
ernstlich	**Maurach-Schroeder-Maiwald** BT I § 2 RdNr. 62: Die Ernstlichkeit des Verlangens setzt voraus, daß der Täter es für ernstlich nahm. Der Täter muß geglaubt haben, daß der Verlangende handlungsfähig (nicht jugendlich, geistesgestört oder berauscht) ist und daß sein Wunsch nicht nur aus einer vorübergehenden Depression entstanden war. **Blei** § 7 I: dem wahren Willen des Verlangenden entsprechend. **Schönke-Schröder** § 216 RdNr. 8: ernstlich, d. h. von freiem Willen getragen und zielbewußt auf Tötung gerichtet, und

Verlangen	zwar nicht nur aus der Sicht des Täters, sondern aufgrund subjektiv freiverantwortlichen Entschlusses des Opfers.
	Maurach-Schroeder-Maiwald BT I, § 2 RdNr. 62: das Opfer muß tätig auf die Willensbildung des Täters einwirken.
	Blei § 7 I: ist mehr als bloß „Einwilligen"; der Getötete muß den Täter zur Tötung „bestimmt" haben.
	Schönke-Schröder § 216 RdNr. 5: zu verstehen i. S. des Bestimmens nach § 26.
	RGSt 68/307: eine Betätigung mit dem Ziel der Einwirkung auf den anderen.
	Wessels BT 1 § 2 RdNr. 142: bedeutet mehr als bloße Einwilligung (**RGSt** 68/306). Das Opfer muß seine Tötung ernstlich begehrt und dieses Begehren ausdrücklich, d. h. durch Worte, Gebärden oder Gesten unmißverständlich zum Ausdruck gebracht haben.

§ 217

nichtehelich	**Maurach-Schroeder-Maiwald** BT I § 2 RdNr. 67 (ebenso **Wessels** BT 1 § 8 RdNr. 157, ähnlich **Blei** § 8 II, **Schönke-Schröder** § 217 RdNr. 3, **Otto** § 7 1 a, **Welzel** Seite 286): ist ein Kind, dessen Eltern weder zur Zeit der Zeugung noch zur Zeit der Geburt in formell gültiger Ehe miteinander lebten.
(Beginn der Geburt)	**Wessels** BT 1 § 1 RdNr. 11 unter Hinweis auf **BGHSt** 32/194: bei einer normalen Entbindung erst ihr tatsächliches Einsetzen und nicht etwa die Vornahme darauf abzielender Maßnahmen. Für die strafrechtliche Beurteilung bildet der Beginn der Geburt eine Zäsur, mit der das Leibesfruchtstadium endet und das Menschsein anfängt.
in der Geburt	**Maurach-Schroeder-Maiwald** BT I § 2 RdNr. 68: bevor das Kind den Mutterleib verlassen hat, sofern nur der Geburtsakt eingesetzt hat.
	Schönke-Schröder § 217 RdNr. 5: die Geburt hat ihren Anfang genommen.
	Otto § 2 1 a: Als Beginn der Geburt ist das Einsetzen der sogenannten Eröffnungswehen anzusehen (**BGHSt** 31/348).
gleich nach der Geburt	**Maurach-Schroeder-Maiwald** BT I § 2 RdNr. 68: ist das Kind getötet, wenn die entscheidende Bedingung noch zu einem Zeitpunkt gesetzt wurde, in dem sich die Mutter in dem durch den Geburtsakt als solchen hervorgerufenen pathologischen Erregungszustand befand.
	Otto § 7 1 b: der Zeitraum (in oder gleich nach der Geburt) endet mit dem Abklingen der durch den Geburtsvorgang hervorgerufenen Erregungsphase, die durchaus eine erhebliche Zeit dauern kann.
	Schönke-Schröder § 217 RdNr. 5 (ähnlich **Blei** § 8 II): kein bestimmter Zeitraum; maßgebend ist, ob die durch die

	Geburt hervorgerufene Gemütsbewegung zur Zeit der Tat noch anhält. **Welzel** Seite 287 unter Hinweis auf **RGSt** 77/247: solange der durch die Geburt bedingte Erregungszustand andauert.
	§ 218
(Leibesfrucht)	**Schönke-Schröder** § 218 RdNr. 4: nicht schon das befruchtete, sondern erst das durch Nidation in die Gebärmutterschleimhaut eingenistete Ei ist als Leibesfrucht im Sinne der §§ 218 ff. anzusehen.
Schwangerschaft abbricht	**Dreher/Tröndle** § 218 RdNr. 3: intakte Gravidität. **Maurach-Schroeder-Maiwald** BT I § 6 RdNr. 27: dieser Ausdruck umfaßt nicht nur die Vernichtung des Embryos bzw. Fötus im Mutterleib, sondern auch die Loslösung des – im übrigen unbeschädigten – Embryos bzw. Fötus aus dem Mutterleib. **Dreher/Tröndle** § 218 RdNr. 5 unter Hinweis auf **BGHSt** 10/5, 293: 13/24: Jede nicht bloße Nidationshemmung angelegte Einwirkung auf die Schwangere oder die Frucht, die final darauf gerichtet ist, das Absterben der noch lebenden Frucht im Mutterleib oder den Abgang der Frucht in nicht lebensfähigem Zustand herbeizuführen, und diesen Erfolg erreicht. **Schönke-Schröder** § 218 RdNr. 5: als einer gegen die Leibesfrucht gerichteten Handlungen genügt dafür nicht schon die Beendigung der Schwangerschaft durch vorzeitige Herbeiführung der Geburt des Kindes; entscheidend ist vielmehr, daß durch Eingriff das Absterben der Leibesfrucht bewirkt wird. **Blei** § 10 III: Tötung des Kindes im Mutterleib ebenso wie Verursachung des Todes dadurch, daß eine mit Tötungsvorsatz ausgeführte Abtreibungshandlung zur Geburt eines Kindes führte, das dann infolge ungenügender Reife oder an den durch den Eingriff erlittenen Schädigungen verstorben ist.
gegen den Willen	**Schönke-Schröder** § 218 RdNr. 43: Ein Handeln „gegen den Willen der Schwangeren" nach Nr. 1 liegt nicht schon dann vor, wenn lediglich das ausdrückliche Einverständnis der Schwangeren fehlt, oder wo sie den Abbruch zwar innerlich mißbilligt, aber ohne erkennbaren Widerstand hinnimmt. Erforderlich ist vielmehr, daß sie ihren entgegenstehenden Willen, und sei es auch nur durch entsprechende Gestik, nach außen hin unmißverständlich manifestiert.
Gefahr schwerer Gesundheitsbeschädigung	**Schönke-Schröder** § 218 RdNr. 44: es müssen nicht schwere Körperverletzungen i. S. des § 224 zu befürchten sein, vielmehr genügen dafür bereits Gesundheitsschäden, die die Schwangere in ihrer physischen oder psychischen Stabilität oder in ihrer Arbeitsfähigkeit nachhaltig beeinträchtigen

	oder sie in eine qualvolle oder langwierige Krankheit stürzen könnten.
	Dreher/Tröndle § 218 RdNr. 16: darunter ist ... nicht nur die Gefahr einer schweren Körperverletzung i. S. von § 224 zu verstehen, sondern auch die Gefahr, daß die Frau im Gebrauch ihrer Sinne oder ihres Körpers oder ihrer Arbeitsfähigkeit für lange Zeit erheblich beeinträchtigt wird oder in eine langwierige, ernste Krankheit verfällt.
besondere Bedrängnis	**Dreher/Tröndle** § 218 RdNr. 8 d: (hierunter) ist eine Notsituation zu verstehen, die nicht den in § 218a Abs. 2 Nr. 3 a vorausgesetzten Grad ... erreicht hat, aber nach § 218a Abs. 2 Nr. 3 b auf andere Weise hätte angewendet werden können.

§ 218a

Abbruch der Schwangerschaft	vgl. unter § 218.
Arzt	**Dreher/Tröndle** § 218a RdNr. 4: approbierter Arzt, also z. B. kein bloßer Medizinalassistent oder hier nicht approbierter ausländischer Arzt.
nach ärztlicher Erkenntnis angezeigt	**Dreher/Tröndle** § 218a RdNr. 7, 8: nach den Erkenntnissen ... der medizinischen Wissenschaft ... indiziert, um eine Gesundheitsgefahr von der Schwangeren abzuwenden; d. h. Fortsetzung oder Austragung der Schwangerschaft würden unter Berücksichtigung der gegenwärtigen oder zukünftigen Verhältnisse der Frau aller Voraussicht nach die Frau in eine konkrete Gefahr mit ernstzunehmendem Wahrscheinlichkeitsgrad bringen, die aber nicht schon während oder unmittelbar nach der Schwangerschaft zu drohen braucht, sondern erst für die weitere Zeit der Mutterschaft bevorstehen kann.
Gesundheitsgefahr	**Schönke-Schröder** § 218a RdNr. 10: sowohl die Hervorrufung wie auch die Steigerung von Krankheiten, wobei neben körperlichen nun ausdrücklich auch seelische Leiden genannt sind. Entscheidend ist eine ganzheitliche Betrachtung, in die neben biologisch-medizinischen Bedingungen auch die gesamten sozialen Lebensumstände der Schwangeren miteinzubeziehen sind, und zwar sowohl der gegenwärtigen als auch ... unter Berücksichtigung der künftigen Lebensverhältnisse der Schwangeren.
Gefahr einer schwerwiegenden Beeinträchtigung des ... Gesundheitszustandes	**Dreher/Tröndle** § 218a RdNr. 10, 11: Es ist ... in einem engeren Sinn auf die psycho-physische Gesamtverfassung der Frau abzustellen, die aber nicht isoliert, sondern in Verbindung mit ihrer ganzen sozialen Situation zu sehen ist ... Unter dem Begriff der Beeinträchtigung ... ist unabhängig von der Sicherheit der Prognose eine Verschlechterung des Gesundheitszustandes zu verstehen, der zwar keine dauernde zu sein braucht, aber als schwerwiegende doch nicht

Schwangerschaft auf der Tat beruht (Abs. 2 Ziff. 2)	ohne Spuren bleiben würde. Schwerwiegend ist hier als normativer Begriff dahin zu verstehen, daß das Austragen der Frucht der Frau auch zur Erhaltung des ungeborenen Lebens nicht zuzumuten ist. **Schönke-Schröder** § 218a RdNr. 36: es muß ein hoher Wahrscheinlichkeitsgrad für die Schwängerung durch einen rechtswidrig handelnden Mann bestehen; dieser braucht jedoch nicht identifiziert zu sein.
dringende Gründe (Abs. 3)	**Otto** § 13 III 1 b: wenn die festgestellten Symptome die konkrete Gefahr der Schädigung befürchten lassen.
Gefahr (Abs. 2 Ziff 3)	**Schönke-Schröder** § 218a RdNr. 45: es genügt, daß die Notlage erst nach Austragen der Schwangerschaft durch Hinzutreten dieses Kindes eintreten würde.

§ 218b

Schwangerschaft abbricht	vgl. unter § 218. **Maurach-Schroeder-Maiwald** BT I § 6 RdNr. 27: dieser Ausdruck umfaßt nicht nur die Vernichtung des Embryos bzw. Fötus im Mutterleib, sondern auch die Loslösung des – im übrigen unbeschädigten – Embryos bzw. Fötus aus dem Mutterleib.
Arzt	vgl. unter § 218a.
unrichtig (Abs. 1 Satz 2)	**Maurach-Schroeder-Maiwald** BT I § 6 RdNr. 68: ist die Feststellung nicht nur, wenn sie falsch ist, sondern schon dann, wenn sie ohne sorgfältige Prüfung erfolgt; damit ist auch das Merkmal „wider besseres Wissen" erfüllt.

§ 219

Schwangerschaft abbricht	vgl. unter § 218.
Arzt	vgl. unter § 218a.

§ 219a

Arzt	vgl. unter § 218a.
unrichtig	**Schönke-Schröder** § 219a RdNr. 5: die Indikationsfeststellung ist unrichtig, wenn einer der für eine Rechtfertigung nach § 218a I Nr. 2, II oder III wesentlichen Umstände im Widerspruch zur Wirklichkeit als gegeben hingestellt bzw. verneint wird. Unrichtig ist die Feststellung jedenfalls immer dann, wenn ihr überhaupt keine oder nur eine völlig unzulängliche Untersuchung vorangegangen ist.
zur Vorlage nach § 219 bestimmt	**Schönke-Schröder** § 129a RdNr. 6: ist die Feststellung dann, wenn sie nicht nur für die interne Patientenkartei oder zur Überweisung an einen anderen Arzt gedacht ist, sondern (zumindest auch) als Grundlage eines nach § 218a indizierten Schwangerschaftsabbruchs dienen soll. Dazu getroffen

ist sie dementsprechend erst dann, wenn sie derart nach ihrer schriftlichen Fixierung an die Schwangere, an den abbrechenden Arzt oder einen sonstigen Dritten herausgegeben hat oder herausgeben ließ, und zwar derart, daß ihre Verwendung als förmliche Indikationsfeststellung i. S. von § 129 nicht mehr ausgeschlossen ist.

§ 219b

öffentlich	**Schönke-Schröder** § 219a RdNr. 7: vgl. unter § 184.
Versammlung	**Schönke-Schröder** § 219a RdNr. 7: vgl. unter § 111.
Verbreiten von Schriften	**Schönke-Schröder** § 219a RdNr. 7: vgl. unter § 184.
Dienste (Abs. 1 Ziff. 1)	**Schönke-Schröder** § 219b RdNr. 3: als Dienste kommen eigene, wie auch Fremde in Betracht, entscheidend ist jedoch, daß es sich um (zumindest auch) abortivwirkende und nicht nur um nidationshemmende Dienste handelt.
Anbieten, ankündigen, anpreisen (Abs. 1 Ziff. 2)	**Schönke-Schröder** § 219a RdNr. 6: vgl. unter § 184.
in den Verkehr bringt	**Schönke-Schröder** § 219b RdNr. 3: inverkehrgebracht ist ein Gegenstand dann, wenn er vom Täter derart aus seinem Gewahrsam entlassen wird, daß er von irgendeinem anderen an sich genommen und nach eigenem Belieben verwendet oder weitervermittelt werden kann. **Maurach-Schroeder-Maiwald** BT I § 6 RdNr. 75: nicht nur das Außer-Kontrolle-Lassen, sondern – wie sich aus Abs. 2 ergibt – auch die Weitergabe an einzelne Personen.

§ 221

Gebrechlichkeit	**Schönke-Schröder** § 221 RdNr. 4: Für Gebrechlichkeit genügt jede die Bewegungsfreiheit behindernde Störung der körperlichen Gesundheit. **Otto** § 10 I 2 a: Die durch Alter, körperliche Leiden oder Beschwerden begründete, stark herabgesetzte körperliche Betätigungsmöglichkeit.
Krankheit	**Schönke-Schröder** § 221 RdNr. 4 (ähnlich **Otto** § 10 I 2 a): Unter Krankheit ist jeder pathologische Zustand zu verstehen, und zwar gleichgültig, ob schicksalhaft oder durch vorsätzliche Verletzung herbeigeführt.
hilflos	**Maurach-Schroeder-Maiwald** BT I § 4 RdNr. 5: die Unfähigkeit, selbst zurechtzukommen. **Schönke-Schröder** § 221 RdNr. 3 (ähnlich **Otto** § 10 I 2 a:) Hilflos ist sie, wenn sie sich nicht selbst zu schützen oder zu helfen vermag, und zwar gegenüber einer Lebensgefährdung.
aussetzen	**Maurach-Schroeder-Maiwald** BT I § 4 RdNr. 4: Beim Aussetzen verbringt der Täter das Opfer räumlich aus der bis-

herigen gesicherten in eine ungesicherte und daher lebensgefährdende Lage.
Blei § 16 I: erfordert eine positive Tätigkeit, durch die ein Mensch in eine hilflose Lage versetzt wird; es ist also ein räumliches Verbringen an einen Ort erforderlich, das bloße Abschneiden von Hilfsmitteln oder der Zwang, in hilfloser Lage zu verharren, genügen hierfür nicht.
Schönke-Schröder § 221 RdNr. 6: Durch das Aussetzen muß der Schutzbedürftige aus bisher sicherer in eine hilflose Lage versetzt werden, und zwar durch Veränderungen seines Aufenthaltsortes.
Otto § 10 I 2 a: Verbringen des Hilflosen in eine konkrete Lebensgefahr begründende oder steigernde Lage.
Welzel Seite 296: ist das räumliche Verbringen aus relativ gesicherter Lage in eine hilflose oder erheblich hilflosere Lage.
Wessels BT 1 § 3 RdNr. 190: erfordert ein räumliches Verbringen des Hilflosen aus dem ihm Schutz bietenden Bereich in eine schutzlose, sein Leben gefährdende Lage, in der es dem Zufall überlassen bleibt, ob ihm rechtzeitig Hilfe zuteil wird.

hilflose Lage

BGHSt 21/45; 46 (ebenso **Blei** § 16 I; **Otto** § 10 I 2b): Hierunter wird ein Zustand des Betroffenen verstanden, in dem er schutzlos Lebens- und Leibesgefahren preisgegeben ist, falls ihm nicht ein rettender Zufall zu Hilfe kommt.

verlassen

Maurach-Schroeder-Maiwald BT I § 4 RdNr. 4: die Preisgabe eines vom Täter zu gewährenden Schutzes.
Otto § 10 I 2b: maßgeblich ist, daß der Verpflichtete den Schutzbedürftigen im Stich läßt.
Welzel Seite 284: ist nicht nur die räumliche Trennung, sondern auch jedes Sichaußerstandesetzen zur Hilfe, z. B. durch Betrinken oder Einschlafen.

§ 223

(körperlich) mißhandeln

Maurach-Schroeder-Maiwald BT I § 9 RdNr. 3: unter dem Einfluß der Lehre vom Handlungsunwert ist heute die normative Definition als „üble, unangemessene (sozialwidrige) Behandlung" verbreitet; sie kann jedoch nur ein zusätzliches Erfordernis sein (**BGH** 14/269).
Otto § 15 I 1 a unter Hinweis auf **BGHSt** 14/269: Die üble, unangemessene Behandlung, durch die das körperliche Wohlbefinden oder die körperliche Unversehrtheit nicht unerheblich beeinträchtigt wird.
Blei § 12 II: „Mißhandeln" bedeutet ein unangemessenes, übles, schlimmes Behandeln. Es muß eine nicht unerhebliche Störung des körperlichen Wohlbefindens oder der körperlichen Unversehrtheit herbeigeführt werden.

	Schönke-Schröder § 223 RdNr. 3: Unter körperlicher Mißhandlung ist eine üble, unangemessene Behandlung, durch die das Opfer in seinem körperlichen Wohlbefinden in mehr als nur unerheblichem Grade beeinträchtigt wird, zu verstehen.
	Welzel Seite 288: eine üble, unangemessene Behandlung des Körpers, inbesondere eine das körperliche Wohlbefinden oder die körperliche Unversehrtheit mehr als u n e r h e b - l i c h beeinträchtigende Körpereinwirkung.
Gesundheits-beschädigung	**Maurach-Schroeder-Maiwald** BT I § 9 RdNr. 5: als solche gilt jede Herbeiführung eines vom relativen Normalzustand der körperlichen Funktion des Opfers nachteilig abweichenden Zustandes, hierher gehört jede Herbeiführung oder Vertiefung einer bereits vorhandenen pathologischen Verfassung **(BGH NJW 60/2253)**.
	Blei § 12 III: Hervorrufen oder Steigern eines „pathologischen" Zustands.
	Schönke-Schröder § 223 RdNr. 5: ist jedes Hervorrufen oder Steigern eines krankhaften Zustandes zu verstehen.
	Welzel Seite 288 (ähnlich **Otto** § 15 I 1 b): das Hervorrufen oder Steigern eines anomalen körperlichen oder seelischen Zustands auch vorübergehender Natur.
	Wessels BT 1 § 5 RdNr. 249: das Hervorrufen oder Steigern eines krankhaften Zustandes körperlicher oder psychischer Art.

§ 223a

Waffe	**Blei** § 1 13 II: der Begriff Waffe ist hier im technischen Sinne gemeint und bildet nur einen Unterfall der gefährlichen Werkzeuge ... mit der Folge, daß auch die „Waffe" in ihrer konkreten Verwendung den ... Merkmalen des „gefährlichen Werkzeugs" genügen muß.
Werkzeug	**BGH NJW** 68/2115: Werkzeuge i. S. des § 223a StGB sind nur solche Gegenstände, die durch menschliche Einwirkung in Bewegung gesetzt werden können.
gefährliches Werkzeug	**Schönke-Schröder** § 223a RdNr. 4 (Oberbegriff gegenüber Waffe; ebenso **Otto** § 16 II 1): unter Hinweis auf **RGSt** 4/397; **BGHSt** 3/109 (ebenso **Blei** § 13 II): jeder Gegenstand, der bei der konkreten Art der Benutzung und des Körperteils, auf den er angewendet wird, geeignet ist, erhebliche **Verletzungen** hervorzurufen.
	Welzel Seite 291: Diesem generellen Begriff müssen die übrigen Mittel (Waffe oder Messer) genügen, d. h. sie müssen in ihrer konkreten Verwendungsart geeignet sein, erhebliche Verletzungen herbeizuführen.
	Otto § 16 II 1: Nicht nur mechanisch wirkende Objekte, sondern alle Gegenstände, deren Verwendung die konkrete Gefahr erheblicher Körperverletzungen begründet.

Wessels BT 1 § 5 RdNr. 255 unter Hinweis auf **BGHSt** 14/152: jeder bewegliche Gegenstand, der nach seiner Beschaffenheit und der Art seiner Verwendung als Angriffs- oder Verteidigungsmittel im konkreten Fall geeignet ist, erhebliche Verletzungen zuzufügen.

hinterlistiger Überfall

Maurach-Schroeder-Maiwald BT I § 9 RdNr. 17 (ebenso **Schönke-Schröder** § 223a RdNr. 10): Überfall ist ein unvorhergesehener Angriff. Er ist hinterlistig, wenn der Täter planmäßig, in einer auf Verdeckung seiner wahren Absicht berechneten Weise zu Werke geht, um gerade hierdurch dem Angegriffenen die Abwehr des nicht erwarteten Angriffs zu erschweren.

Blei § 13 II unter Hinweis auf **RGSt** 65/65: Überfall ist ein unvorhergesehener Angriff; er ist „hinterlistig", wenn der Täter planmäßig seine Absicht verdeckt, um dem Angegriffenen die Verteidigung zu erschweren. Der Angriff braucht nicht von rückwärts zu erfolgen.

Welzel Seite 292 unter Hinweis auf **RGSt** 65/65 und **BGH GA** 61/241 (ähnlich **Otto** § 16 II 2): ein unvorhergesehener Angriff unter planmäßiger Verdeckung der wahren Absicht, um dem Angegriffenen die Möglichkeit zur Vorbereitung auf die Verteidigung zu nehmen.

Wessels BT 1 § 5 RdNr. 259: Überfall ist jeder plötzliche, unerwartete Angriff auf einen Ahnungslosen. Hinterlistig ist ein Überfall, wenn der Täter seine wahre Absicht planmäßig berechnend verdeckt, um gerade dadurch dem Angegriffenen die Abwehr zu erschweren.

RGSt 65/65: ein Überfall i. S. des § 223a ist gegeben, wenn der Verletzte unversehens, ohne sich darauf vorbereiten zu können, angegriffen worden ist. Als hinterlistig ist ein Überfall dann anzusehen, wenn der Täter dabei planmäßig – wenn auch nicht notwendig unter reiflichem Abwägen des Für und Wider, also überlegt – in einer auf Verdeckung seiner wahren Absicht berechneten Weise, eben mit „List", zu Werke geht, um gerade hierdurch den Angegriffenen die Abwehr des nicht erwarteten Angriffs zu erschweren, seine Überlegung und die Vorbereitung auf die Verteidigung nach Möglichkeit auszuschließen.

mehrere gemeinschaftlich

Schönke-Schröder § 223a RdNr. 11: wenn mindestens zwei Personen, die im Verhältnis der Mittäterschaft oder Teilnahme zueinander stehen können, am Tatort anwesend sind; es genügt, wenn einer von ihnen die Körperverletzung ausführt.

Blei § 13 II: „Gemeinschaftlich" müssen mindestens zwei Personen so zusammenwirken, daß ihre Anwesenheit an Ort und Stelle den Angegriffenen in seinen Verteidigungsmöglichkeiten beschränkt und die Gefährlichkeit des Angriffs erhöht (Mittäterschaft begründet als solche nicht den Qualifikationsgrund, Beihilfe schließt ihn nicht aus).

	Otto § 16 II 3: das Zusammenwirken mindestens eines Täters und eines Gehilfen, die gemeinschaftlich am Tatort tätig sind. **Welzel** Seite 292 (ähnlich **Maurach-Schroeder-Maiwald** BT I § 9 RdNr. 17) mindestens zwei Personen in Mittäterschaft. **Wessels** BT 1 § 5 RdNr. 261: vorausgesetzt, daß mindestens zwei Personen unmittelbar am Tatort als Angreifer zusammenwirken.
eine das Leben gefährdende Handlung	**Blei** § 13 II: es ist streitig, ob es erforderlich ist, daß die Behandlung als solche nur an sich geeignet ist, das Leben zu gefährden, oder ob im konkreten Fall eine Gefährdung des Lebens eingetreten sein muß. **Otto** § 16 II 4: Liegt vor, wenn die konkrete Handlungsweise eine abstrakte Lebensgefahr begründet. **Wessels** BT 1 § 5 RdNr. 262 unter Hinweis auf **BGHSt** 36/1: wenn die Verletzungshandlung nach den konkreten Umständen nach geeignet war, das Leben des Opfers in Gefahr zu bringen; die tatsächlich erlittene Verletzung braucht nicht lebensgefährlich zu sein.

§ 223b

Gebrechlichkeit	**Schönke-Schröder** § 223b RdNr. 5: Störung der körperlichen Gesundheit, die ihren Ausdruck in einer erheblichen Körperbehinderung findet.
Krankheit	**Schönke-Schröder** § 223b RdNr. 5: vgl. unter § 221.
Wehrloser	**Schönke-Schröder** § 223b RdNr. 5: wehrlos ist, wer sich gegen eine Mißhandlung überhaupt nicht oder nicht in entsprechender Weise wehren kann.
der Fürsorge unterstehen	**Schönke-Schröder** § 223b RdNr. 7: vom Täter derart abhängig sein, daß dieser rechtlich verpflichtet ist, für das geistige oder leibliche Wohl zu sorgen.
der Obhut unterstehen	**Schönke-Schröder** § 223b RdNr. 7: der andere hat die Pflicht zur unmittelbaren körperlichen Beaufsichtigung.
quälen	**Maurach-Schroeder-Maiwald** BT I § 10 RdNr. 2: das Quälen ist diejenige Tatform, die sich primär gegen die Seele des Opfers richtet und dessen leibliche Funktionen ganz außer Betracht lassen kann. **Schönke-Schröder** § 223b RdNr. 12 unter Hinweis auf **RG JW** 38/1879 (ebenso **Otto** § 20 II 2; **Wessels** BT 1 § 5 RdNr. 294): Verursachung länger dauernder oder sich wiederholender erheblicher Schmerzen oder Leiden (körperlich oder seelisch). **Welzel** Seite 293: das Zufügen dauernder oder sich wiederholender erheblicher (körperlicher oder seelischer) Schmerzen oder Leiden.

roh (mißhandeln)	**Maurach-Schroeder-Maiwald** BT I § 10 RdNr. 8: die „Roheit" der Mißhandlung bedeutet den – objektivierten – Ausdruck einer gefühllosen Gesinnung während der Tat. **Otto** § 20 II 2: Körperverletzung aus gefühlloser Gesinnung, die sich in erheblichen Folgen äußert, sei es in erheblichen Schmerzen oder in einer erheblichen Verletzung der Körperintegrität. **Schönke-Schröder** § 223b RdNr. 13 unter Hinweis auf **RG JW** 38/1879 (ähnlich **Blei** § 13 III): aus einer gefühllosen, gegen die Leiden des Opfers gleichgültigen Gesinnung heraus. **Welzel** Seite 293: das gefühllose Zufügen erheblicher Schmerzen oder Leiden. **Wessels** BT 1 § 5 RdNr. 295 unter Hinweis auf **BGHSt** 25/277: roh ist eine Mißhandlung, die einer gefühllosen, fremde Leiden mißachtende Gesinnung entspringt und sich in Handlungsfolgen von erheblichem Gewicht für das körperliche Wohlbefinden des Opfers äußert.
böswillig	**Maurach-Schroeder-Maiwald** BT I § 10 RdNR. 8 unter Hinweis auf **RGSt** 73/391, **BGH NStZ** 91/234: aus besonders verwerflichem Motiv (Eigennutz, Haß oder Sadismus), nicht nur aus Gleichgültigkeit oder Schwäche. **Otto** § 20 II 2: handelt, wer aus besonders sozialethisch verwerflichem Motiv heraus (Haß, Sadismus, nicht aber Gleichgültigkeit) tätig wird. **Schönke-Schröder** § 223b RdNr. 14 (ähnlich **RG JW** 36/882): sich gegen die Pflicht aus schlechter Gesinnung, aus einem verwerflichen Beweggrund z. B. aus Haß, Geiz, Eigennutz, sadistischer Neigung, auflehnen. **Wessels** BT 1 § 5 RdNr. 296 unter Hinweis auf **BGHSt** 70/357: handelt, wer die ihm obliegende Sorgepflicht aus besonders verwerflichen Gründen verletzt.

§ 224

wichtig	**Schönke-Schröder** § 224 RdNr. 2 (ebenso **Otto** § 17 II): maßgebend ist die Individualität des Verletzten, insbesondere sein Beruf.
Glied	**Schönke-Schröder** § 224 RdNr. 22 unter Hinweis auf **RGSt** 3/126: jeder nach außen in Erscheinung tretende Körperteil, der eine in sich abgeschlossene Existenz mit besonderer Funktion im Gesamtorganismus hat. **Wessels** BT 1 § 5 RdNr. 271: jeder Körperteil, der eine in sich abgeschlossene Existenz mit besonderen Funktionen im Gesamtorganismus hat.
wichtiges Glied	**Maurach-Schroeder-Maiwald** BT I § 9 RdNr. 21: die Wichtigkeit eines vom Verletzten eingebüßten Körpergliedes bestimmt sich nach den konkreten Verhältnissen, insbeson-

	dere nach dem Beruf des Verletzten; auch Abweichungen vom Normalen sind zu berücksichtigen.
	Blei § 13 IV: Zu den wichtigen Körpergliedern zählen nur die äußeren Extremitäten, welche mit dem übrigen Körper durch Gelenke verbunden sind; ein wichtiges Körperglied i. S. dieser Vorschrift ist dagegen nicht i. S. einer weit verbreiteten Meinung jeder in sich geschlossene Körperteil mit Eigenaufgaben im Gesamtorganismus.
	Otto § 17 II 1 a: ist ein Körperteil mit herausgehobener Funktion, und zwar fallen nach h. M. nicht nur die durch Gelenke verbundenen äußeren Körperteile (z. B. Daumen oder Zeigefinger), sondern auch innere Organe unter den Begriff, z. B. die Niere.
	Welzel Seite 291: Körperteil, der mit anderen durch Gelenke verbunden ist.
verlieren	**Schönke-Schröder** § 224 RdNr. 2: das Glied kann seiner Körperfunktion nicht mehr dienen.
	Otto § 17 II 1 a (ähnlich **Wessels** BT 1 § 5 RdNr. 271): Verloren ist das Glied bei dauernder Unbrauchbarkeit, unabhängig davon, ob es vom Körper völlig abgetrennt ist oder nicht.
Sehvermögen	**Schönke-Schröder** § 224 RdNr. 3: Fähigkeit, mittels des Auges Gegenstände wahrzunehmen.
Gehör	**Schönke-Schröder** § 224 RdNr. 3: (ähnlich **Welzel** Seite 282): Fähigkeit, artikulierte Laute wahrzunehmen.
Sprache	**Schönke-Schröder** § 224 RdNr. 3: Fähigkeit zu artikuliertem Reden.
das Sehvermögen oder Gehör verlieren	**Maurach-Schroeder-Maiwald** BT I § 9 RdNr. 21 (ebenso **Otto** § 17 II 1 b): Das Seh- und Hörvermögen ist verloren, wenn dies auf einen im täglichen Leben nicht mehr wesentlichen Rest reduziert ist.
	Blei § 13 IV: Blindheit ist dann gegeben, wenn das Opfer (nur) noch Hell und Dunkel unterscheiden kann … Das Gehör ist dann verloren, wenn das Opfer artikulierte Laute nicht mehr aufzunehmen vermag; daß noch irgendwelche akustischen Wahrnehmungen möglich sind, steht dem Verlust des Gehörs nicht entgegen.
Verlust gewisser Fähigkeiten	**Schönke-Schröder** § 224 RdNr. 3 unter Hinweis auf **RGSt** 72/322: Verlust ist nur anzunehmen, wenn der Verletzte eine der genannten Fähigkeiten für längere Zeit verliert und eine Heilung sich der Zeit nach nicht bestimmen läßt.
Zeugungsfähigkeit	**Maurach-Schroeder-Maiwald** BT I § 9 RdNr. 21: umfaßt nicht die Beiwohnungsfähigkeit.
	Schönke-Schröder § 224 RdNr. 3: Fähigkeit, sich fortzupflanzen: sie umfaßt auch die Gebär- und Empfängnisfähigkeit.

dauernd	**Schönke-Schröder** § 224 RdNr. 4 a: wenn der Verletzte damit rechnen muß, für eine unabsehbare Zeit erheblich entstellt zu sein. **Otto** § 17 II 2: liegt vor, wenn die Verunstaltung nicht in absehbarer Zeit zu beheben ist. Kann die Entstellung durch künstliche Hilfsmittel beseitigt werden, so ist dies zu berücksichtigen.
Siechtum	**Blei** § 13 IV: Siechtum ist ein chronischer Krankheitszustand, der wegen Beeinträchtigung des Allgemeinbefindens zu erheblichen Ausfällen körperlicher oder seelischer Leistungsfähigkeit führt. **Schönke-Schröder** § 224 RdNr. 7 unter Hinweis auf **RGSt** 72/322: chronischer Krankheitszustand, der, den Gesamtorganismus des Verletzten ergreifend, ein Schwinden der Körper- oder Geisteskräfte und Hinfälligkeit zur Folge hat und dessen Heilung sich überhaupt nicht oder doch der Zeit nach nicht bestimmen läßt. **Otto** § 17 II 3: Ein Schwinden geistiger und körperlicher Kräfte, das zur allgemeinen Hilflosigkeit führt.
Lähmung	**Schönke-Schröder** § 224 RdNr. 7 (ebenso **Otto** § 17 II 3; ähnlich **Blei** § 13 IV): erhebliche Beeinträchtigung der Bewegungsfreiheit eines Körperteils, die – wenn auch mittelbar – die Bewegungsfähigkeit des ganzen Körpers in Mitleidenschaft zieht.
verfallen	**Schönke-Schröder** § 223 RdNr. 7 (ähnlich **Maurach-Schroeder-Maiwald** BT I § 9 RdNr. 22): der Körper wird im ganzen in erheblicher Weise chronisch beeinträchtigt. **Otto** § 17 II 3: Ein in absehbarer Zeit nicht behebbarer chronischer Krankheitszustand.

§ 225

beabsichtigt	**Schönke-Schröder** § 225 RdNr. 2: Absicht bedeutet hier den direkten Vorsatz im Gegensatz zum bedingten Vorsatz.

§ 226a

gute Sitten	**Schönke-Schröder** § 226a RdNr. 6: Ein Verstoß gegen die guten Sitten liegt nach ständiger Rechtsprechung vor, wenn eine Handlung dem Anstandsgefühl aller billig und gerecht Denkenden zuwider läuft (**RGJW** 38/30, **BGHSt** 3/32, 91).

§ 227

Schlägerei	**Maurach-Schroeder-Maiwald** BT I § 11 RdNr. 6: wechselseitiger Austausch von Körperverletzungen unter mindestens drei Personen (Frank I: **BGHSt** 15/369). **Blei** § 16 II: setzt die Beteiligung von mehr als zwei Personen voraus ... Beteiligt ist, wer am Tatort anwesend ist und in feindseliger Weise an den Tätlichkeiten physisch oder etwa auch durch Anfeuern der Kämpfenden teilnimmt.

	Schönke-Schröder § 227 RdNr. 3 (ähnlich **Otto** § 23 II 1 a): der in gegenseitige Tätlichkeiten ausartende Streit zwischen mehr als zwei Personen. **Otto** § 23 II 1 a: eine mit gegenseitigen Körperverletzungen verbundene Auseinandersetzung, an der mehr als 2 Personen mitwirken. **Wessels** BT 1 § 7 RdNr. 325 unterHinweis auf **BGHSt** 31/124: der tatsächliche Streit mit gegenseitigen Körperverletzungen zwischen mindestens drei Personen.
Angriff mehrerer	**Maurach-Schroeder-Maiwald** BT I § 11 RdNr. 7 unter Hinweis auf **BGHSt** 31/216: ein von mehreren Personen gemachter Angriff verlangt mindestens zwei Personen und Einheitlichkeit von Handlung, Gegenstand und Willen, wenn auch nicht notwendig Mittäterschaft. **Schönke-Schröder** § 227 RdNr. 4 unter Hinweis auf **RGSt** 59/264: die in feindseliger Absicht gegen den Körper des Opfers gerichtete Einwirkung von mindestens zwei Personen. **Otto** § 23 II 1 a: Ein von mehreren gemachter Angriff ist die in feindseliger Willensrichtung unmittelbar auf den Körper eines anderen abzielende Einwirkung von mindestens zwei Personen (**BGHSt** 31/124).
sich beteiligen	**Schönke-Schröder** § 227 RdNr. 6: Beteiligt ist jeder, der am Tatort anwesend ist und in feindseliger Weise an den Tätlichkeiten teilnimmt. **Welzel** Seite 297 unter Hinweis auf **RGSt** 5/170: Beteiligt ist jeder, der bei den Tätlichkeiten anwesend ist und an ihnen in feindseliger Weise physisch oder psychisch mitwirkt. **Otto** § 23 II 1a: Beteiligt ist jeder, der an der Auseinandersetzung im Zusammenwirken mit anderen teilnimmt, d. h. psychisch oder physisch mitwirkt.

§ 229

Gift	**Blei** § 16 III: Gifte sind Stoffe, die auf chemischem Wege den Tod herbeizuführen geeignet sind, auch Ansteckungsstoffe organischer Art. **Schönke-Schröder** § 229 RdNr. 3: jeder anorganische oder organische Stoff, der unter bestimmten Bedingungen lediglich durch chemische oder chemisch-physikalische Wirkung die Gesundheit zu zerstören vermag.
andere Stoffe	**Blei** § 16 III: Zu den „anderen Stoffen" zählen solche, die auf mechanischem Wege die Gesundheit zerstören können, wie gehacktes Blei, zerhacktes Glas usw.; wie die Stoffe dem Körper beigebracht werden, ist gleichgültig. **Schönke-Schröder** § 229 RdNr. 3: namentlich alle, die nicht chemisch oder chemisch-physikalisch wirken, sondern mechanisch oder thermisch.

beibringen	**Schönke-Schröder** § 229 RdNr. 6: der Täter stellt eine Verbindung des Giftes oder der anderen Stoffe mit dem Körper derart her, daß diese ihre gesundheitszerstörende Wirkung entfalten können.
Gesundheitszerstörung	**BGHSt** 4/278: ist gegeben, wenn wesentliche körperliche Funktionen für die Dauer oder wenigstens nicht nur für vorübergehende Zeit völlig oder mindestens in erheblichem Umfang aufgehoben werden (ebenso **Wessels** BT 1 § 7 RdNr. 345).
geeignet	**Schönke-Schröder** § 229 RdNr. 4: ob ein Gift oder anderer Stoff geeignet ist, die Gesundheit zu zerstören, ist nicht nach der abstrakten Möglichkeit, sondern nach den besonderen Umständen des Einzelfalles im Hinblick auf Quantität und Qualität des beigebrachten Stoffes, der körperlichen Beschaffenheit des Opfers sowie die Art der Anwendung zu beurteilen. **Otto** § 22 II 1 unter Hinweis auf **BGHSt** 4, 278: Geeignet zur Gesundheitszerstörung sind Stoffe, wenn sie wesentliche körperliche Funktionen nicht nur für unerhebliche Dauer gravierend zu beeinträchtigen vermögen.

§ 234

List	**Schönke-Schröder** Vorbem. § 234 RdNr. 38 unter Hinweis **BGHSt** 1/201 (ähnlich **Otto** § 28 V): Ein Verhalten, das darauf abzielt, unter geflissentlichem und geschicktem Verbergen der wahren Absichten oder Umstände die Ziele des Täters durchzusetzen. **Welzel** Seite 329: das geflissentliche Verbergen der Absicht oder der zu ihrer Erreichung gebrauchten Mittel, ohne daß Täuschung gegenüber dem Überlisteten angewandt werden müßte.
sich bemächtigen	**Schönke-Schröder** § 234 RdNR. 4 (ebenso **Otto** § 28 V): physische Herrschaft über die Person des anderen gewinnen.
hilflose Lage	**Otto** § 23 V: vgl. unter § 221.
aussetzen	**Schönke-Schröder** § 234 RdNr. 6: vgl. unter § 221.

§ 234a

List, Drohung Gewalt	**Schönke-Schröder** § 234a RdNr. 7: vgl. unter § 234.
verbringen	**Schönke-Schröder** § 234a RdNr. 3: setzt die Begründung eines tatsächlichen Herrschaftsverhältnisses über das Opfer voraus.
Verfolgung aus politischen Gründen	**Maurach-Schroeder-Maiwald** BT I § 15 RdNr. 17: Der Begriff der „Verfolgung aus politischen Gründen" ist im Anschluß an Art. 16 Abs. 2 GG zu bestimmen als jedes Vorgehen aus Gründen der Rasse, Religion, Nationalität, Zugehörigkeit zu einer bestimmten sozialen Gruppe oder

der politischen Überzeugung im Interesse des Machterwerbs oder -erhaltes (BVerfGE 54, 341).
Schönke-Schröder § 234a RdNr. 9: wenn sie aus Gründen der Machtausübung oder der Machtkämpfe eines fremden Regimes erfolgt.
Otto § 37 I 2: Liegt vor, wenn die Verfolgung durch kein Gesetz erlaubt ist, ihre Rechtsgrundlage mit rechtsstaatlichen Grundsätzen im Widerspruch steht, oder wenn unter dem Deckmantel der Sühne kriminellen Unrechts, politische Zwecke bzw. die Sicherung und weitere Entwicklung eines totalitären Regimes durch Zwangsmaßnahmen verfolgt werden.

| im Widerspruch zu rechtsstaatlichen Grundsätzen | **Schönke-Schröder** § 234a RdNr. 11: stehen sowohl menschenrechtswidrige Verfolgungsmethoden, gerichtliche Scheinverfahren oder sonstwie unabdingbaren Prozeßgrundsätzen widersprechende Verfahren, als auch die Verhängung von unmenschlichen oder ungerechten oder im Gesetz nicht vorgesehenen Strafen oder Maßnahmen. |

| Gewalt- und Willkürmaßnahmen | **Maurach-Schroeder-Maiwald** BT I § 15 RdNr. 14: besonders schwere Formen des Widerspruchs gegen rechtsstaatliche Grundsätze.
Schönke-Schröder § 234a RdNr. 12: kennzeichnend ist, daß bei ihnen mit dem Opfer nach den Zwecken und den Vorstellungen des fremden Regimes verfahren wird, ohne daß sich dieses an die Grundsätze der Gerechtigkeit und Menschlichkeit hält. |

§ 235

| List, Drohung, Gewalt entziehen | **BGHSt** 1/200 (ebenso **Otto** § 65 VI): Eine Entziehung ist schon gegeben, wenn das aus der elterlichen Gewalt sich ergebende Recht der Eltern, das Kind zu erziehen, es zu beaufsichtigen und seinen Aufenthalt zu bestimmen, auf eine gewisse Zeit tatsächlich unwirksam gemacht oder doch so wesentlich beeinträchtigt wird, daß es nicht ausgeübt werden kann.
Schönke-Schröder § 235 RdNr. 5: Eine Entziehung liegt vor, wenn die Ausübung des Elternrechts in seinem wesentlichen Inhalt beeinträchtigt wird.
Welzel Seite 330 unter Hinweis auf **BGHSt** 10/377: „Entziehung" ist stets die räumliche Trennung von einer gewissen räumlichen Erheblichkeit oder zeitlichen Dauer, also nicht bloß auf wenige Stunden, außer wenn dem Erziehungsberechtigten ohnehin nur kurze Zeit für den Verkehr mit dem Kinde zur Verfügung steht.
Wessels BT I § 9 II RdNr. 439: Entziehung (i. S. des § 235) liegt vor, wenn die Ausübung des Personensorgerechts durch eine räumliche Trennung für einen mehr als nur un- |

	erheblichen Zeitraum vereitelt oder wesentlich beeinträchtigt wird.
Eltern	**Schönke-Schröder** § 236 RdNr. 13: hier nicht nur die leiblichen Eltern, sondern auch Adoptiveltern, weil sie Inhaber der elterlichen Gewalt sind ... Unter Eltern sind nicht nur beide Eltern gemeinschaftlich zu verstehen, sondern auch jeder einzelne Elternteil, sofern sich aus dem Personensorgerecht ergibt, daß jeder einzeln verfügungsbefugt ist.
Vormund, Pfleger	**Schönke-Schröder** § 235 RdNr. 13: sind die Personen, die nach den Vorschriften des BGB (§§ 1773 ff., 1896, 1909 ff.) dazu bestellt sind.
Gewinnsucht	**Otto** § 65 RdNr. 4 unter Hinweis auf **BGHSt** 1, 388: aus einem auf ein ungewöhnliches, ungesundes, sittlich anstößiges Maß gesteigerten Erwerbssinn heraus.

§ 236

entführen	**Schönke-Schröder** § 236 RdNr. 3: die Herbeiführung einer räumlichen Trennung zwischen Minderjähriger und Sorgeberechtigtem, (und zwar) durch Verbringen der Minderjährigen von ihrem bisherigen an einen anderen Aufenthaltsort. **Otto** § 65 VII 2 unter Hinweis auf **BGH NJW** 66/1523: ist das Verbringen der Minderjährigen von ihrem bisherigen an einen anderen Aufenthaltsort durch den Täter, an dem sie seinem Einfluß ausgesetzt ist und an dem es gerade für die Eltern (oder gesetzlichen Vertreter) unmöglich oder wesentlich erschwert ist, durch Ausübung ihres Schutz- und Aufsichtsrechts die Absicht des Täters zu vereiteln.

§ 237

wider ihren Willen	**Otto** § 66 III 5 a: Wider den Willen des Opfers handelt der Täter, der ohne rechtswirksame Einwilligung des Opfers tätig wird. **Wessels** BT 1 § 9 I RdNr. 431: Durch die vom Täter eingesetzten Mittel muß der Wille der Entführten umgangen, gebeugt oder gebrochen werden.
List, Drohung, Gewalt	**Schönke-Schröder** § 237 RdNr. 12: vgl. unter § 234.
entführen	**Maurach-Schroeder-Maiwald** BT I § 18 RdNr. 48: Entführen setzt zunächst die räumliche Entrückung der Frau aus ihrem bisherigen Aufenthaltsbereich voraus. Hinzu kommen muß eine durch einen Situationsvergleich zu ermittelnde Beeinträchtigung der Freiheit, wobei allerdings nicht eine Aufhebung der Freiheit zur Aufenthaltsbestimmung verlangt wird, sondern eine absichtliche Verbringung der Frau in den ungehemmten oder überwiegenden Einfluß des Täters genügt.

	Schönke-Schröder § 237 RdNr. 5: Merkmal erfordert lediglich eine Ortsveränderung. Die Entfernung aus einem Obhutsverhältnis usw., wie z. B. §§ 235, 236, ist nicht erforderlich.
	Otto § 66 III 5 a (ähnlich **Wessels** BT 1 § 9 I RdNr. 428): Setzt voraus, daß der Täter die Frau durch Verbringen an einen anderen Ort für eine gewisse Dauer so in seine Gewalt bringt, daß sie seinem ungehemmten Einfluß preisgegeben ist.
hilflose Lage	**Schönke-Schröder** § 237 RdNr. 7: Im Unterschied zu § 221 nicht erst dann gegeben, wenn objektiv keine Verteidigungs- oder Ausweichmöglichkeit mehr besteht, sondern schon dann, wenn die Schutz- und Verteidigungsmöglichkeiten der Frau in einem Maße vermindert sind, daß sie dem ungehemmten Einfluß des Täters preisgegeben ist.
	Otto § 66 III 5 a (ähnlich **Wessels** BT 1 § 9 I RdNr. 428): Hilflos ist die Lage der Frau, wenn sie nach ihren Kenntnissen und Fähigkeiten in der konkreten Situation nicht imstande ist, sich dem Einfluß des Täters mit eigener Kraft zu entziehen, und auch Hilfe Dritter nicht sicher ist.
ausnutzen	**Schönke-Schröder** § 237 RdNr. 15: bedeutet, daß er (der Täter) gerade die Entführungsmittel bzw. die durch sie entstandene Situation bewußt dazu einsetzt, den Widerstand der Frau zu überwinden.

§ 239

einsperren	**Maurach-Schroeder-Maiwald** BT I § 14 RdNr. 5: Einsperren ist die Hinderung am Verlassen des Ortes durch mechanische Vorrichtung.
	Maurach-Schroeder-Maiwald BT I § 14 RdNr. 5 (ähnlich **Otto** § 28 I 2 a): Einsperrung ist die Hinderung am Verlassen eines Raumes durch mechanische Vorrichtung.
	Schönke-Schröder § 239 RdNr. 5 (ähnlich **Wessels** BT 1 § 8 II RdNr. 357): bedeutet die Verhinderung am Verlassen eines Raumes durch äußere Vorrichtungen. Ein Mensch ist eingesperrt, sobald er objektiv gehindert ist, von seiner Freiheit der Fortbewegung Gebrauch zu machen.
	Welzel Seite 238: das Festhalten in einem umschlossenen Raum.
auf andere Weise	**Schönke-Schröder** § 239 RdNr. 6: es kommt jedes Mittel in Betracht, das tauglich ist, einen anderen der Fortbewegungsfreiheit zu berauben; es braucht der Einsperrung nicht ähnlich zu sein.
der Freiheit berauben	**Welzel** Seite 328: Freiheitsberaubung ist die Verhinderung der freien Ortsveränderung.

§ 239a

entführen	**Schönke-Schröder** § 239a RdNr. 6: die Herbeiführung einer Ortsveränderung mit der Absicht, ein Sich-Bemächtigen zu erreichen, so daß die Entführung eine Vorstufe des Sich-Bemächtigens darstellt. **Otto** § 29 II 1 b: setzt ein Verbringen an einen anderen Ort voraus, wo das Opfer dem ungehemmten Einfluß des Täters preisgegeben ist.
sich bemächtigen	**Schönke-Schröder** § 239a RdNr. 7: Eines anderen bemächtigt sich, wer über ihn physische Gewalt erlangt. Dieses Herrschaftsverhältnis kann in etwa mit dem Gewahrsam an Sachen verglichen werden. **Otto** § 29 II 1 b: bedeutet die Begründung physischer Herrschaft des Täters über das Opfer. Ein Verbringen an einen anderen Ort ist nicht begriffsnotwendig.
Sorge	**Schönke-Schröder** § 239a RdNr. 15: Begriff nicht eng zu verstehen. Er bezeichnet nicht nur die Fälle, in denen gefühlsmäßige Bindungen die Sorge verursachen, sondern er erfaßt auch die Fälle, in denen sich der Erpreßte für das Wohl des Entführten aus anderen Gründen verantwortlich fühlt.
Dritter	**Schönke-Schröder** § 239a RdNr. 13: kann jede Person sein, von der der Täter annimmt, sie werde aus Sorge um das Wohl des Entführten leisten.
Wohl	**Schönke-Schröder** § 239a RdNr. 14: Unter dem Wohl des Opfers ist nur dessen leibliches, nicht aber ein bloßes Vermögensinteresse zu verstehen.
solche Handlung	**Schönke-Schröder** § 239a RdNr. 19: Der Täter muß das Opfer entführt oder sich seiner bemächtigt haben, ohne daß dies bereits mit der in der ersten (Tatbestands-)Alternative geforderten erpresserischen Absicht geschehen ist.
solche Erpressung	**Schönke-Schröder** § 239 a RdNr. 22: Gemeint ist eine Erpressung, die auf der Ausnutzung der Sorge eines Dritten um das Wohl des Opfers beruht.
Lebenskreis	**Schönke-Schröder** § 239a RdNr. 36: Kann nicht als örtliche Fixierung verstanden werden, sondern als die Wiederherstellung der Möglichkeit, seinen Aufenthaltsort frei zu bestimmen und den ausgewählten frei zu erreichen.
zurückgelangen lassen	**Schönke-Schröder** § 239a RdNr. 35: Erfordert vom Täter nichts weiter als die Freigabe des Opfers.

§ 239b

entführen	vgl. bei § 239a.
sich bemächtigen	**Wessels** BT 1 § 9 III RdNr. 445: Eines anderen bemächtigt sich, wer ihn zwecks Benutzung als Geisel physisch in seine Gewalt bringt (vgl. auch bei § 239a).

| Dritter | vgl. bei § 239a. |

§ 240

| Gewalt | **Blei** § 18 III: Gewalt ist die Einwirkung auf den Körper eines anderen, die dazu geeignet und bestimmt ist, die Freiheit der Willensbildung oder -betätigung auszuschließen oder zu beeinträchtigen.
Otto § 27 I 2 e: Gewalt ist – nicht notwendig erheblicher – Einsatz körperlicher Kraftentfaltung, der von der Person, gegen die sich richtet, als nicht nur seelischer, sondern körperlicher Zwang empfunden wird. Körperlich wird ein Zwang empfunden, wenn das Opfer ihm in der konkreten Situation gar nicht, nur mit erheblicher Kraftentfaltung oder in unzumutbarer Weise begegnen kann.
Wessels BT I § 8 III RdNr. 368: Gewalt ist der körperlich wirkende Zwang durch die Entfaltung von Kraft oder durch eine physische Einwirkung sonstiger Art, die als gegenwärtige Übelszufügung nach ihrer Zielrichtung Intensität und Wirkungsweise dazu bestimmt und geeignet ist, die Freiheit der Willensentschließung oder Willensbetätigung eines anderen aufzuheben oder zu beeinträchtigen
Schönke-Schröder: vgl. bei § 234.
Welzel Seite 325: der körperlich wirkende Zwang zur Beseitigung eines geleisteten oder erwarteten Widerstandes. |
| Drohung | **Maurach-Schroeder-Maiwald** BT I § 13 RdNr. 24 (ähnlich **Blei** § 18 III, **Welzel** Seite 325, **Wessels** BT 1 § 8 III RdNr 387): Die Inaussichtstellung eines Übels, aus dessen Eintritt der Drohende Einfluß zu haben behauptet.
Otto § 27 I 3 a: ist die Ankündigung eines Übels, auf dessen Eintritt der Drohende – zumindest vorgeblich – Einfluß hat Ob der Täter die Drohung realisieren will oder sich insgeheim vorbehält, dies nicht zu tun, ist unwesentlich.
Schönke-Schröder § 240 RdNr. 9 (vgl. zunächst unter § 234) Drohung mit einem empfindlichen Übel: es ist eine erhebliche Einbuße an Werten zu besorgen, und der drohende Verlust ist geeignet, einen besonnenen Menschen zu dem mit der Drohung erstrebten Verhalten zu bestimmen. |
| empfindliches Übel | **Otto** § 27 I 3 b: Empfindlich ist das Übel, wenn es einen Nachteil von solcher Erheblichkeit bedeutet, daß seine Ankündigung geeignet erscheint, den Bedrohten im Sinne des Täterverlangens zu motivieren. Diese Voraussetzung ist gegeben, wenn von dem konkret Bedrohten in seiner individuellen Lage nicht erwartet werden kann, daß er der Drohung in besonnener Selbstbehauptung standhält.
Wessels BT 1 § 8 III RdNr. 389: Empfindlich ist ein Übel wenn mit ihm eine erhebliche Werteinbuße verbunden und der drohende Verlust bei objektiver Beurteilung unter Berücksichtigung der persönlichen Verhältnisse des Betrof- |

nötigen	fenen geeignet ist, einen besonnenen Menschen zu dem mit der Drohung erstrebten Verhalten zu bestimmen. **Blei** § 18 III: Einflußnahme auf den Willen des anderen und zwar auf die Freiheit der Willensbildung oder der Willensbetätigung. **Otto** § 27 I 1 (ähnlich **Wessels** BT 2 § 2 II RdNr. 63): Die Veranlassung eines anderen zu einem von diesem nicht gewollten Verhalten (Handeln, Dulden oder Unterlassen) durch Gewalt oder Drohung mit einem empfindlichen Übel.
verwerflich	**Schönke-Schröder** § 240 RdNr. 17/18: Verwerflichkeit i. S. des Abs. 2 bedeutet die sozialethische Mißbilligung der Anwendung der Nötigungsmittel zum erstrebten Zweck ...

§ 241

ein anderer	**Schönke-Schröder** § 241 RdNr. 6: eine bestimmte Person.
nahestehende Person	**Maurach-Schroeder-Maiwald** BT I § 16 RdNr. 5: Nahestehende Personen sind Angehörige nach § 11 Abs. 1 StGB, aber auch engverbundene Personen wie sonstige Angehörige, Lebensgefährten und enge Freunde. **Schönke-Schröder** § 241 RdNr. 6: Es muß sich um eine Person handeln, die dem Bedrohten so nahesteht, daß er selbst sich in seiner Rechtssicherheit beeinträchtigt fühlen kann.
bedrohen	**Maurach-Schroeder-Maiwald** BT I § 16 RdNr. 4: wie Drohung in § 240. **Otto** § 36 II 1: die Ankündigung eines künftigen Verhaltens, das die Merkmale eines Verbrechens, § 12 Abs. 1, aufweist, auf dessen Begehung der Drohende Einfluß zu haben vorgibt. **Schönke-Schröder** § 241 RdNr. 4: vgl. § 234. Der Täter muß die von seinem Willen abhängige Begehung eines Verbrechens in Aussicht stellen; insoweit unterscheidet sich Abs. 1 von der Vortäuschung einer Bedrohung durch einen anderen nach Abs. 2. Ob er die Bedrohung tatsächlich zu realicieren beabsichtigt oder der Bedrohte ihm glaubt bzw. die Drohung ernst nimmt, ist unerheblich, solange sie objektiv den Eindruck der Ernstlichkeit erweckt und der Täter will, daß sie vom Bedrohten ernstgenommen wird.

§ 241a

Verdächtigung	**Schönke-Schröder** § 241a RdNr. 2: vgl. unter § 164.
Verfolgung aus politischen Gründen	**Schönke-Schröder** § 241 RdNr. 4: vgl. unter § 234a. **Maurach-Schroeder-Maiwald** BT I § 15 RdNr. 12: Jedes Vorgehen aus Gründen der Rasse, Religion, Nationalität, Zugehörigkeit zu einer bestimmten sozialen Gruppe oder der politischen Überzeugung im Interesse des Machterwerbs oder -erhalts.

	Otto § 37 I 2: Eine Verfolgung aus politischen Gründen liegt vor, wenn die Verfolgung durch kein Gesetz erlaubt ist, ihre Rechtsgrundlage mit rechtsstaatlichen Grundsätzen in Widerspruch steht oder wenn unter dem Deckmantel der Sühne kriminellen Unrechts politische Zwecke bzw. die Sicherung und weitere Entwicklung eines totalitären Regimes durch Zwangsmaßnahmen verfolgt werden.
Gewalt- und Willkürmaßnahmen	**Maurach-Schroeder-Maiwald** BT I § 15 RdNr. 14: Gewalt und Willkürmaßnahmen sind besonders schwere Formen des Widerspruchs gegen rechtsstaatliche Grundsätze.

§ 242

fremd	**Otto** § 40 I 3: wirtschaftlich betrachtet ist eine Sache für den Täter fremd, wenn sie einer anderen Person gehört, wenn jemand anders ein stärkeres Vermögensrecht, eine umfassendere Vermögensposition an der Sache hat als der Täter. **Schönke-Schröder** § 242 RdNr. 12 (ebenso **Blei** § 52 I, ebenso **Wessels** BT 2 § 2 II RdNr. 68): Fremd ist eine Sache, wenn sie (zumindest auch) im Eigentum eines Dritten steht, also weder Alleineigentum des Täters, noch herrenlos, noch eigentumsunfähig ist.
beweglich	**Schönke-Schröder** § 242 RdNr. 11 (ähnlich **Otto** § 40 I 2, ebenso **Wessels** BT 2 § 2 II RdNr. 67): Beweglich sind alle Sachen, die fortbewegt werden können; es kommt hier nicht darauf an, ob die Sache im Sinne des Privatrechts beweglich ist; entscheidend ist, ob sie tatsächlich bewegt werden kann. **Blei** § 52 I: ist die Sache, wenn sie im natürlichen Sinn beweglich ist, und zwar auch dann, wenn sie erst durch die Wegnahme beweglich gemacht wird.
Sache	**Welzel** Seite 340 (**Schönke-Schröder** § 242 RdNr. 9, **Blei** § 52 I, **Otto** § 40 I 1, ähnlich **Wessels** BT 2 § 2 II RdNr. 63): im Sinne des § 90 BGB jeder körperliche Gegenstand ohne Rücksicht auf den Aggregatzustand.
wegnehmen	**Schönke-Schröder** § 232 RdNr. 22 (ähnlich **Blei** § 53 IV; **Otto** § 40 I 4; **Maurach-Schroeder-Maiwald** BT I § 33 RdNr. 26): Wegnahme bedeutet Bruch fremden und Herstellung neuen (i. d. R. eigenen) Gewahrsams (so die allgemein vertretene Apprehensionstheorie). **Welzel** Seite 347: der Bruch fremden und die Begründung neuen, regelmäßig eigenen Gewahrsams. **Wessels** BT 2 § 2 III RdNr. 71: Wegnahme bedeutet den Bruch fremden Allein- oder Mitgewahrsams und die Begründung neuen, nicht notwendig eigenen Gewahrsams.
Gewahrsam	**Schönke-Schröder** § 242 RdNr. 23 ff.: ist ein tatsächliches Herrschaftsverhältnis zwischen einer Person und einer Sache, das von einem Herrschaftswillen getragen ist ... Ein tatsächliches Herrschaftsverhältnis besteht, wenn der un-

mittelbaren Verwirklichung des Einwirkungswillens auf die Sache keine Hindernisse entgegenstehen **(RGSt** 60/272).

Maurach-Schroeder-Maiwald BT I § 33 RdNr. 12: als Gewahrsam gilt das von einem Herrschaftswillen getragene, in Umfang und Grenzen nach den Anschauungen des betreffenden Lebenskreises geformte Herrschaftsverhältnis eines Menschen über eine Sache.

Blei § 53 IV: Gewahrsam bedeutet tatsächliches Herrschaftsverhältnis über die Sache.

Welzel Seite 347: die tatsächliche Sachherrschaft über eine Sache nach den Regeln des sozialen Lebens. Gewahrsam besitzt, wenn die Sache derart zugänglich ist, daß er nach den konkreten Lebensverhältnissen als tatsächlicher Herr über die Sache erscheint.

Wessels BT 2 § 2 III RdNr. 71: Unter Gewahrsam ist die tatsächliche Sachherrschaft eines Menschen über eine Sache zu verstehen, die von einem natürlichen Herrschaftswillen getragen und deren Reichweite von der Verkehrsauffassung bestimmt wird.

Otto § 40 I 4: Gewahrsam ist das von einem Herrschaftswillen getragene tatsächliche Herrschaftsverhältnis einer Person über eine Sache unter Berücksichtigung der sozialen Zuordnung.

zueignen

Maurach-Schroeder-Maiwald BT I § 33 RdNr. 39: Absicht, die rechtlich begründete Position des Verletzten für dauernd, mindestens für einen unabsehbaren Zeitraum, durch die angemaßte eigentümerähnliche Stellung eines Nichtberechtigten zu ersetzen.

Schönke-Schröder § 242 RdNr. 47 unter Hinweis auf **RGSt** 61/232; **BGHSt** 16/192 (ähnlich **Wessels** BT 2 § 2 IV RdNr. 136): Zueignung bedeutet die Anmaßung einer eigentümerähnlichen Herrschaftsmacht über die Sache, indem der Täter entweder diese selbst oder den in ihr verkörperten Sachwert dem eigenen Vermögen einverleibt, sich also wirtschaftlich auf die Stelle des Eigentümers setzt.

BGH NJW 60/684: Begründung des Eigenbesitzes unter Ausschluß der Berechtigten.

Otto § 40 II 2 b cc: ist … das Verhalten, mit dem der Täter zum Ausdruck bringt, daß er den Berechtigten von der Sachherrschaft ausschließt und selbst umfassende Sachherrschaft über den eigenen Vermögen begründet, weil er diese eigenmächtig gebrauchen, d. h. wirtschaftlich nutzen will.

Welzel Seite 341 unter Hinweis auf **BGHSt** 14/38 = **BGH NJW** 60/684: ist nach dem Wortsinn und nach der historischen Entwicklung die Herstellung der eigentümerähnlichen Herrschaft über die fremde Sache, das Ausüben des Eigentumsinhalts unter dauerndem Ausschluß des Berechtigten: „se ut dominum gerere".

§ 243

Gebäude

BGHSt 1/163 (ebenso **Maurach-Schroeder-Maiwald** BT I § 33 RdNr. 78, **Otto** § 41 I 2 a aa, ebenso **Wessels** BT 2 § 3 II RdNr. 214, ähnlich **Welzel** Seite 352 unter Hinweis auf **RGSt** 49/51): ein durch Wände und Dach begrenztes, mit dem Erdboden fest – wenn auch nur durch die eigene Schwere – verbundenes Bauwerk, das den Eintritt von Menschen gestattet und das Unbefugte abhalten soll.

Schönke-Schröder § 243 RdNr. 7 (ebenso **Blei** § 54 I): ist mit mit dem Grund und Boden verbundenes Bauwerk, das den Eintritt von Menschen ermöglicht und geeignet und bestimmt ist, dem Schutze von Menschen oder Sachen zu dienen, und Unbefugte abhalten soll.

Wohnung

Maurach-Schroeder-Maiwald BT I § 33 RdNr. 80: Jeder abgeschlossene Raum innerhalb eines Gebäudes.

Otto § 41 I 2 a aa: Wohnungen sind die der Unterkunft von Menschen dienenden Räume.

umschlossener Raum

BGHSt 1/164 (ähnlich **Maurach-Schroeder-Maiwald** BT I § 33 RdNr. 76, **Otto** § 41 I 2 a aa, **Blei** § 54 II, **Wessels** BT 2 § 3 II RdNr. 211): jedes Raumgebilde, das nicht Gebäude oder Behältnis ist, das (mindestens auch) dazu bestimmt ist, von Menschen betreten zu werden, und das mit (mindestens teilweise künstlichen) Vorrichtungen umgeben ist, die das Eindringen von Unbefugten abwehren sollen.

Schönke-Schröder § 243 RdNr. 8: ist jedes durch – zumindest teilweise – künstliche Hindernisse gegen das Betreten durch Unbefugte geschütztes Raumgebilde, das von Menschen betreten werden kann; gleichgültig ist, ob es mit dem Boden verbunden ist oder nicht.

Welzel Seite 352: jeder allseitig durch Hindernisse gegen das Betreten Unbefugter gesicherter Raum, sofern er nicht als Ganzes dem gleich leichten Zugriff unterliegt, wie die darin befindlichen Gegenstände.

einbrechen

Maurach-Schroeder-Maiwald BT I § 33 RdNr. 82 (ähnlich **Wessels** BT 2 § 3 II RdNr. 215): Einbrechen ist das gewaltsame, aber nicht notwendig substanzverletzende Öffnen einer den Eintritt verwehrenden Umschließung, wobei eine „beträchtliche" Kraftanstrengung nicht vorausgesetzt wird.

Blei § 54 I (ähnlich **Schönke-Schröder** § 243 RdNr. 11, **Welzel** Seite 352): ist das gewaltsame Öffnen einer Umschließung, die dem Eintritt entgegensteht.

Otto § 41 I 2 a aa: ist jedes gewaltsame Öffnen der Umschließung eines umschlossenen Raumes von außen. Nicht erforderlich ist, daß der Täter in den Raum eintritt, um dann zu stehlen. Es genügt, daß der Täter in den Raum hineinlangt, um zu stehlen, oder einen umschlossenen Raum (z. B. Pkw) aufbricht, um ihn wegzunehmen.

einsteigen	**Maurach-Schroeder-Maiwald** BT I § 33 RdNr. 83: Als „Einsteigen" gilt jedes Sich-hinein-Bewegen in den Raum auf einem hierfür nicht vorgesehenen Wege **(RGSt)** 13/257) … mindestens aber das Eindringen unter Überwindung von Schwierigkeiten oder Hindernissen, die sich aus der Struktur des Raumes ergeben **(BGHSt** 10/132). **Blei** § 54 I unter Hinweis auf **BGHSt** 10/132: bedeutet das Betreten des Gebäudes oder umschlossenen Raumes auf einem nicht dazu bestimmten Wege. **Schönke-Schröder** § 243 RdNr. 12 (ähnlich **Otto** § 41 I 2 a aa: das Betreten des geschützten Raumes auf einem dafür regelmäßig nicht bestimmten Wege unter Entfaltung einer gewissen Geschicklichkeit oder Kraft. **Welzel** Seite 352: das Auf- und Absteigen auf ordnungswidrigem Weg.
Schlüssel	**Schönke-Schröder** § 243 RdNr. 14: ist ein Instrument zum Betätigen von Schlössern, das traditionell aus Metall oder Holz geformt ist, aber auch – wie einem neueren Hoteltrend entsprechend – in einer scheibenartigen Codekarte bestehen kann.
falscher Schlüssel	**Maurach-Schroeder-Maiwald** BT I § 33 RdNr. 85 (ebenso **Blei** § 54 I, **Otto** § 41 I 2 a aa, **Welzel** Seite 353, **Wessels** BT 2 § 3 II RdNr. 231): falsch ist ein Schlüssel schon dann, wenn er zur Zeit der Tat vom Berechtigten nicht oder nicht mehr zur Öffnung bestimmt ist. **Schönke-Schröder** § 243 RdNr. 14: sind solche, wenn sie zur Tatzeit vom Berechtigten nicht oder nicht mehr zur Öffnung des fraglichen Verschlusses bestimmt sind. **BGH** NJW 67/834: Ein gestohlener Schlüssel ist nicht ohne weiteres ein falscher im Sinne (dieser Bestimmung). Er wird es erst dadurch, daß ihm der Berechtigte die Bestimmung zur ordnungsgemäßen Eröffnung entzieht.
andere … Werkzeuge	**Schönke-Schröder** § 43 RdNr. 15 unter Hinweis auf **RGSt** 53/277 (ebenso **Wessels** BT 2 § 3 II RdNr. 219): sind solche, durch die der Mechanismus des Verschlusses ordnungswidrig in Bewegung gesetzt wird.
Sich verborgen halten	**Otto** § 41 I 2 a aa: ist ein Aufhalten unter besonderen Vorsichtsmaßnahmen gegen Entdeckung zum Zwecke der Tatausführung. Gleichgültig ist, ob der Täter legal oder illegal in die Räume gelangt ist; maßgeblich ist allein, daß sein Aufenthalt zur Tatzeit rechtswidrig ist.
Behältnis (Ziff. 2)	**BGHSt** 1/163 (ebenso **Schönke-Schröder** § 243 RdNr. 22, ebenso **Otto** § 41 I 2 b bb, ähnlich **Blei** § 54 I, **Welzel** Seite 352): ist ein zur Aufnahme von Sachen dienendes und diese umschließendes Raumgebilde, das nicht dazu bestimmt ist, von Menschen betreten zu werden.

verschlossen	**Schönke-Schröder** § 243 RdNr. 22: nicht ohne weiteres zugänglich, wobei gleichgültig ist, auf welche Weise dies geschieht.
Schutzvorrichtungen	**Otto** § 41 I 2 b aa: Technisch geschaffene Einrichtungen, die dazu geeignet und bestimmt sind, die Wegnahme einer Sache erheblich zu erschweren.
andere Schutzvorrichtungen	**Schönke-Schröder** § 243 RdNr. 23: als (solche) kommen z. B. die Lenkradschlösser von Autos, das Fahrradschloß oder eine die Sache umhüllende Zeltplane in Betracht, die durch eine Kette gesichert ist.
gewerbsmäßig (Ziff. 3)	**Schönke-Schröder** § 243 RdNr. 31 (ebenso **Wessels** BT 2 § 3 II RdNr. 231, ähnlich **Blei** § 54 I, **Otto** § 41 I c, **Welzel** Seite 230): wer die Tat mit der Absicht begeht, sich aus ihrer wiederholten Begehung eine Einnahmequelle von einer gewissen Dauer und Erheblichkeit zu schaffen. Diese Voraussetzungen können bereits bei der ersten Tat vorliegen.
dem Gottesdienst gewidmet (Ziff. 4)	**Schönke-Schröder** § 243 RdNr. 34 (ähnlich **Otto** § 41 I 2 d): sind alle Gegenstände, die dazu bestimmt sind, daß an oder mit ihnen religiöse Verrichtungen vorgenommen werden, wie z. B. Altar oder Weihwasserkessel. Gegenstände, die der religiösen Verehrung dienen. **BGH NJW** 66/1419: Dem Gottesdienst gewidmet sind alle Sachen, die unmittelbar dazu dienen, daß an oder mit ihnen gottesdienstliche Handlungen vorgenommen werden.
eine Sache von Bedeutung für ... (Ziff. 5)	**Schönke-Schröder** § 243 RdNr. 37: Hier kommen insbesondere Gegenstände in Betracht, die in Museen oder Ausstellungen untergebracht sind und entweder, wie solche der Kunst, der Erbauung oder, wie die der Wissenschaft oder Geschichte, auch der wissenschaftlichen Erkenntnis dienen. Diese Begriffe sind unpräzise und unklar. Gewisse Korrektur kann durch den Begriff der „Sammlung" erfolgen.
allgemein zugänglich	**Otto** § 41 I 2 e: Allgemein zugänglich ist eine – öffentliche oder private – Sammlung, wenn sie für einen nach Zahl und Individualität unbestimmten Personenkreis zugänglich ist.
Öffentlich ausgestellt	**Otto** § 41 I 2 e: Öffentlich ausgestellt sind Sachen an allgemein zugänglichen Orten.
Hilflosigkeit (Ziff. 6)	**Otto** § 41 I 2 f aa: liegt vor, wenn das Opfer der Tat aus eigener Kraft nicht in der Lage ist, sich gegen die seiner Sachherrschaft drohende Gefahr zu schützen. **Maurach-Schroeder-Maiwald** BT I § 33 RdNr. 99: Hilflosigkeit ist die Unfähigkeit des Opfers der ihm durch den Dieb drohenden Gefahr zu begegnen.
Unglücksfall	**Otto** § 41 I 2 f bb: Eine Situation, in der der einzelne auf die Solidarität der anderen angewiesen ist, da ihm sonst erhebliche Gefahr an Leib und Leben droht.

gemeine Gefahr	**Dreher/Tröndle** § 243 RdNr. 36: d. h. eine konkrete Gefahr für eine unbestimmte Zahl von Menschen oder zahlreiche Sachen von mindestens insgesamt hohem Wert, so z. B. Überschwemmungen, Brände von Gebäuden mit der Gefahr des Umsichgreifens, Waldbrände, Gefahr durch Wolken giftiger Gase oder radioaktiver Verseuchung.
ausnutzen	**Otto** § 41 I 2 f dd: Ausnutzen liegt vor, wenn der Täter die durch die Notlage geschaffene Gelegenheit zum Diebstahl nutzt. Die Tat muß sich dabei nicht gegen den in Not Geratenen richten, Tatopfer kann auch eine Person sein, die mit Hilfsmaßnahmen beschäftigt ist.

§ 244

Schußwaffe (Ziff. 1)	**Schönke-Schröder** § 244 RdNr. 4: Alle Instrumente, bei denen aus einem Lauf mechanisch wirkende Geschosse gegen den Körper eines anderen abgefeuert werden können, mag dies mit Hilfe von Explosionsstoffen oder z. B. durch Luftdruck geschehen. **Otto** § 41 III 1 a (ähnlich **Wessels** BT 2 § 4 I RdNr. 254): Eine Waffe, bei der ein Geschoß – darunter sind nicht nur körperliche Gegenstände, sondern auch gasförmige oder flüssige Stoffe zu verstehen – durch einen Lauf mit Bewegungsrichtung nach vorn getrieben wird und die geeignet ist, Menschen körperlich zu verletzen.
bei sich führen (Ziff. 1)	**Schönke-Schröder** § 244 RdNr. 5: (Es ist) keine bestimmte Gebrauchsabsicht erforderlich. Maßgeblicher Gesichtspunkt ist vielmehr auch insoweit ... die aus der (bewußten) Verfügbarkeit einer derartigen Waffe sich ergebende Gefahr einer effektiven Anwendung. **Otto** § 41 III 1 b (ähnlich **Maurach-Schroeder-Maiwald** BT I § 33 RdNr. 114): Der Täter braucht die Waffe nicht in der Hand gehalten zu haben, sie muß ihm jedoch derart zur Verfügung gestanden haben, daß er sich ihrer jederzeit und ohne Schwierigkeiten bedienen konnte.
Waffe (Ziff. 2)	**Schönke-Schröder** § 244 RdNr. 13 (ähnlich **Otto** § 41 III 2, ähnlich **Wessels** BT 2 § 4 I RdNr. 259): sowohl solche im technischen Sinne, die nicht schon unter Nr. 1 fallen ..., wie auch sonstige Werkzeuge und Mittel, mit denen gegebenenfalls der Widerstand eines anderen durch Gewalt oder Drohung mit Gewalt verhindert und überwunden werden soll.
bei sich führen (Ziff. 2)	**Schönke-Schröder** § 244 RdNr. 15: Im Unterschied zu Nr. 1 genügt hier nicht schon ein bloßes Beisichführen ..., vielmehr muß dies mit der Absicht der Überwindung von Widerstand geschehen.
Bande (Ziff. 3)	**Schönke-Schröder** § 244 RdNr. 24: erforderlich ist zunächst, daß sich mindestens zwei Personen verbunden haben. **Otto** § 41 III 3 a (ebenso **Wessels** BT 2 § 4 II RdNr. 263): ist eine auf ausdrücklicher oder stillschweigender Verein-

barung beruhende Verbindung mehrerer Personen, die auf geraume Zeit bei der Begehung selbständiger Taten nach §§ 242, 249 zusammenwirken wollen.

§ 246

fremde Sache   **Maurach-Schroeder-Maiwald** BT I § 34 RdNr. 14: Täterfremd ist eine Sache, die mindestens teilweise einem anderen als dem Täter gehört (Unterschlagung ist daher auch an solchen Sachen möglich, die im Miteigentum des Täters und eines anderen stehen).

fremd   **Schönke-Schröder** § 246 RdNr. 4: fremd ist eine Sache, wenn sie in fremdem Eigentum steht; dies ist nach bürgerlichem Recht zu beurteilen.

Sache   **Schönke-Schröder** § 246 RdNr. 3: Unterschlagungsobjekte können nur einzelne Sachen sein, nicht dagegen unausgesonderte Teile einer Sachgesamtheit. Daher kommt (vollendete) Unterschlagung erst mit der Aussonderung in Betracht.

Besitz oder Gewahrsam   **Schönke-Schröder** § 246 RdNr. 9: das tatsächliche Herrschaftsverhältnis.

zueignen   **Schönke-Schröder** § 246 RdNr. 11 unter Hinweis auf **BGHSt** 1/264: Die Zueignung besteht darin, daß der Täter die Sache selbst oder den in ihr verkörperten Sachwert dem eigenen Vermögen einverleibt.
Welzel Seite 344: die in einer äußeren Handlung manifestierte Herstellung einer eigentümerähnlichen Herrschaft über die Sache.
Otto § 42 I 2 b: Zueignung ist ein Verhalten, mit dem der Täter zum Ausdruck bringt, daß er den Berechtigten von der Sachherrschaft ausschließt und selbst umfassende Sachherrschaft (Eigenbesitz) über eine fremde Sache begründet, weil er diese eigenmächtig gebrauchen, d. h. wirtschaftlich nutzen will ... Es geht darum, daß die Absicht der Zueignung nach außen erkennbar, d. h. manifest wird.

anvertraut   **Maurach-Schroeder-Maiwald** BT I § 34 RdNr. 41 unter Hinweis auf **RGSt** 4/386: wenn dem Täter die tatsächliche Verfügungsgewalt in der Erwartung eingeräumt worden war, daß er diese nur im Sinne des Anvertrauenden ausüben würde.
Blei § 56 III: „Anvertraut" ist die Sache, deren Besitz oder Gewahrsam jemand mit der Verpflichtung erlangt hat, die Sache später zurückzugeben oder zu bestimmten Zwecken zu verwenden.
Schönke-Schröder § 246 RdNr. 29: wenn er den Gewahrsam mit der Verpflichtung erlangt hat, die Sache zurückzugeben oder zu bestimmten Zwecken zu verwenden.
Otto § 42 II 1: ist die Sache, wenn dem Täter der Gewahrsam mit der Maßgabe übertragen wurde, daß er mit der

Sache in bestimmter Weise zugunsten des Berechtigten verfahre (z. B. Leihe, Miete, Verwahrung, Kauf unter Eigentumsvorbehalt).

Wessels BT 2 § 5 II RdNr. 282: Anvertraut sind solche Sachen, deren Gewahrsam der Täter vom Eigentümer oder von einem Dritten mit der Verpflichtung erlangt hat, sie zu einem bestimmten Zweck zu verwenden oder zurückzugeben.

BGH NJW 62/117: sind Sachen, deren Besitz oder Gewahrsam dem Täter in dem Vertrauen eingeräumt worden ist, er werde die Gewalt über sie nur im Sinne des Einräumers ausüben.

§ 247

Diebstahl und Unterschlagung

vgl. unter §§ 242–244 und § 246.

Angehöriger

Definition in § 11 Abs. 1 Nr. 1 StGB.

Vormund

vgl. §§ 1773 ff. BGB.

in häuslicher Gemeinschaft

Preisendanz § 247 Anm. 3 c: als „häusliche Gemeinschaft" sind nur auf einem festen Entschluß beruhende Gemeinschaften anzusehen, insbesondere Familiengemeinschaften, aber auch sonstige freiwillig begründete Wohngemeinschaften.

Otto § 43 2 d: Eine häusliche Gemeinschaft setzt den freien und ernstlichen Willen der Mitglieder zum Zusammenleben auf eine gewisse Dauer voraus **(BGHSt** 29/54).

Wessels BT 2 § 6 I RdNr. 305: Unter häuslicher Gemeinschaft ist vor allem der gemeinsam geführte Haushalt von Familienmitgliedern unter Einschluß des darin beköstigten Personals, aber auch jede sonstige freigewählte Wohn- und Lebensgemeinschaft zu verstehen, die auf eine gewisse Dauer angelegt ist und ernstlich von dem Willen getragen ist, die aus der persönlichen Bindung folgenden Verpflichtungen zu übernehmen.

§ 248a

Diebstahl und geringwertige Sache

Wessels BT 2 § 6 II RdNr. 307: Maßgebend für den Begriff der Geringwertigkeit ist grundsätzlich der objektiv zu beurteilende Verkehrswert der Sache zur Zeit der Tat, wobei die Verhältnisse der Beteiligten zwar in der Regel, aber nicht unter allen Umständen außer Betracht bleiben.

§ 248b

in Gebrauch nehmen

Maurach-Schroeder-Maiwald BT I § 37 RdNr. 9 unter Hinweis auf **BGHSt** 11/44: Ausnutzung der Bewegungsfähigkeit, nicht unbedingt der motorischen Kraft des Fahrzeuges. **BGHSt** 11/50 (ebenso **Otto** § 48 I 2 b): (Benutzung), bei

der der Täter sich des Fahrzeugs unter Einwirkenlassen der zur Ingangsetzung und Ingangshaltung geeigneten Kräfte als Fortbewegungsmittel bedient und dabei eine (ihm nicht zustehende) Herrschaftsgewalt über das ganze Fahrzeug ausübt.
Schönke-Schröder § 248b RdNr. 4 unter Hinweis auf **BGHSt** 11/50: als Fortbewegungsmittel benutzen.
Welzel Seite 359: „In-Gebrauch-Nehmen" ist nicht „gebrauchen", sondern die Anmaßung des Gebrauchs durch einen Nichtberechtigten.
Wessels BT 2 § 10 I RdNr. 385: In Gebrauch nehmen ist nur die bestimmungsmäßige Verwendung des Fahrzeugs als Beförderungsmittel zum Zweck der Fortbewegung, wobei es belanglos ist, ob dies mit oder ohne in Gang setzen des Motors geschieht.

Berechtigter

Wessels BT 2 § 10 I RdNr. 348: Berechtigter ist derjenige, dem das Recht zur Verfügung über den Gebrauch des Fahrzeuges oder Fahrrades zusteht. In Betracht kommt jeder dinglich oder obligatorisch Berechtigte.

§ 248c

fremd

Schönke-Schröder § 248c RdNr. 3 (ebenso **Otto** § 45 1 a): ist die elektrische Energie für jeden, der kein Recht zur Entnahme der Energie hat.

Leiter

Maurach-Schroeder-Maiwald BT I § 33 RdNr. 140: als Leiter gilt jeder Stoff, der zur Weiterleitung und Aufnahme des elektrischen Stromes geeignet ist. Die Bestimmungsmöglichkeit des Leiters hängt vom Willen des Verfügungsberechtigten ab.
Schönke-Schröder § 248c RdNr. 9 (ebenso **Otto** § 45 1 a): ist nicht nur jeder Stoff, der geeignet ist, Elektrizität weiterzuleiten, sondern erfaßt werden auch Stoffe und technische Mittel, die Elektrizität durch Induktion, Lichtbogen usw. aufzunehmen vermögen.

entziehen

Schönke-Schröder § 248c RdNr. 8: die Energie ist entzogen, wenn sie nicht berechtigt empfangen ist. Beim Berechtigten muß begriffsnotwendig ein Energieverlust eingetreten sein.
Otto § 45 1 a: Entzogen wird die Energie, wenn sie unbefugt entnommen wird.

§ 249

Gewalt

Blei § 57 II: vgl. unter § 240.
Schönke-Schröder § 249 RdNr. 4: muß sich hier gegen eine Person richten. Dafür ist eine zumindest mittelbar gegen den Körper des Opfers gerichtete Einwirkung erforderlich.
Welzel Seite 360: muß sich hier gegen die Person, nicht bloß gegen Sachen richten; vgl. im übrigen unter § 240.

Wessels BT 2 § 7 I RdNr. 316: Gewalt gegen eine Person ist nur der körperlich wirkende Zwang durch eine unmittelbare oder mittelbare Einwirkung auf einen anderen, die nach der Vorstellung des Täters dazu bestimmt und geeignet ist, einen tatsächlich geleisteten oder erwarteten Widerstand zu überwinden oder unmöglich zu machen.

BGH JZ 63/714 = **NJW** 63/1211: Gewalt ist eine Einwirkung auf den Körper einer Person, die geeignet und dazu bestimmt ist, die Freiheit der Willensbetätigung aufzuheben.

BGH NStZ 86/218: Der Senat ist der Meinung, daß das Merkmal der „Gewalt gegen eine Person" nur dann vorliegt, wenn die Kraft, die der Täter entfaltet, wesentlicher Bestandteil der Wegnahme ist. Sie muß daher so erheblich sein, daß sie geeignet ist, erwarteten Widerstand zu brechen; vom Opfer muß sie als körperlicher Zwang empfunden werden (zur Frage, ob in Fällen, in denen dem Opfer eine Sache mehr oder weniger überraschend aus der Hand gerissen wird, wegen Diebstahls oder Raubes zu bestrafen ist).

Drohung	**Schönke-Schröder** § 249 RdNr. 5: vgl. unter § 234.
fremde Sache, wegnehmen	**Schönke-Schröder** § 249 RdNr. 2: vgl. unter § 242.

§ 250

Schußwaffe	**Schönke-Schröder** § 250 RdNr. 4: Vgl. unter § 244 ... (sie) muß einsatzbereit und tauglich oder doch jederzeit einsatzfähig zu machen sein.
Mittel	**BGH NStZ** 1985/548: Von den Waffen und Gegenständen unterscheidet sich das Mittel dadurch, daß es, etwa weil es flüssig oder gasförmig ist, ohne Kontur und nicht abgrenzbar ist.
bei sich führen	**Schönke-Schröder** § 250 RdNr. 5: Anders als beim einfachen Waffenraub Nr. 2 ist hier für das Mitsichführen keine bestimmte Gebrauchsabsicht erforderlich, sondern die Gefahr einer effektiven Anwendung ausreichend, d. h. daß die Schußwaffe bei Durchführung der Tat notfalls ohne weiteres zum Einsatz gebracht werden könnte.
Gefahr	**Schönke-Schröder** § 250 RdNr. 21: eine Situation, in der das Opfer bereits unmittelbar der (nicht mehr beherrschbaren) Möglichkeit des Erfolges i. S. der §§ 211, 212 bzw. 224 ausgesetzt ist, so daß es nur noch vom Zufall abhängt, ob dieser eintritt oder ausbleibt.
andere	**Schönke-Schröder** § 250 RdNr. 22: Der gefährdete „andere" braucht weder der Beraubte selbst noch eine Person zu sein, von der Widerstand geleistet oder erwartet wird; vielmehr genügt auch eine Gefährdung Unbeteiligter.
durch die Tat	**Schönke-Schröder** § 250 RdNr. 23: Dafür reicht jede Handlung im Zusammenhang mit der Tatbegehung, und zwar

vom Versuchsbeginn bis zur Beendigung des Raubes bzw. des räuberischer Diebstahls.

§ 251

durch den Raub — **Schönke-Schröder** § 251 RdNr. 4: durch eine Handlung, die (einschließlich des Versuchs) spezifischer Bestandteil der Raubbegehung i. S. der §§ 249, 250 ist; so insbes., wenn eine Gefährdung i. S. von § 250 Abs. 1 Nr. 3 in den Tod des Betroffenen umschlägt.

durch den Raub verursacht — **Preisendanz** § 251 Anm. 2: durch den Raub verursacht ist der Tod auch dann, wenn bereits die versuchte Tat zum Tod führt.

leichtfertig — **Preisendanz** § 251 Anm. 3 (ähnlich **Lackner** § 251 Anm. 2): der Täter handelt leichtfertig, weil er sich „grob fahrlässig", d. h. besonders leichtsinnig oder gleichgültig über die naheliegende Möglichkeit eines tödlichen Ausgangs hinwegsetzt.
Schönke-Schröder § 251 RdNr. 6: gesteigerte (nicht aber unbedingt bewußte) Fahrlässigkeit erforderlich.

§ 252

auf frischer Tat betroffen — **BGHSt** 9/255 (ähnlich **Schönke-Schröder** § 252 RdNr. 4; **Welzel** Seite 355; **Wessels** BT 2 9 I RdNr. 353): Der Dieb wird noch „auf frischer Tat betroffen", wenn er in der Nähe des Tatorts und alsbald nach der Tatausführung wahrgenommen wird.
Blei § 58 III: das ist jedenfalls dann der Fall, wenn (der Täter) bei Ausführung der Tat selbst beobachtet wurde. Ein Betreffen auf frischer Tat liegt ferner auch noch in einer Beobachtung am Tatort selbst, z. B. bei Entdeckung in dem Augenblick, in dem der beutebeladene Täter den Raum verläßt, aus welchem er gestohlen hat (aber keine weitergehende Anwendung der eng auszulegenden Vorschrift!).
Otto § 46 V 1 d: Frisch die Tat, die vollendet, aber noch nicht beendet ist. Nach der Sicherung des Gewahrsams durch den Täter ist kein Raum mehr für die Anwendung des § 252. Der Täter ist auf frischer Tat betroffen, wenn er bei der Tat mit einem anderen zuammentrifft, der ihn als Tatverdächtigen erkannt hat oder unmittelbar zu erkennen droht.

Gewalt Drohung — **Schönke-Schröder** § 252 RdNr. 5: vgl. unter § 234.

§ 253

Gewalt — **Schönke-Schröder** § 253 RdNr. 3 (ebenso **Wessels** BT 2 § 17 I RdNr. 667; ähnlich **Maurach-Schroeder-Maiwald** BT I § 42 RdNr. 19): vgl. unter § 234: Als Tatmittel der Gewalt kommt mit Rücksicht darauf, daß sich das abgenötigte Verhalten als Vermögensverfügung darstellen muß, hier nur vis compulsiva in Betracht, nicht vis absoluta.

Drohung — **Blei** § 64 I: vgl. unter § 240.

	Schönke-Schröder § 253 RdNr. 4, **Welzel** Seite 380: vgl. unter § 240.
(Vermögens-) Nachteil	**Schönke-Schröder** § 253 RdNr. 9: wenn die Vermögenslage des Betroffenen nach der Tat ungünstiger ist als vorher. **Blei** § 64 I: Entspricht Vermögensschaden bei § 263.
bereichern	**Schönke-Schröder** § 253 RdNr. 17: jede günstigere Gestaltung der Vermögenslage.

§ 257

(Begünstigungs-) handlung	**RGSt** 50/366: ist eine zur selbständigen Straftat erhobene Versuchshandlung, wobei die Vollendung schon in der Handlung selbst liegt, die einen rechtswidrigen Eingriff in die staatliche Rechtspflege enthält, oder darauf ausgeht, sie zu hemmen.
Hilfe leisten	**Otto** § 57 II 1 b (ähnlich **Wessels** BT 2 § 19 II RdNr. 748): ist ein Verhalten, durch das die Chancen des Vortäters in bezug auf die Vorteilssicherung objektiv verbessert werden und das subjektiv darauf abzielt, die durch das Vermögensentziehungsdelikt begründete Position des Vortäters gegen die Wiederherstellung des rechtmäßigen Zustandes zu sichern. **Schönke-Schröder** § 257 RdNr. 15: Es muß sich um eine der Vorteilssicherung dienende Hilfe handeln. **Preisendanz** § 257 Anm. 4: ... jede Handlung, die nach der Vorstellung des Täters geeignet ist, die Wiederherstellung des rechtmäßigen Zustands im Interesse des Vortäters zu vereiteln oder zu erschweren.
Vorteile	**Schönke-Schröder** § 257 RdNr. 23: nicht nur Vermögensvorteile, sondern Vorteile aller Art.
Sicherung der Vorteile	**RGSt** 76/63 (ebenso **Welzel** Seite 351; ähnlich **Wessels** BT 2 § 19 II RdNr. 748): liegt dann vor, wenn der Zweck der Beistandsleistung ist, zu verhindern, daß die Vorteile dem Vortäter zugunsten des Verletzten entzogen werden, sei es, daß die Entziehung von der Seite des Verletzten selbst, seines Stellvertreters oder eines Geschäftsführers ohne Auftrag, sei es, daß sie von der Seite der Obrigkeit droht.

§ 258

Bestrafung	**Schönke-Schröder** § 258 RdNr. 13: nur die Verhängung einer Kriminalstrafe (nicht Disziplinarstrafe, Geldbuße etc.).
vereiteln	**Schönke-Schröder** § 258 RdNr. 16: Das Merkmal der Vereitelung ist nicht erst dann erfüllt, wenn eine Strafe oder Maßnahme endgültig nicht mehr verhängt werden kann, etwa wegen Eintritts der Verjährung, sondern schon dann, wenn der Strafanspruch oder die Anordnung einer Maßnahme für geraume Zeit unverwirklicht bleibt. **Wessels** BT 1 § 16 III RdNr. 705: Vereiteln kann in einem aktiven Tun oder, soweit eine besondere Rechtspflicht zum

Tätigwerden existiert, auch in einem Unterlassen bestehen. Es muß seiner Art und Zielsetzung nach darauf ausgerichtet sein, die Realisierung des in § 258 I umschriebenen Ahndungsrechts durch eine Besserstellung des Vortäters, ganz oder teilweise zu verhindern.

Otto § 96 I 3 b: Vereitelt ist die Strafe oder Maßnahme, wenn der staatliche Zugriff rechtswidrig infolge der Handlung für geraume Zeit nicht verwirklicht worden ist.

§ 258a

Strafverfahren

Schönke-Schröder § 258a RdNr. 3: Zum Strafverfahren rechnen alle auf die Strafverfolgung gerichteten Handlungen, auch das von der Staatsanwaltschaft oder der Polizei geführte Ermittlungsverfahren. Dies braucht noch nicht eingeleitet zu sein.

Verfahren zur Anordnung ...

Schönke-Schröder § 258a RdNr. 3: Zu einem solchen Verfahren gehören auch das Sicherungsverfahren nach den §§ 413 ff. StPO und das objektive Verfahren nach den §§ 440 ff. StPO.

§ 259

Sache

Schönke-Schröder § 259 RdNr. 5 (ähnlich **Wessels** BT 2 § 20 II RdNr. 768): Gegenstand der Hehlerei können nur Sachen sein, auch unbewegliche, nicht dagegen Rechte, wie etwa ein betrügerisch erlangtes Bankguthaben.

Ankaufen

Blei § 72 IV (ähnlich **Schönke-Schröder** § 259 RdNr. 30, **Otto** § 58 I 3 a): ein Unterfall des Sichverschaffens; hier genügt nicht der bloße Abschluß eines Kaufvertrages, sondern der Hehler muß über die Sache selbst Verfügungsgewalt erwerben.

Sichverschaffen

Blei § 72 IV: Beim Sichverschaffen, dem Ansichbringen der alten Fassung, ist abgeleiteter Erwerb erforderlich ... Der Täter muß die Sache tatsächlich an sich gebracht haben.
Schönke-Schröder § 259 RdNr. 19 (ähnlich **Otto** § 58 I 3 a): der Täter verschafft sich oder einem Dritten den Hehlereigegenstand, wenn er oder der Dritte über diesen Gegenstand die tatsächliche Verfügungsgewalt durch deren Übertragung erlangt.
Wessels BT 2 § 20 III RdNr. 789: Das Verschaffen muß in der bewußten und gewollten Übernahme der tatsächlichen Verfügungsgewalt zu eigenen Zwecken im Wege des abgeleiteten Erwerbs und des einverständlichen Zusammenwirkens mit dem Vortäter oder dem sonstigen Vorbesitzer bestehen.
Maurach-Schroeder-Maiwald BT I § 39 RdNr. 28: Das Sichverschaffen besteht in der bewußten und gewollten Übernahme der Verfügungsgewalt über die Sache.

absetzen

BGH NJW 76/1699 (ebenso **Otto** § 58 I 3 b aa): Eine Sache setzt ab, wer die Verfügungsgewalt über sie zwar im Einverständnis mit dem Vortäter, sonst aber völlig selbständig für dessen Rechnung an einen Dritten überträgt.

Schönke-Schröder § 259 RdNr. 32: bedeutet die Übertragung der tatsächlichen Verfügungsgewalt über die Sache auf einen Dritten. Der Begriff kennzeichnet die Gegenseite des Verschaffens beim Weiterschieben des Hehlereigegenstandes. Er umfaßt den gesamten Vorgang der Übertragung, nicht nur die hierauf gerichtete Tätigkeit.

Wessels BT 2 § 20 III RdNr. 803: Absetzen ist das Unterstützen eines anderen beim Weiterschieben der „bemakelten" Sache durch selbständiges Handeln (= tätig werden für fremde Rechnung, aber in eigener Regie).

Maurach-Schroeder-Maiwald BT I § 39 RdNr. 32: Absetzen ist die im Interesse des Vortäters und auf dessen Rechnung erfolgende wirtschaftliche Verwertung der Sache durch rechtsgeschäftliche, entgeltliche Weitergabe.

absetzen hilft

Schönke-Schröder § 259 RdNr. 35 (ähnlich **Otto** § 58 I 3 b aa): Absatzhilfe bedeutet die Unterstützung des Vorganges, durch den die Deliktsbeute aus der Hand des Vortäters oder Vorbesitzers in die des Erwerbers gelangt.

Wessels BT 2 § 20 III RdNr. 803: Absetzenhelfen ist die weisungsabhängige unselbständige Unterstützung, die dem Vortäter bei dessen Absatzbemühungen gewährt wird.

§ 260

gewerbsmäßig

Maurach-Schroeder-Maiwald BT I § 39 RdNr. 49: unter Hinweis auf **BGHSt** 26,5: Gewerbsmäßigkeit setzt nicht voraus, daß der Täter mehrere selbständige Hehlereitaten begehen will, vielmehr reicht aus, daß er (nur) eine fortgesetzte Handlung vorzunehmen gedenkt.

Schönke-Schröder § 260 RdNr. 2 (ähnlich **Wessels** BT 2 § 20 VII RdNr. 830): Gewerbsmäßigkeit liegt vor, wenn der Hehler mit der Absicht handelt, sich durch wiederholte Hehlereihandlungen eine fortlaufende Einnahmequelle von einiger Dauer und einigem Umfang zu verschaffen ... Es braucht sich hierbei weder um eine ständige ... noch um eine hauptsächliche ... Einnahmequelle oder um ein „kriminelles Gewerbe" zu handeln.

Blei § 72 VII: unter Hinweis auf **RGSt** 54/184: in der Absicht begangen ... aus (der) fortgesetzten Begehung eine Quelle des Erwerbes zu machen.

RGSt 58/20: Der Tatbestand einer gewerbsmäßigen Straftat ist gegeben, wenn eine strafbare Handlung mit dem Willen begangen wird, die Handlung zu wiederholen und sich aus der wiederholten Begehung eine Einnahmequelle zu verschaffen.

Maurach-Schroeder-Maiwald BT I § 39 RdNr. 52: Entscheidend ist die Absicht, sich gerade aus dem hehlerischen

Erwerb eine Einnahmequelle von einiger Dauer und einigem Umfang zu verschaffen.

§ 263

Vermögensvorteil

Schönke-Schröder § 263 RdNr. 167 (Ebenso **Otto** § 51 IV 2 b): jede günstigere Gestaltung der Vermögenslage, jede Erhöhung des wirtschaftlichen Wertes des Vermögens.

Wessels BT 2 § 13 III RdNr. 565: Als Vermögensvorteil ist jede günstigere Gestaltung der Vermögenslage anzusehen, gleichgültig ob diese in einer Vermehrung des Aktivpostens oder im Nichterbringen einer geschuldeten Leistung besteht.

Vermögen

Otto § 51 III 4 a aa: eine personenstrukturierte Einheit, die die Entfaltung der Person im gegenständlichen Bereich gewährleistet. Sie konstituiert sich in von der Rechtsordnung anerkannten Herrschaftsbeziehungen der Person zu Objekten (Vermögensgütern), die von der Rechtsgesellschaft als selbständige Gegenstände des wirtschaftlichen Verkehrs anerkannt werden.

Wessels BT 2 § 13 II RdNr. 518: Vermögen ist die Summe aller Güter und Positionen, denen ein wirtschaftlicher Wert beizumessen ist und die unter dem Schutz der Rechtsordnung stehen.

BGH NJW 61/1877: ist die Summe aller geldwerten Güter nach Abzug der Verbindlichkeiten.

(das Vermögen) beschädigen

Blei § 61 V: bedeutet die Verminderung der Gesamtheit der einer Person zustehenden wirtschaftlichen Werte, was ebenso durch Verminderung der Aktiva wie durch Vermehrung der Passiva geschehen kann (Frank V 2). Kürzer läßt sich sagen: Vermögensbeschädigung ist die wirtschaftliche Verminderung des Gesamtvermögens.

Schönke-Schröder § 263 RdNr. 99: Verringerung des Gesamtgeldwertes. Unterschied des Gesamtvermögens vor und nach der Verfügung (Sch.-Schr.: zu weitgehend, vgl. daselbst).

Welzel Seite 374: Vermögensschaden ist die Verringerung des objektiven Gesamtwertes des Vermögens, den dieser für den individuell Geschädigten hat.

BGH NJW 16/1877: ist die Vermögensminderung infolge der Täuschung, also der Unterschied zwischen dem Wert des Vermögens vor und nach der Täuschung.

Vorspiegelung

Maurach-Schroeder-Maiwald BT I § 41 RdNr. 35: als Vorspiegelung betrachtet man die aktive Täuschung unter Vorbringung unwahrer tatsächlicher Behauptungen, gleichgültig, ob durch Wort, Schrift, Zeichen oder schlüssige Handlung begangen.

Otto § 51 III 1 a: wörtliche Erklärung oder täuschende Manipulation an bzw. mit Gegenständen.

	Schönke-Schröder § 263 RdNr. 6 bedeutet, daß der Täter einem anderen eine nicht bestehende Tatsache als bestehend zur Kenntnis bringt.
Tatsache	**Maurach-Schroeder-Maiwald** BT I § 41 RdNr. 27: ein Geschehnis der Vergangenheit oder der Gegenwart, nicht dagegen nach h. M. (**RGSt** 56/232) auch der Zukunft. **Blei** § 61 II: „Tatsachen" sind Vorgänge und Zustände der Außen- und Innenwelt, also des körperlichen (physischen) und seelischen (psychischen) Daseins in seiner konkreten raumzeitlichen Bestimmtheit. **Wessels** BT 2 § 13 II RdNr. 477: Tatsachen sind konkrete Vorgänge oder Zustände der Vergangenheit oder Gegenwart, die dem Beweis zugänglich sind. **Schönke-Schröder** § 263 RdNr. 8: Unter Tatsachen sind alle konkreten vergangenen oder gegenwärtigen Geschehnisse oder Zustände der Außenwelt und des menschlichen Innenlebens zu verstehen.
falsche Tatsache (Behauptung)	**Blei** § 61 II (ähnlich **Wessels** BT 2 § 13 II RdNr. 483): Falsch ist die Behauptung (nicht: die Tatsache), wenn sie der objektiven Wahrheit widerspricht. **Welzel** Seite 368: alles, was fälschlich als vergangen oder gegenwärtig oder als unverbrüchlich notwendig eintretend hingestellt wird.
entstellen	**Schönke-Schröder** § 263 RdNr. 6 (ähnlich **Wessels** BT 2 § 13 II RdNr. 484): Entstellen ist das Verfälschen des tatsächlichen Gesamtbildes durch Hinzufügen oder Fortlassen einzelner Elemente. **Maurach-Schroeder-Maiwald** BT I § 41 RdNr. 35: Als entstellen gilt das Verschieben der richtigen Verhältnisse oder die Zufügung oder das Fortlassen wesentlicher Punkte.
unterdrücken	**Maurach-Schroeder-Maiwald** BT I § 41 RdNr. 35 (ähnlich **Schönke-Schröder** § 263 RdNr. 6 und **Wessels** BT 2 § 13 II RdNr. 484): als solches gilt ein Handeln, durch welches eine Tatsache der Kenntnis eines anderen entzogen werden soll.
erregen	**Maurach-Schroeder-Maiwald** BT I § 41 RdNr. 67 (ähnlich **Schönke-Schröder** § 263 RdNr. 43): Einen Irrtum erregt, wer ihn hervorruft. **Wessels** BT 2 § 13 II RdNr. 495: Der Täter erregt einen Irrtum, wenn er durch Einwirkung auf die Vorstellung des Getäuschten selbst hervorruft oder mitverursacht.
unterhalten	**Maurach-Schroeder-Maiwald** BT I § 41 RdNr. 67 unter Hinweis auf **RGSt** 39/80 (ähnlich **Blei** § 61 III): ein Irrtum wird unterhalten, wenn der Täter einen bereits vorher von dritter Seite (oder auch vorsatzlos von ihm selbst) hervorgerufenen Irrtum festigt, steigert oder verlängert. **Schönke-Schröder** § 263 RdNr. 45 (ähnlich **Wessels** BT 2 § 13 II RdNr. 496): Unterhalten wird ein Irrtum, wenn der

	Täter verhindert, daß eine bereits vorhandene Fehlvorstellung, die von ihm selbst nicht verursacht zu sein braucht, beseitigt wird.
(Vermögens-verfügung)	**Maurach-Schroeder-Maiwald** BT I § 41 RdNr. 72: Jedes Handeln, Dulden oder Unterlassen des Getäuschten mit Vermögensrelevanz. **Blei** § 61 IV: jedes Handeln, Dulden oder Unterlassen, das eine Vermögensminderung im wirtschaftlichen Sinne bewirkt. **Otto** § 51 III 3 a: Jedes Handeln, Dulden oder Unterlassen des Getäuschten, das sich unmittelbar vermögensmindernd auswirkt. **Schönke-Schröder** § 263 RdNr. 55: jedes Handeln, Dulden oder Unterlassen, das eine Vermögensminderung (Schaden) unmittelbar herbeiführt.

§ 263a

Datenverarbeitung	**Otto** § 52 III 2: Datenverarbeitung sind die technischen Vorgänge, bei denen durch Aufnahme von Daten und ihre Verknüpfung nach Programmen Arbeitsergebnisse erzielt werden.
unrichtig oder unvollständig	**Otto** § 52 III 3 b: Unrichtig und unvollständig sind die Daten, wenn sie den bezeichneten Sachverhalt nicht der Wirklichkeit entsprechend oder nicht ausreichend wiedergeben.
unbefugte Verwendung	**Otto** § 52 III 3 c bb: Ist dann anzunehmen, wenn die Daten gerade in bezug auf ihre Funktion im Programm unbefugt verwendet werden.
beeinflußt	**Wessels** BT 2 § 13 V RdNr. 575: Beeinflußt wird das Ergebnis eines Datenverarbeitungsvorganges, wenn eine der im Gesetz genannten Tathandlungen in den Verarbeitungsvorgang des Computers Eingang findet, seinen Ablauf irgendwie mitbestimmt und eine Vermögensdisposition auslöst.

§ 264

Leistung	**Schönke-Schröder** § 264 RdNr. 10: Nur die direkt gewährten vermögenswerten Leistungen.
öffentliche Mittel	**Schönke-Schröder** § 264 RdNr. 8: zunächst alle aus einem öffentlichen Haushalt (Bund, Länder, Gemeinden usw. einschließlich deren Sondervermögen …) gedeckten Mittel.
Betrieb	**Otto** § 61 II 2 a ee: eine auf Dauer angelegte organisatorische Zusammenfassung von persönlichen und sächlichen Mitteln zur Erreichung eines – nicht unbedingt wirtschaftlichen – Zweckes ohne Rücksicht auf die Rechtsform.
Förderung	**Schönke-Schröder** § 264 RdNr. 16: Förderung der Wirtschaft ist jede Stärkung der Leistungsfähigkeit von Wirtschaftsbetrieben oder Wirtschaftszweigen. Der Begriff

	„Förderung" ist hier nicht in dem engeren subventionsrechtlichen Sinn der „Förderungssubvention" zu verstehen, sondern umfaßt den gesamten Bereich der Erhaltungs-, Anpassungs- und Produktivitäts-(Wachstums-)hilfen.
Unternehmen	**Otto** § 61 II 2 a ee: Dem Unternehmen kommt gegenüber dem Betrieb nur insoweit Eigenständigkeit zu, als es ein Komplex von mehreren Betrieben sein kann.
bewilligen, gewähren, rückfordern ...	**Schönke-Schröder** § 264 RdNr. 36: Mit diesen Begriffen (vgl. auch § 21 SubvG) sollen alle im Laufe eines Subventionsverfahrens möglichen Entscheidungen und Vorgänge erfaßt werden, die dazu führen, daß der Subventionsnehmer eine Subvention erhält, behält oder wieder zurückgeben muß. Im Unterschied zu der zunächst lediglich eine verbindliche Zusage enthaltenden Bewilligung bedeutet die Gewährung das tatsächliche Zurverfügungstellen der Subvention aufgrund der Bewilligung, während sich das Belassen und die Rückforderung auf eine bereits gewährte Subvention beziehen.
Subventionsvorteil	**Schönke-Schröder** § 264 RdNr. 36: Fälle, in denen über die unmittelbare Subventionsgewährung an den Erstempfänger die Vorteile aus der Subvention mittelbar auch Dritten zugute kommen, die dann, ohne selbst in einer Beziehung zum Subventionsgeber zu stehen, gleichfalls Subventionsnehmer im Sinne des SubvG (§ 21) sind.
Angaben (I Ziff. 1)	**Schönke-Schröder** § 264 RdNr. 43: Angaben sind alle – schriftlichen oder mündlichen – Erklärungen über das Vorliegen oder Nichtvorliegen eines bestimmten Sachverhaltes, wobei dieser in subventionserheblichen Tatsachen bestehen muß.
unrichtig	**Schönke-Schröder** § 264 RdNr. 44: Unrichtig sind die Angaben, wenn in ihnen objektiv nicht gegebene, subventionserhebliche Tatsachen als gegeben bzw. objektiv gegebene Tatsachen als nicht gegeben bezeichnet werden.
unvollständig	**Schönke-Schröder** § 264 RdNr. 44: Unvollständig sind (die Angaben), wenn die im Rahmen einer den Anschein der Vollständigkeit erweckenden Erklärung enthaltenen Angaben als solche zwar richtig sind, durch Weglassung wesentlicher Tatsachen aber ein falsches Gesamtbild vermittelt wird.
gemacht	**Schönke-Schröder** § 264 RdNr. 48: Gemacht sind die Angaben, wenn sie im Rahmen eines Subventionsverfahrens – also nicht anläßlich nur vorbereitender Erkundigungen – der zuständigen Behörde usw. zugegangen sind.
vorteilhaft	**Otto** § 61 II 3 a: sind die Angaben, wenn sie die Aussichten des Subventionsempfängers für die Gewährung oder Belassung einer Subvention oder des geltend gemachten Subventionsvorteils gegenüber der wirklichen Lage objektiv verbessern.

	Wessels BT 2 § 16 I RdNr. 655: Vorteilhaft sind Angaben, wenn sie im Zeitpunkt ihres Vorbringens geeignet erscheinen, das Subventionsverfahren günstig zu beeinflussen.
in Unkenntnis lassen (I Ziff. 2)	**Schönke-Schröder** § 264 RdNr. 51: ist das pflichtwidrige Unterlassen (echtes Unterlassungsdelikt) einer entsprechenden Mitteilung an den Subventionsgeber, wobei dieser zur Zeit der Verletzung der Mitteilungspflicht von der fraglichen Tatsache noch keine Kenntnis gehabt haben darf (sonst nicht § 264).
Bescheinigung (I Ziff. 3)	**Schönke-Schröder** § 264 RdNr. 59: Eine Bescheinigung ist jede schriftliche, einen Aussteller erkennenlassende, amtliche oder private Bestätigung von Tatsachen, rechtlichen Eigenschaften oder eines Rechtsverhältnisses, die den Anspruch besonderer Glaubwürdigkeit erhebt.
gebraucht	**Schönke-Schröder** § 264 RdNr. 61: ist die Bescheinigung in einem Subventionsverfahren, wenn sie einer innerhalb des Subventionsverfahrens als Subventionsgeber tätig werdenden Stelle derart zugänglich gemacht wird, daß sie in dem Verfahren berücksichtigt werden kann.
nicht gerechtfertigt (II Ziff. 1)	**Schönke-Schröder** § 264 RdNr. 74: ist die Subvention, wenn sie nach den Vergabevoraussetzungen nicht gewährt werden durfte.
erlangen	**Schönke-Schröder** § 264 RdNr. 74: setzt voraus, daß die tatsächliche Gewährung der Subvention gerade durch eine der in Abs. 1 genannten Handlungen bewirkt wird.
grober Eigennutz	**Schönke-Schröder** § 264 RdNr. 75: Handelt, wer sich bei seinem Verhalten von dem Streben nach eigenem Vorteil in einem besonders anstößigen Maße leiten läßt.
Mißbrauch von Befugnissen	**Schönke-Schröder** § 264 RdNr. 76: liegt vor, wenn der Amtsträger im Rahmen seiner an sich gegebenen Zuständigkeit Handlungen nach Abs. 1 vornimmt.
Mißbrauch seiner Stellung	**Schönke-Schröder** § 264 RdNr. 76: (Darum) handelt es sich, wenn der Amtsträger außerhalb seines eigenen Zuständigkeitsbereiches, aber unter Ausnutzung der ihm durch sein Amt gegebenen Möglichkeiten eine Handlung im Sinne des Abs. 1 begeht.
ohne marktmäßige Gegenleistung (VI Ziff. 1)	**Otto** § 61 II 2 a cc: Das ist dann der Fall, wenn die Leistung nach ihrem objektiven Wert nicht dem entspricht, was nach den konkreten Verhältnissen des betreffenden Marktes üblicherweise für die Leistung aufgewendet werden muß.

§ 264a

Vertrieb	**Schönke-Schröder** § 264a RdNr. 14: jede auf die Veräußerung von Anlagewerten gerichtete Tätigkeit, gleichviel ob diese im eigenen oder fremden Namen geschieht. Auch Werbung.

	Otto § 61 IV 4 a: Vertrieb ist eine auf Absatz einer Vielzahl von Anteilen gerichtete Tätigkeit, die sich an den Markt wendet und zu dessen Täuschung führen kann.
Wertpapiere	**Schönke-Schröder** § 264a RdNr. 5: Urkunden, die ein Recht in der Weise verbriefen, daß es ohne sie nicht geltend gemacht werden kann.
Bezugsrechte	**Schönke-Schröder** § 264a RdNr. 8: weder Anteile, noch Wertpapiere, diesen aber gleichzustellen. Darunter sind u. a. die bei der Finanzierung durch Fremdkapital ausgegebenen Teilschuldverschreibungen gegen Gewährung von Darlehen durch Gläubiger der Aktiengesellschaft zu verstehen.
Anteil	**Otto** § 61 IV 2 a: Als Anteil der eine Beteiligung an dem Ergebnis eines Unternehmens gewähren soll, ist jede Form der Beteiligung an einem Unternehmen zu verstehen, bei der der Anleger entweder selbst einen Gesellschaftsanteil an dem Unternehmen erwirbt oder in eine sonstige – unmittelbare – Rechtsbeziehung zu dem Unternehmen tritt, die ihm eine Beteiligung an dem Ergebnis dieses Unternehmens verschafft.

§ 265

versichert	**Schönke-Schröder** § 265 RdNr. 7 (ähnlich **Wessels** BT 2 § 15 I RdNr. 619): Versichert ist die Sache (Schiff), wenn formell überhaupt ein Versicherungsvertrag abgeschlossen ist (**BGHSt** 8/344).
	Welzel Seite 379 unter Hinweis auf **BGHSt** 8/343: ist die Sache, wenn ein Versicherungsvertrag über sie abgeschlossen ist, gleichgültig, ob dieser gültig ist oder nicht.
	Otto § 61 I 2: ist eine Sache, wenn sie Gegenstand eines formgültig zustande gekommenen Versicherungsvertrages geworden ist, unabhängig davon, ob der Vertrag anfechtbar oder z. B. wegen absichtlicher Überversicherung nichtig ist.
Sache	**Schönke-Schröder** § 265 RdNr. 5: Sachen aller Art, bewegliche und unbewegliche.
in Brand setzen	**Blei** § 62 I, **Schönke-Schröder** § 265 RdNr. 8, **Otto** § 61 I: vgl. unter § 306.
	Wessels BT 2 § 15 I RdNr. 621: In Brand gesetzt ist die feuerversicherte Sache, wenn sie derart vom Feuer ergriffen ist, daß diese auch nach dem Entfernen oder Erlöschen des Zündstoffes selbständig weiterbrennen kann.
Schiff	**Schönke-Schröder** § 265 RdNr. 5: jedes Wasserfahrzeug, unabhängig von seiner Größe.
sinken	**Schönke-Schröder** § 265 RdNr. 9 (ähnlich **Wessels** BT 2 § 15 I RdNr. 622): ausreichend, daß wesentliche Teile des Schiffes unter die Oberfläche des Wassers geraten.

stranden machen	**Schönke-Schröder** § 265 RdNr. 9: Ist die Herbeiführung des Auf-Strand-Geratens unter Verlust der Bewegungsfähigkeit des Schiffes.

§ 265a

Automat	**Schönke-Schröder** § 265a RdNr. 4: an sich jedes technische Gerät, das dadurch, daß mit der Entrichtung des vorgesehenen Entgelts ein Mechanismus oder ein elektronisches Steuerungssystem in Funktion gesetzt wird, selbsttätig bestimmte Gegenstände abgibt ... oder sonstige, nicht in der Hergabe von Sachen bestehende Leistungen erbringt ... Trotz des weitergehenden Gesetzeswortlautes gilt § 265a nach h. M. jedoch nur für Leistungsautomaten, nicht dagegen für Warenautomaten.
Öffentlichen Zwecken (dienen)	**Otto** § 52 II 2: dient das Netz, wenn es ganz oder teilweise im Interesse der Öffentlichkeit betrieben wird. **Schönke-Schröder** § 265a RdNr. 5: Das Fernmeldenetz insgesamt dient dem öffentlichen Interesse, wenn es zur Benutzung für die Allgemeinheit eingerichtet worden ist.
Verkehrsmittel	**Schönke-Schröder** § 265a RdNr. 6: jeder Transport von Personen oder Sachen durch ein öffentliches oder privates Verkehrsmittel, gleichgültig, ob es sich dabei um eine Massenleistung (z. B. Eisenbahn) oder um eine Einzelleistung (z. B. Taxi) handelt.
Beförderung durch ein Verkehrsmittel	**Schönke-Schröder** § 265a RdNr. 6: jeder Transport von Personen oder Sachen durch ein öffentliches oder privates Verkehrsmittel, gleichgültig, ob es sich dabei um eine Massenleistung (z. B. Eisenbahn) oder um eine Einzelleistung (z. B. Taxi) handelt.
Zutritt	**Schönke-Schröder** § 265a RdNr. 7: erfordert die körperliche Anwesenheit.
Einrichtung	**Wessels** BT 2 § 15 II RdNr. 633: Unter den Begriff der Einrichtung fällt jede Sachgesamtheit, die der Befriedigung menschlicher Bedürfnisse dienen soll und der Allgemeinheit oder einem größeren Kreis von Personen zur Verfügung steht.
erschleichen	**Otto** § 52 II 1 b; 3: setzt keine besonderen Vorsichtsmaßnahmen voraus, jede „unbefugte Inanspruchnahme" genügt (1. Alt.). Jedes ordnungswidrige Verhalten, mit dem sich der Täter unberechtigt in den Genuß einer Leistung setzt und dabei Kontrollmaßnahmen umgeht oder sich den Anschein der Ordnungsmäßigkeit gibt (3. Alt.). **Schönke-Schröder** § 265a RdNr. 8: Erschleichen der Leistung usw. ist nicht schon die unbefugte, unentgeltliche Inanspruchnahme, (es) muß vielmehr hinzukommen, daß die unbefugte Inanspruchnahme ohne Wissen des Berechtigten

und unter Umgehung der von diesem gegen eine erlaubte Benutzung geschaffenen Sicherungsvorkehrungen erfolgt.
Welzel Seite 379: erschleichen (nicht: einschleichen) ist jedes hinterlistige Handeln.

§ 265b

Unternehmen und Betrieb

Otto § 61 III 2 b: vgl. unter § 264.
Schönke-Schröder § 265b RdNr. 7: Der Begriff des Betriebs bzw. Unternehmens ist, obwohl er dort eine andere Funktion hat, in derselben umfassenden Weise zu verstehen wie in § 14.
Maurach-Schroeder-Maiwald BT I § 41 RdNr. 149: Unter einem Unternehmen oder Betrieb ist eine solche Organisation zu verstehen, die nach Art und Umfang, einen in kaufmännischer Weise eingerichteten Geschäftsbetrieb erfordert.

(Kreditantrag)

Schönke-Schröder § 265b RdNr. 25: Ein Kreditantrag ist nicht nur der Antrag im Sinne des § 145 BGB, sondern nach der ratio legis auch die auf die Erlangung usw. eines Kredites gerichtete Erklärung, durch die der Kreditgeber seinerseits zu einer für ihn bereits bindenden Erklärung veranlaßt werden soll.

im Zusammenhang mit

Schönke-Schröder § 265b RdNr. 27: Ein Zusammenhang mit dem Antrag setzt einen sachlichen Konnex in der Weise voraus, daß die falschen Unterlagen usw. erkennbar als Grundlage für die Entscheidung über den Kreditantrag dienen sollen.

wirtschaftliche Verhältnisse

Otto § 61 III 3 b aa: Wirtschaftliche Verhältnisse sind Umstände, die für die Sicherheit des Kredits von Belang sein können.

unrichtig

Schönke-Schröder § 265b RdNr. 38: vgl. § 264.

Unterlagen

Schönke-Schröder § 265b RdNr. 34: Man wird den Begriff auf solche verkörperten Erklärungen, Darstellungen usw. einschließlich technischer oder im Wege der Datenverarbeitung erstellter Aufzeichnungen und sonstiger Beweismittel zu beschränken haben, die gegenüber den – schriftlichen oder mündlichen – Angaben eine unterstützende Funktion erfüllen, indem sie diese belegen, verdeutlichen oder ergänzen sollen.

vorlegen

Otto § 61 III 3 b aa: Vorgelegt sind die Unterlagen, wenn sie im Machtbereich des Kreditgebers eingegangen sind.

schriftliche Angaben

Schönke-Schröder § 265b RdNr. 36: Alle sonstigen in einem Schriftstück enthaltenen Aussagen über die wirtschaftlichen Verhältnisse, soweit sie keine Unterlagen im Sinne der Nr. 1a sind.

vorteilhaft

Schönke-Schröder § 265b RdNr. 41 (ebenso **Otto** § 61 III 3 b aa): sind die unrichtigen usw. Unterlagen und Angaben,

erheblich	wenn sie geeignet sind (objektives ex-ante-Urteil), den Kreditantrag zu unterstützen. **Otto** § 61 III 3 b aa: die Kreditgrundlage für den Kreditnehmer positiver erscheinen lassen, als sie in Wirklichkeit ist. **Schönke-Schröder** § 265b RdNr. 42: dann, wenn sie einen Punkt betreffen, der bei Berücksichtigung von Art und Inhalt des Geschäfts und der konkreten Verhältnisse nach objektivem ex-ante-Urteil für die Entscheidung über einen solchen Antrag von Bedeutung sein kann.

§ 266

durch Gesetz	**Schönke-Schröder** § 266 RdNr. 8: Als durch Gesetz eingeräumt sind solche Befugnisse anzusehen, die dem Täter nicht aufgrund eines gerade auf ihre Begründung gerichteten Verleihungsakts, sondern aufgrund gesetzlicher Regelung als Inhaber einer bestimmten Stellung zukommen.
durch behördlichen Auftrag	**Schönke-Schröder** § 266 RdNr. 9: Durch behördlichen Auftrag eingeräumt sind nicht nur die für einen Einzelfall zur Erledigung eines Sonderauftrags enthaltenen Befugnisse, sondern auch diejenigen, deren Ausübung die gewöhnlich dem Täter zugewiesenen Dienstgeschäfte mit sich bringen (**RGSt** 69/336).
durch Rechtsgeschäft	**Schönke-Schröder** § 266 RdNr. 10 (ebenso **Schönke-Schröder** § 266 RdNr. 10): Rechtsgeschäftlich begründete Befugnisse sind die Vertretungsmacht und die Ermächtigung.
Befugnis zu ...	**Schönke-Schröder** § 266 RdNr. 4: Rechtsstellung, die den Täter nach außen in den Stand setzt, Vermögensrechte eines anderen wirksam zu ändern, zu übertragen oder aufzuheben oder ihn mit Verbindlichkeiten zu belasten. **Welzel** Seite 385: die Befugnis mit unmittelbarer Wirkung für einen anderen dessen Recht zu verändern, zu übertragen oder aufzuheben (gleichgültig ob es im eigenen Namen (als Ermächtigung) oder in fremdem Namen (als Vertreter) erfolgt. Die Verpflichtungsbefugnis ist die Vertretungsmacht i. S. des § 164 BGB.
fremdes Vermögen	**Schönke-Schröder** § 266 RdNR. 6: Ob die Befugnis sich auf fremdes Vermögen bezieht, ist nach materiellem Recht, nicht nach wirtschaftlichen Gesichtspunkten zu beurteilen (**BGHSt** 1/87).
verfügen	**Schönke-Schröder** § 266 RdNr. 15: Verfügung ist die Änderung, Übertragung oder Aufhebung eines Vermögensrechts, wie z. B. die Belastung mit einem Pfandrecht, Übereignung, der Erlaß einer Forderung.
verpflichten	**Schönke-Schröder** § 266 RdNr. 15: ist die Begründung einer Verbindlichkeit z. B. durch Anerkenntnis von Schulden oder Übernahme einer Bürgschaft.

Verfügungs-macht	**Welzel** Seite 385: a) kraft Gesetzes: §§ 1628 Abs. 2, 1357 BGB; b) kraft behördlichen Auftrags: §§ 1793, 1909, 1685 ff., der Nachlaß- und Konkursverwalter, der Gerichtsvollzieher, überhaupt der Beamten nicht nur in fiskalischer, sondern auch in hoheitlicher Tätigkeit; c) kraft Rechtsgeschäftes: §§ 167, 182 ff. BGH, der vertretungsberechtigten Organe juristischer Personen und Handelsgesellschaften u. a. m.
mißbrauchen	**Otto** § 54 II 1 a (ähnlich **Wessels** BT 2 § 18 II RdNr. 703): der Täter überschreitet mißbräuchlich das rechtliche Dürfen im Rahmen des rechtlichen Könnens. **Maurach-Schroeder-Maiwald** BT I § 45 RdNr. 19: Mißbrauch liegt vor, wenn die Handlung vorgenommen werden konnte, aber nicht vorgenommen werden durfte (Schwinge-Siebert). **Blei** § 65 III, ebenso **Welzel** Seite 384: Überschreiten des rechtlichen Dürfens im Rahmen des rechtlichen Könnens (Schwinge-Siebert). **Schönke-Schröder** § 266 RdNr. 18: jede im Verhältnis zum Geschäftsherrn bestimmungswidrige Ausübung der Befugnis.
verletzen	**Maurach-Schroeder-Maiwald** BT I § 45 RdNr. 35 (ähnlich **Schönke-Schröder** § 266 RdNr. 35): Zur Begründung einer „Verletzung" der Treupflicht genügt jedes schädigende Verhalten des Täters, mag es in einem Tun oder Unterlassen bestehen, sich als Rechtshandlung oder als Einwirkung tatsächlicher Art äußern.
Nachteil	**Blei** § 65 V (ähnlich **Schönke-Schröder** § 266 RdNr. 39): Unter Nachteil ist nur ein Vermögensnachteil zu verstehen (Nachteil ist gleichbedeutend mit „Vermögensschaden" in § 263).

§ 266b

Zahlung	**Schönke-Schröder** § 266b RdNr. 8 (ebenso **Otto** § 54 III 3): i. d. Zusammenhang nicht nur die Hingabe von Bargeld, sondern auch die Geldleistung im Verrechnungsweg.
schädigt	**Schönke-Schroder** § 266b RdNr. 10. Gemeint ist – ebenso wie in §§ 263, 266 – nur die Bewirkung eines Vermögensschadens.

§ 267

Urkunde	**Maurach-Schroeder-Maiwald** BT II, § 65 RdNr. 14: ein Schriftstück, das eine rechtserhebliche und zum Beweis bestimmte Erklärung eines bestimmten Ausstellers verkörpert. **Blei** § 80 I: Unter Urkunde verstehen wir eine verkörperte Erklärung rechtlichen Inhalts. **Otto** § 70 I 1 d: Eine Urkunde ist ein Schriftstück, das eine rechtserhebliche Gedankenerklärung eines bestimmten Ausstellers verkörpert.

Schönke-Schröder § 267 RdNr. 2 (ebenso **Wessels** BT 1 § 18 I RdNr. 768): Urkunden i. S. des Strafrechts sind verkörperte Erklärungen, die ihrem gedanklichen Inhalt nach geeignet und bestimmt sind, für ein Rechtsverhältnis Beweis zu erbringen, und die ihren Aussteller erkennen lassen (so im wesentlichen die Rspr.).

Welzel Seite 403: ist die Verkörperung einer aus sich selbst heraus verständlichen Erklärung, die geeignet und bestimmt, etwas Rechtserhebliches zu beweisen, und die den Aussteller angibt. Urkunde ist ein Schriftstück, evtl. in Verbindung mit bildlichen Darstellungen.

(Gesamt-urkunde)

Otto § 70 I 2 a: wenn mehrere einzelne Urkunden oder Schriftstücke zu einem einheitlichen Ganzen (Bogen, Buch, Akteneinheit) derart vereinigt werden, daß eine neue rechtserhebliche Erklärung entsteht, deren Inhalt (Aussage) über den der Einzelteile hinausgeht.

Schönke-Schröder § 267 RdNR. 30 (ähnlich **Wessels** BT 1 § 18 I RdNR. 791): liegt vor, wenn mehrere Einzelurkunden so zu einem sinnvoll geordneten Ganzen zusammengefaßt sind, daß gerade diese Zusammenfassung einen über den gedanklichen Inhalt der Einzelteile hinausgehenden eigenen Erklärungs- und Beweisinhalt hat.

Welzel Seite 413 unter Hinweis auf **RGSt** 60/19: ist die Urkunde mit mehreren Einzelerklärungen oder die feste Vereinigung mehrerer Schriftstücke zu einem Ganzen, die dazu bestimmt ist, über einen Kreis von Rechtsgeschäften erschöpfend Auskunft zu geben.

unecht

Maurach-Schroeder-Maiwald BT II § 65 RdNr. 46: Die Urkunde ist unecht, wenn der als Aussteller Angegebene nicht echter Aussteller ist.

Blei § 80 III (ähnlich **Wessels** BT 1 § III RdNr. 797): Eine Urkunde ist „echt", wenn die in ihr enthaltene Erklärung von derjenigen Person (als „Aussteller" der Urkunde) herrührt, von der sie ihrer Ausstellerangabe nach stammt, „unecht" dagegen, wenn dies nicht der Fall ist.

Otto § 70 I 3: ist eine Urkunde dann, wenn sie nicht von dem herrührt, der aus ihr als Aussteller hervorgeht. Auf die inhaltliche Wahrheit oder Unwahrheit der Erklärung kommt es nicht an.

Schönke-Schröder § 267 RdNr. 48: Eine Urkunde ist unecht, wenn sie nicht von dem stammt, der in ihr als Aussteller bezeichnet ist. Entscheidend ist also, daß die Urkunde über die Identität des Ausstellers täuscht. Der rechtsgeschäftliche Verkehr wird auf einen Aussteller hingewiesen, der in Wahrheit nicht hinter der urkundlichen Erklärung steht. Dagegen kommt es auf die Richtigkeit des Erklärten nicht an.

Welzel Seite 408: Der aus ihr ersichtliche Aussteller ist nicht der wirkliche.

herstellen	**Otto** § 70 I 4 a: Eine unechte Urkunde stellt her, wer den Anschein erweckt, daß die von einer anderen Person als dem wirklichen Aussteller herrührt.
echt	**Maurach-Schroeder-Maiwald** BT II § 65 RdNr. 46 (ähnlich **Wessels** BT 1 § 18 III RdNr. 797): Eine Urkunde ist echt, wenn sie von dem herrührt, den sie als Aussteller ausweist oder wenigstens erkennbar werden läßt.
verfälschen	**Blei** § 80 III: Hier wird eine „echte" Urkunde, die von derjenigen Person herrührt, von der sie herzurühren vorgibt, durch Änderung ihres Inhalts so verändert, daß der neue Erklärungsinhalt sich nicht mehr mit dem Ursprünglichen des Ausstellers deckt, d. h. vom Fälscher „herrührt". **Otto** § 70 I 4 b: Verfälscht ist eine Urkunde, wenn sie durch eine unbefugte, nachträgliche Änderung etwas anderes aussagt, als der Aussteller erklärt hat. **Schönke-Schröder** § 267 RdNr. 64: Als Verfälschung ist jede nachträgliche Veränderung des gedanklichen Inhalts einer echten Urkunde anzusehen, durch die der Anschein erweckt wird, als habe der Aussteller die Erklärung in der Form abgegeben, die sie durch die Verfälschung erlangt hat. **Welzel** Seite 410: ist die Veränderung (nicht die bloße Beseitigung) des ursprünglichen beweiserhebenden Inhalts, durch die der Anschein erweckt wird, als habe der Austeller die Erklärung von Anfang an so abgegeben, wie sie jetzt vorliegt. **Wessels** BT 1 § 18 IV RdNr. 816: Verfälschen ist jede unbefugte, nachträgliche Veränderung der Beweisrichtung und des gedanklichen Inhalts der Urkunde, so daß diese nach dem Eingriff etwas anderes zum Ausdruck bringt als vorher. Es muß der Anschein erweckt werden, daß die Urkunde von vornherein den ihr nachträglich beigelegten Inhalt gehabt und daß der Aussteller die urkundliche Erklärung von Anfang an in der jetzt vorliegenden Form abgegeben habe.
gebrauchen	**Otto** § 70 I 4 c: Gebraucht ist die unechte oder verfälschte Urkunde, wenn sie der Wahrnehmung des zu Täuschenden so zugänglich gemacht ist, daß die Möglichkeit der Kenntnisnahme ohne weiteres besteht. **Schönke-Schröder** § 267 RdNr. 73: Eine unechte oder verfälschte Urkunde ist gebraucht, wenn sie dem zu Täuschenden zugänglich gemacht und diesem damit die Möglichkeit der Kenntnisnahme gegeben ist. **Wessels** BT 1 § 18 V RdNr. 826: Gebraucht ist eine Urkunde, wenn sie selbst und nicht nur ihre unrichtige Abschrift oder Ablichtung dem zu Täuschenden in der Weise zugänglich gemacht wird, daß er die Möglichkeit zur Kenntnisnahme hat.

§ 268

unecht | **Otto** § 74 I 2 (ähnlich **Wessels** BT 1 § 18 VI RdNr. 847): ist die Aufzeichnung, wenn sie überhaupt nicht oder nicht in ihrer konkreten Gestalt aus einem in seinem automatischen Ablauf unberührten Herstellungsvorgang stammt, obwohl sie diesen Eindruck macht.
Schönke-Schröder § 268 RdNr. 33: Unecht ist eine technische Aufzeichnung, wenn sie, so wie sie vorliegt, überhaupt nicht das Ergebnis eines selbsttätigen und unbeeinflußten Herstellungsvorgangs ist.

technische Aufzeichnung | **Schönke-Schröder** § 268 RdNr. 6 (ähnlich **Wessels** BT 1 § 18 VI RdNr. 839): Diese Definition lehnt sich äußerlich an die der Urkunde an (vgl. § 267), inhaltlich weicht sie vor allem dadurch ab, daß die technische Aufzeichnung weder eine Gedankenerklärung verkörpert noch auf einen Aussteller hinweisen muß. RdNr. 9: Die Darstellung muß, um „Aufzeichnung" zu sein, eine gewisse Dauerhaftigkeit aufweisen, also das Aufgezeigte „perpetuieren".
Otto § 74 II: Technische Aufzeichnung ist die dauerhafte, automatische Registrierung eines Zustandes oder Geschehensablaufs.

Herstellung einer ... Aufzeichnung | **Schönke-Schröder** § 268 RdNr. 38: Das Herstellen einer unechten besteht in der Nachahmung einer echten technischen Aufzeichnung.
Welzel Seite 415: eine Aufzeichnung fertigen mit dem Anschein, als rühre sie aus der selbsttätigen Arbeitsweise eines technischen Gerätes her.
Otto § 74 III 1: das Anfertigen einer unechten technischen Aufzeichnung.

Verfälschung | **Otto** § 74 III 1: die inhaltliche Veränderung einer bisher echten technischen Aufzeichnung.
Schönke-Schröder § 268 RdNr. 40: Veränderung in solcher Weise, daß sie zur unechten technischen Aufzeichnung wird.
Welzel Seite 415: Der Täter verändert sie (die technische Aufzeichnung) in beweiserheblicher Weise und erweckt dabei den Eindruck, als trüge sie in verändertem Zustand die Gestalt, in der sie nach ordnungsgemäßem Herstellungsvorgang das technische Gerät verlassen hat.

gebrauchen | **Otto** § 74 III 1: Gebraucht ist die Aufzeichnung, wenn sie dem zu Täuschenden zugänglich gemacht worden ist.

technische Aufzeichnung | **Otto** § 74 II: Technische Aufzeichnung ist die dauerhafte automatische Registrierung eines Zustandes oder Geschehensablaufes.

Darstellung (Abs. 2) | **Otto** § 74 II 1 (ebenso **Wessels** BT 1 § 18 VI RdNr. 839): Als Darstellung ist eine Aufzeichnung anzusehen, bei der die Information in einem selbständig verkörperten, vom Gerät abtrennbaren Stück enthalten ist (**BGSt** 29/205).

Daten	**Schönke-Schröder** § 268 RdNr. 8: jegliche Fixierung von Daten usw., gleichviel, in welcher Art und Weise sie erfolgt.
	Schönke-Schröder § 268 RdNr. 11 unter Hinweis auf BTDrs. V/4094 Seite 37: in erster Linie „speicherbare Informationen aller Art, die einer weiteren Verarbeitung in einer Datenverarbeitungsanlage unterliegen". Diese Definition erfaßt allerdings nur den Bereich elektronischer Datenverarbeiter: darüber hinaus müssen entsprechend dem allgemeinen Sprachgebrauch, auch solche Informationen als „Daten" angesehen werden, die einer weiteren Verarbeitung nicht mehr bedürfen.
Meßwerte	**Schönke-Schröder** § 268 RdNr. 12: sind Meßergebnisse (End- und Zwischenergebnisse) von Objekten jeglicher Art nach Maßstäben jeglicher Art.
Rechenwerte	**Schönke-Schröder** § 268 RdNr. 12a unter Hinweis auf BTDrs V/4094 Seite 37: sind sämtliche Positionen (nicht nur End- und Zwischenergebnisse) von Berechnungen aller Art, gleichviel, ob es sich um sachbezogene oder abstrakte Rechenoperationen handelt.
Zustände	**Schönke-Schröder** § 268 RdNr. 12b: i. S. des § 268 Abs. 2 sind reale Gegebenheiten jeglicher Art.
Geschehens-ablauf	**Schönke-Schröder** § 268 RdNr. 12c: Der Begriff bezeichnet die Entwicklung, die ein „Zustand" im Ablauf einer bestimmten Zeitspanne nimmt. Dem Darstellungsmittel der Photographie beim Zustand entspricht also beim Geschehensablauf die Filmaufnahme.
selbsttätig	**Otto** § 74 II 2 a: bewirkt das Gerät die Aufzeichnung, wenn seine Leistung darin besteht, durch einen in Konstruktion oder Programmierung festgelegten automatischen Vorgang einen Aufzeichnungsinhalt mit neuem Informationsgehalt hervorzubringen.
teilweise Selbst-tätigkeit	**Schönke-Schröder** § 268 RdNr. 16: Ist nur zu bejahen, wenn die den konkreten Aufzeichnungsvorgang steuernden menschlichen Eingriffe von der Maschine in erheblicher Weise umgewandelt oder verarbeitet werden.
störend (Einwirkung) (Abs. 3)	**Otto** § 74 III 2: ist nur ein Eingriff, der auf ein unrichtiges Ergebnis abzielt.
	Schönke-Schröder § 268 RdNr. 51: Der Eingriff muß die korrekte Funktion des Gerätes beeinträchtigen, d. h. zu inhaltlicher Unrichtigkeit der Aufzeichnung führen.

§ 269

zur Täuschung im Rechtsverkehr	**Schönke-Schröder** § 269 RdNr. 22: Dies ist nach der Regelung § 270 bereits dann der Fall, wenn der Täter lediglich die fälschliche Beeinflussung einer Datenverarbeitung im Rechtsverkehr bewirken will.

speichern	**Schönke-Schröder** § 269 RdNr. 16: Wenn (Daten) über die Konsolmaschine oder in andere Weise, z. B. durch Übertragung von einem anderen Computer in eine EDV-Anlage eingegeben werden.
verändern	**Schönke-Schröder** § 269 RdNr. 17 (ähnlich **Otto** § 70 II 2): wenn deren Bestand so geändert wird, daß bei ihrer visuellen Darstellung ein anderes Ergebnis als das vom Betreiber der Anlage durch die Festlegung des Programms gewollte, erreicht wird.
gebraucht	**Schönke-Schröder** § 269 RdNr. 21 (ähnlich **Otto** § 70 II 2): wenn sie einem anderen zugänglich gemacht werden (§ 267 RdNr. 73 ff.).

§ 271

bewirken	**Blei** § 81 III (ebenso **Schönke-Schröder** § 271 RdNr. 25): Darunter ist jede Verursachung der unwahren Beurkundung oder Speicherung zu verstehen. **Otto** § 71 II 2: jedes Verursachen einer unwahren Beurkundung oder Speicherung, das nicht als Anstiftung oder mittelbare Täterschaft zur Falschbeurkundung im Amt, § 348, erfaßbar ist. **Wessels** BT 1 § 19 II RdNr. 888: Bewirken meint, daß ein Amtsträger (zumeist gutgläubig) etwas inhaltlich Unwahres zu öffentlichen Glauben beurkundet oder in Dateien speichert, ohne daß eine strafbare Teilnahme an einer Falschbeurkundung im Amt (§ 348) vorliegt.
Erklärung	**Schönke-Schröder** § 271 RdNr. 17: Äußerungen, die von dem beurkundenden Beamten nicht abgegeben, sondern entgegengenommen werden.
(rechtserheblich)	**Schönke-Schröder** § 271 RdNr. 18: ist die Erklärung usw. dann, wenn sie allein in Verbindung mit anderen Tatsachen für die Entstehung, Erhaltung, Veränderung eines öffentlichen oder privaten Rechts oder Rechtsverhältnisses von unmittelbarer oder mittelbarer Bedeutung ist.
öffentliche Urkunde	**Maurach-Schroeder-Maiwald** BT II § 66 RdNr. 5: Öffentlich sind nach der aus § 415 ZPO abgeleiteten Begriffsbestimmung solche Urkunden, die von einer öffentlichen Behörde oder von einer mit öffentlichem Glauben versehenen Person innerhalb deren Zuständigkeit formgerecht aufgenommen sind und die Aufgabe haben, Beweis für und gegen jedermann zu erbringen. **Schönke-Schröder** § 271 RdNr. 4, 5 (ebenso **Wessels** BT 1 § 19 II RdNr. 879): ist eine Urkunde, die von einer öffentlichen Behörde oder einer mit öffentlichem Glauben versehenen Person innerhalb ihrer Zuständigkeit in der vorgeschriebenen Form aufgenommen wird (vgl. § 415 ZPO)!

öffentliche Behörden	**Schönke-Schröder** § 271 RdNr. 5: Öffentliche Behörden i. S. des § 415 ZPO sind alle Bundes-, Landes- und Gemeindebehörden sowie die Dienststellen von Körperschaften des öffentlichen Rechts.
öffentliche Bücher und Register	**Schönke-Schröder** § 271 RdNr. 14: sind solche, die öffentlichen Glauben haben, die Beweis für und gegen jedermann begründen.
beurkunden	**Schönke-Schröder** § 271 RdNr. 19: Eine Erklärung usw. ist im Sinne dieser Vorschrift beurkundet, wenn ihre inhaltliche Richtigkeit in der vorgeschriebenen Form in einer Weise festgestellt ist, die dazu bestimmt ist, Beweis für und gegen jedermann zu begründen **(RGSt** 72/378). **Wessels** BT 1 § 19 II RdNr. 884: Beurkundet sind lediglich diejenigen Erklärungen, Vorgänge und Tatsachen, auf die sich die Beweiskraft der jeweiligen öffentlichen Urkunden erstreckt.

§ 272

Schaden	**Otto** § 71 II 5 c: es muß sich zumindest um einen erheblichen Nachteil im Sinne einer bedeutsamen Rechtsgutverletzung handeln, so daß bloßer Spott nicht genügt (so aber die h. M.).

§ 273

Gebrauch machen	**Schönke-Schröder** § 273 RdNr. 2: vgl. unter § 267.

§ 274

Urkunde (Ziff. 1)	**Otto** § 72 I 1 a: vgl. unter § 267. **Schönke-Schröder** § 274 RdNr. 4: vgl. unter § 267.
technische Aufzeichnung	**Schönke-Schröder** § 274 RdNr. 4: vgl. unter § 268. **Otto** § 72 I 1 b: vgl. unter § 268.
gehören	**Otto** § 72 I 1 b: Die Urkunde gehört dem Täter dann nicht, wenn ein anderer berechtigt ist, die Urkunde als Beweismittel zu gebrauchen. Dies ist dann der Fall, wenn der andere bereits Verfügungsbefugnis erlangt, ein Recht auf Herausgabe der oder auf Einsichtnahme in die Urkunde hat. **Schönke-Schröder** § 274 RdNr. 5 (ebenso **Wessels** BT 1 § 19 I RdNr. 864): „gehören" bezeichnet hier nicht die dinglichen eigentumsverhältnisse, sondern das Recht, mit der Urkunde oder der technischen Aufzeichnung im Rechtsverkehr Beweis zu erbringen.
Nachteil	**Schönke-Schröder** § 274 RdNr. 16: jede Beeinträchtigung fremder Rechte.
vernichten	**Blei** § 82 I: Vernichtet ist eine Urkunde, wenn sie als Urkunde nicht mehr vorhanden ist: Erforderlich ist also nicht die Vernichtung der Substanz. **Otto** § 72 I 1 c: vgl. unter § 303.

	Schönke-Schröder § 274 RdNr. 7: Vernichtet ist die Urkunde (Aufzeichnung), wenn ihr gedanklicher Inhalt (Darstellungsinhalt) überhaupt nicht mehr zu erkennen ist, wenn sie aufgehört hat, als Beweismittel zu bestehen. **Wessels** BT 1 § 19 I RdNr. 867: Vernichten bedeutet die völlige Beseitigung der beweiserheblichen Substanz, wie etwa durch Zerstörung, unleserlich machen oder Trennung einer zusammengesetzten Urkunde.
beschädigen	**Blei** § 82 I: wird eine Urkunde nur, wenn dadurch ihre Tauglichkeit für den Urkundenbeweis beeinträchtigt wird. **Otto** § 72 I 1 c: vgl. unter § 303. **Schönke-Schröder** § 274 RdNr. 8 (ähnlich **Welzel** Seite 416): Beschädigt ist die Urkunde oder Aufzeichnung, wenn sie derart verändert wird, daß sie in ihrem Wert als Beweismittel beeinträchtigt ist.
unterdrücken	**Blei** § 82 I: wird eine Urkunde durch alle Handlungen, mit welchen sie dem Berechtigten als Instrument des Urkundenbeweises entzogen oder rechtswidrig vorenthalten wird. **Otto** § 72 I 1 d: jede Verhinderung der Benutzung der Urkunde als Beweismittel durch den Berechtigten, und sei sie auch nur vorübergehend. **Schönke-Schröder** § 274 RdNr. 9: Als Unterdrückung ist jede Handlung anzusehen, durch die dem Berechtigten die Benutzung der Urkunde als Beweismittel **(RGSt 39/407)** entzogen oder vorenthalten wird. **Wessels** BT 1 § 19 I RdNr. 869: Unterdrücken liegt bei jeder ohne Zueignungsabsicht erfolgenden Handlung vor, durch die dem Beweisführungsberechtigten die Benutzung des Beweismittels dauernd oder zeitweilig entzogen oder vorenthalten wird.
Grenzzeichen (Ziff. 2)	**Welzel** Seite 419: dient zur Abgrenzung des Eigentums oder sonstiger (nicht nur dinglicher) Rechte am Grundstück. **Schönke-Schröder** § 274 RdNr. 25: Grenzsteine sind nicht nur dann geschützt, wenn sie sich auf bürgerlich-rechtliche Verhältnisse oder Berechtigung beziehen, sondern auch dann, wenn sie öffentlich-rechtliche Gewaltverhältnisse am Grund und Boden kennzeichnen. **(RGSt 48/252)**.
Wasserstandzeichen	**Schönke-Schröder** § 274 RdNr. 28: Merkmale, die zur Regelung der Nutzungsrechte am Wasser bestimmt sind (Binding, LB II Seite 348).
ein anderes, zur Bezeichnung einer Grenze bestimmtes Merkmal	**Schönke-Schröder** § 274 RdNr. 26: ist ein Gegenstand, der geeignet und bestimmt ist, zur Beurkundung der Grenze zu dienen. Die Bestimmung als Grenzzeichen kann dem Gegenstand durch eine zuständige Behörde, durch Vereinbarung der Berechtigten, zwischen denen die Grenze gezogen ist, oder durch Herkommen gegeben sein.

(Grenz- verrückung)	**Welzel** Seite 419: ist die in Benachteiligungsabsicht vorgenommene Fälschung oder Unterdrückung von Grenz- oder Wasserstandszeichen.

§ 275

amtlicher Ausweis	**Preisendanz** Anm. 2 zu § 275: ist jeder von einer amtlichen Stelle im Rahmen ihrer Zuständigkeit ausgestellte Identitätsnachweis. **Schönke-Schröder** § 275 RdNr. 5: vgl. unter § 281.

§ 277

Gesundheits- zeugnisse	**Maurach-Schroeder-Maiwald** BT II § 66 RdNr. 22: Berichte über den Gesundheitszustand einer Person („Befund") einschließlich Vorgeschichte und Prognose. **Schönke-Schröder** § 277 RdNr. 2: nicht nur Zeugnisse über den gegenwärtigen Gesundheitszustand eines Menschen, sondern auch solche über früher durchgemachte Krankheiten und die von ihnen zurückgelassenen Spuren, weiter auch Zeugnisse über die Aussichten, von gewissen Krankheiten befallen oder von ihnen verschont zu werden (letzteres Binding LB II Seite 273). **Otto** § 70 IV 1 a: Erklärungen über den (jetzigen, früheren oder künftigen) Gesundheitszustand einer Person.

§ 278

Gesundheits- zeugnis	**Blei** § 81 IV: solche, die über den gegenwärtigen oder früheren Gesundheitszustand eines lebenden Menschen Auskunft geben. **Schönke-Schröder** § 278 RdNr. 2: vgl. unter § 277.
unrichtiges Gesundheits- zeugnis	**Blei** § 81 IV: Unrichtig ist ein Gesundheitszeugnis nicht nur, wenn es mit dem wirklichen Gesundheitszustand nicht übereinstimmt, sondern auch bei richtigem Endergebnis, wenn dieses auf falschen Einzeldiagnosen **(BGHSt** 10/157) beruht: ferner auch, wenn der Arzt einen Befund ohne eigene Untersuchung bescheinigt (st. Rspr. z. B. **BGHSt** 6/90). **Otto** § 71 VI 1 a. Ein unrichtiges Zeugnis ist ein Zeugnis, das einen unrichtigen Befund enthält. Unrichtig ist der Befund, der nicht das zutreffende Ergebnis einer pflichtgemäßen Untersuchung (Unterrichtung) wiedergibt.

§ 281

Ausweispapier	**Otto** § 73 2 a: ein von einer hoheitlichen Stelle ausgestelltes Papier, das dem Nachweis der Identität oder der persönlichen Verhältnisse einer Person dient. **Schönke-Schröder** § 281 RdNr. 3: sind Papiere, die dem Nachweis der Identität oder der persönlichen Verhältnisse dienen sollen und von einer hoheitlichen Stelle ausgestellt sind.

	Welzel Seite 419: sind amtliche Urkunden über die Identität oder die persönlichen Verhältnisse.
gebrauchen	**Otto** § 73 2 c aa: Gebraucht ist das Papier, wenn es der Wahrnehmung des zu Täuschenden zugänglich gemacht ist **Schönke-Schröder** § 281 RdNr. 5: Erforderlich ist, daß die Urkunde als Ausweispapier gebraucht wird; es wird nicht vorausgesetzt, daß sie gemäß ihrer Beweisbestimmung verwendet wird.
überlassen	**Schönke-Schröder** § 281 RdNr. 6: Erforderlich ist die Übertragung der Verfügungsgewalt derart, daß der Empfänger in die Lage versetzt wird, das Ausweispapier zu gebrauchen, wobei nicht verlangt wird, daß es für den Überlassender ausgestellt ist.

§ 283

Überschuldung	**Schönke-Schröder** § 283 RdNr. 51 (ebenso **Wessels** BT 2 § 12 III RdNr. 441): liegt vor, wenn die Passiva die Aktiva übersteigen, das Vermögen mithin die Schulden nicht deckt. **Otto** § 61 VI 1 a aa: Überschuldung liegt dann vor, wenn das Vermögen des Schuldners seine Verbindlichkeiten nicht mehr deckt, d. h. wenn die Passiva gegenüber der Aktiva überwiegen.
zahlungsunfähig	**Otto** § 61 VI 1 a bb: Zahlungsunfähigkeit wird definiert als das nach außen in Erscheinung tretende, auf dem Mangel an Zahlungsmitteln beruhende, voraussichtlich dauernde Unvermögen des Täters, seine fälligen Geldschulden im wesentlichen zu erfüllen. **Schönke-Schröder** § 283 RdNr. 52 (ähnlich **Wessels** BT 2 § 12 III RdNr. 442): ist, wer mangels der erforderlichen Mittel andauernd außerstande ist, eine fällige Geldschuld zu begleichen.
Zahlungsunfähigkeit droht	**Schönke-Schröder** § 283 RdNR. 53 (ebenso **Wessels** BT 2 § 12 III RdNr. 442): wenn die konkrete Gefahr ihres Eintritts besteht, ihr alsbaldiger Eintritt somit nach den Umständen des Einzelfalles wahrscheinlich ist. **Otto** § 61 VI 1 a cc: Zahlungsunfähigkeit droht, wenn nach den Umständen des Einzelfalles die Wahrscheinlichkeit ihres nahen Eintritts besteht.
Vermögensbestandteile	**Schönke-Schröder** § 283 RdNr. 3: sind vor allem die Vermögensgegenstände des Täters, die der Zwangsvollstreckung unterliegen (vgl. § 1 KO), auch unbewegliche und stark belastete.
beiseiteschaffen (Ziff. 1)	**Otto** § 61 VI 1 c aa: Das Verbringen von Vermögensbestandteilen in eine tatsächliche oder rechtliche Lage, in der den Gläubigern der Zugriff unmöglich gemacht oder wesentlich erschwert wird, ohne daß dies im Rahmen der ordnungsgemäßen Wirtschaft liegt.

	Schönke-Schröder § 283 RdNr. 4 (ebenso **Wessels** BT 2 § 12 III RdNr. 449): ist jede Handlung, die einen Vermögensbestandteil durch räumliches Verschieben oder durch Veränderung der rechtlichen Lage dem Zugriff der Gläubiger entzieht **RGSt** 64/140) oder diesen Zugriff erheblich erschwert (**RGSt** 66/131). Es umfaßt die rechtlichen und die tatsächlichen Verfügungen (**BGH BB** 1957/274).
verheimlichen	**Otto** § 61 VI 1 c aa: ist das Verschleiern der Massezugehörigkeit. **Schönke-Schröder** § 283 RdNr. 5 (ebenso **Wessels** BT 2 § 12 III RdNr. 451): jedes Verhalten (Handeln oder pflichtwidriges Unterlassen), durch das ein Vermögensbestandteil oder dessen Zugehörigkeit zur Konkursmasse der Kenntnis der Gläubiger oder des Konkursverwalters entzogen wird (**RGSt** 67/365).
zerstören und beschädigen	**Otto** § 61 VI 1 c aa: vgl. unter § 303.
unbrauchbar machen	**Otto** § 61 VI 1 c aa: die Funktionsstörung oder -vernichtung ohne Substanzänderung. **Schönke-Schröder** § 283 RdNr. 6: Unbrauchbar gemacht ist ein Vermögensbestandteil, wenn seine Eignung für den bestimmungsgemäßen Zweck beseitigt wird.
Verlustgeschäft (I Ziff. 2)	**Schönke-Schröder** § 283 RdNr. 9: liegt nur vor, wenn es von vornherein auf eine Vermögensminderung angelegt ist und zu einer Vermögenseinbuße führt, das Geschäft also schon nach der Vorauskalkulation bei Gegenüberstellung der Einnahmen und Ausgaben einen Vermögensverlust bewirkt. Geschichte, die erst im nachhinein einen Verlust bringen, scheiden aus.
Spekulationsgeschäfte	**Schönke-Schröder** § 283 RdNr. 10: sind Geschäfte mit einem besonders großen Risiko, die in der Hoffnung, einen größeren Gewinn als den sonst üblichen zu erzielen und um den Preis, möglicherweise einen größeren Verlust zu erleiden, eingegangen werden.
Differenzgeschäfte	**Schönke-Schröder** § 283 RdNr. 11: sind Geschäfte im Sinne des § 764 BGB. **Otto** § 61 VI 1 c aa: Geschäfte, bei denen es dem Täter um die Differenz zwischen dem An- und Verkaufspreis geht, nicht aber um den Erwerb der Ware (z. B. Warenterminoptionsgeschäfte).
Verbrauch übermäßiger Beträge	**Schönke-Schröder** § 283 RdNr. 14: Die verbrauchten Beträge sind übermäßig, wenn sie die durch die wirtschaftliche Lage des Täters gesteckten Grenzen übersteigen und zu dessen Vermögen in keinem angemessenen Verhältnis stehen (**RGSt** 73/230).
verbrauchen	**Schönke-Schröder** § 283 RdNr. 15: Verbrauchen ist im Sinne von ausgeben zu verstehen.

schuldig werden	**Schönke-Schröder** § 283 RdNr. 15: bedeutet die Belastung des Vermögens mit Verbindlichkeiten.
unwirtschaftliche Ausgaben	**Schönke-Schröder** § 283 RdNr. 17: Ausgaben sind unwirtschaftlich, wenn sie das Maß des Notwendigen und Üblichen überschreiten und zum Gesamtvermögen und -einkommen des Täters in keinem angemessenen Verhältnis stehen **(RGSt 73/229)**. **Otto** § 61 VI 1 c aa: Ausgaben des Schuldners, die zu seinem Gesamtvermögen in keinem angemessenen Verhältnis stehen.
beschaffen (I Ziff. 3)	**Schönke-Schröder** § 283 RdNr. 20: bedeutet rechtsgeschäftlichen Erwerb: er liegt erst bei Besitzübernahme vor, nicht schon bei Vertragsschluß **(RGSt 72/190)**.
veräußern	**Schönke-Schröder** § 283 RdNr. 21: jede Handlung, durch die der Täter sein Recht an diesen Gegenständen aufgibt, gleichgültig, ob ein entgeltliches oder unentgeltliches Geschäft vorliegt **(RGSt 48/218)**.
vortäuschen (I Ziff. 4)	**Schönke-Schröder** § 283 RdNr. 25: Rechte anderer werden vorgetäuscht, wenn der Täter sich gegenüber einem Dritten auf ein nicht bestehendes Recht eines anderen beruft.
erdichtete Rechte anerkennen	**Schönke-Schröder** § 283 RdNr. 26: Erdichtete Rechte werden anerkannt, wenn der Schuldner durch eine in irgendeiner Form abgegebene Erklärung kundtut, daß sie ihm gegenüber bestehen. Weitere Voraussetzung ist, daß er mit dem angeblichen Gläubiger zusammenarbeitet.
Übersicht über den Vermögensstand erschweren (I Ziff. 6)	**Schönke-Schröder** § 283 RdNr. 36: das ist der Fall, wenn ein Sachverständiger keinen Überblick oder diesen nur unter großen Schwierigkeiten und mit besonderer Mühe und einem erheblichen Zeitaufwand gewinnen kann **(RGSt 47/312)**.
verheimlichen	**Schönke-Schröder** § 283 RdNr. 40: die Verhinderung der Einsichtnahme.
zerstören	**Schönke-Schröder** § 283 RdNr. 40: vgl. § 303.
Aufstellung einer Bilanz (I Ziff. 7)	**Schönke-Schröder** § 283 RdNr. 44: Unter Aufstellung einer Bilanz ist die Anfertigung der Gegenüberstellung der Aktiva und Passiva zu verstehen (§§ 242, 247 HGB); auf die Feststellung der Bilanz (§§ 172, 173 AktG, § 46 Nr. 1 GmbHG) kommt es nicht an. Es muß eine gesetzliche Pflicht zur Bilanzaufstellung bestehen, da ein Verhalten entgegen dem Handelsrecht vorausgesetzt wird.
Zahlungseinstellung (Abs. VI)	**Schönke-Schröder** § 283 RdNr. 60: liegt vor, wenn der Täter aufhört, seine fälligen Geldschulden wegen des tatsächlich oder angeblich **(RGSt 3/294)** dauernden Mangels an Mitteln zu begleichen. **Otto** § 61 VI 1 e: liegt vor, wenn ein Schuldner wegen eines wirklichen oder angeblich nicht nur vorübergehenden Man-

§ 283a

Gewinnsucht — **Schönke-Schröder** § 283a RdNr. 4: liegt erst dann vor, wenn das Erwerbsstreben des Täters ein ungewöhnliches, ungesundes und sittlich anstößiges Maß aufweist **(BGHSt** 17/35).

wirtschaftliche Not — **Schönke-Schröder** § 283a RdNr. 6: In wirtschaftliche Not bringt der Täter viele Personen, wenn diese infolge seiner Bankrotthandlung, namentlich einer zu seinem wirtschaftlichen Zusammenbruch führenden Tat, nicht nur ganz vorübergehend in eine schwere wirtschaftliche Bedrängnis geraten.

Sicherheit — **Schönke-Schröder** § 283c RdNr. 4: Eine Sicherheit wird dem Gläubiger gewährt, wenn ihm eine bevorzugte Rechtsstellung hinsichtlich seiner Befriedigung eingeräumt wird.

Befriedigung — **Schönke-Schröder** 283c RdNr. 5: Befriedigung ist die Erfüllung einer Verbindlichkeit.

nicht zu der Zeit — **Schönke-Schröder** § 283 RdNr. 11 (ebenso **Wessels** BT 2 § 12 III RdNr. 466): besteht der Anspruch, wenn eine betagte Forderung vor Fälligkeit **(RGSt** 2/439; 4/62) oder eine aufschiebend bedingte Forderung vor Eintritt der Bedingung erfüllt wird.

nicht zu beanspruchen — **Schönke-Schröder** § 283c RdNr. 9: hat der Gläubiger die Sicherheit oder Befriedigung, wenn der Schuldner die Leistung verweigern oder die Rechtsgrundlage des Anspruches beseitigen kann und der Konkursverwalter demgemäß den Anspruch nicht ohne weiteres zu erfüllen braucht.
Wessels BT 2 § 12 III RdNr. 464: Nicht zu beanspruchen hat ein Gläubiger die ihm gewährte Leistung, wenn seine Forderung nicht oder nicht mehr durchgesetzt werden kann, oder wenn ihr ein nach § 119 ff. BGB anfechtbares Rechtsgeschäft zu Grunde liegt

nicht in der Art — **Wessels** BT 2 § 12 III RdNr. 465: Nicht in der Art ist der erlangte Vorteil zu beanspruchen, wenn er gegenüber dem Anspruch des Gläubigers eine andersartige Leistung darstellt, wie etwa die Hingabe von Waren, die Abtrennung einer Forderung oder die Einräumung einer sonstigen Sicherheit anstelle der geschuldeten Geldleistung.

§ 283d

Einwilligung des Schuldners — **Schönke-Schröder** § 283d RdNr. 3: Mit Einwilligung des Schuldners handelt, wer mit dessen Einvernehmen die Tat begeht.

zugunsten des Schuldners — **Schönke-Schröder** § 283d RdNr. 9: Die Tat muß dem Interesse des Schuldners dienen. Das ist der Fall, wenn der Täter dem Schuldner einen Vermögensvorteil auf Kosten der

Zahlungs-unfähigkeit usw.	Gesamtheit der Gläubiger zukommen lassen oder erhalten will. Ein zusätzliches Eigeninteresse ist unerheblich. **Schönke-Schröder** § 283d RdNr. 5: vgl. § 283.

§ 284

öffentlich	**Otto** § 55 I 2 b: ist das Glücksspiel, wenn beliebigen Personen in erkennbarer Weise die Beteiligung ermöglicht wird. **Schönke-Schröder** § 284 RdNr. 9: unter Hinweis auf **RGSt** 57/193 (ähnlich **Welzel** Seite 390): ist das Glücksspiel, wenn für einen größeren, nicht fest geschlossenen Personenkreis die Möglichkeit besteht, sich an ihm zu beteiligen, und bei den Spielern der Wille vorhanden und äußerlich erkennbar ist, auch andere am Spiel teilnehmen zu lassen.
Glücksspiel	**Maurach-Schroeder-Maiwald** BT I § 44 RdNr. 5: Als solches gilt ein Spiel dann, wenn der Ausgang allein oder ganz überwiegend von dem Ablauf einer dem Spieler nicht erkennbaren Kausalkette („Zufall" im subjektiven Sinne) abhängt (**RGSt** 62/183) und wenn – auch in verdeckter Form (**BGHSt** 11/209) – ein Vermögenswert („Einsatz") gefordert wird, um an der Gewinnchance teilnehmen zu können. **Blei** § 95 I unter Hinweis auf **BGHSt** 2/275: Ein Glücksspiel liegt dann vor, wenn über Gewinn oder Verlust der Zufall entscheidet, wobei die Abgrenzung zum Geschicklichkeitsspiel nach den Fähigkeiten des Durchschnittsspielers zu treffen ist. **Schönke-Schröder** § 284 RdNr. 5, 6 (ebenso **Otto** § 55 I 2 a): Spiel (Zweck: Unterhaltung oder Gewinn), bei dem die Entscheidung über Gewinn und Verlust nicht wesentlich von den Fähigkeiten und Kenntnissen und vom Grade der Aufmerksamkeit der Spieler bestimmt ist, sondern allein oder hauptsächlich vom Zufall. Glücksspiele i. S. der §§ 284 ff. sind nur solche, bei denen der vereinbarte Gewinn einen Vermögenswert hat (**RGSt** 40/33) und es sich um Gewinne von nicht ganz unbedeutendem Werte handelt. **Welzel** Seite 389: Spiele, bei denen Gewinn oder Verlust überwiegend vom Zufall (nicht von der Geschicklichkeit des Durchschnitts der Mitspieler, **BGHSt** 2/274) abhängen.
(Zufall)	**Maurach-Schroeder-Maiwald** BT I § 44 RdNr. 5, wenn der Ausgang allein oder ganz überwiegend von dem Ablauf einer dem Spieler nicht erkennbaren Kausalkette abhängt. **Schönke-Schröder** § 284 RdNr. 5 unter Hinweis auf **RGSt** 62/165: das Wirken einer unberechenbaren, der entscheidenden Mitwirkung der Beteiligten in ihrem Durchschnitt entzogenen Ursächlichkeit.
veranstalten	**Schönke-Schröder** § 284 RdNr. 12: dem Publikum Gelegenheit zur Beteiligung daran geben.

	Otto § 55 I 2 c: Veranstalter ist derjenige, der die Herrschaftsgewalt über den Spielbetrieb ausübt.
halten	**Schönke-Schröder** § 284 RdNr. 13: als Unternehmer die Spieleinrichtungen zur Verfügung stellen.
	Welzel Seite 390: Veranstalten und halten sind Tätigkeiten des Unternehmers, nämlich das Veranlassen und Ermöglichen eines tatsächlich stattfindenden Spieles.
(Spiel-) Einrichtungen	**Schönke-Schröder** § 284 RdNR. 15: alle Gegenstände, die ihrer Natur nach bestimmt und geeignet sind, zu Glücksspielen benutzt zu werden (Frank I 8).
bereitstellen	**Schönke-Schröder** (§ 284 RdNr. 16: (ähnlich **Otto** § 55 I 2 e): den Spielern zur Benutzung beim Spiel zur Verfügung stellen.

§ 284a

sich beteiligen	**Otto** § 55 III: Beteiligung heißt Teilnahme als Spieler, d. h. Teilnahme an der Möglichkeit von Gewinn und Verlust.
	Schönke-Schröder § 284a RdNr. 2: selbst spielen, d. h. sich den vom Zufall abhängigen Gewinn- und Verlustaussichten unterwerfen.

§ 286

öffentlich	**Schönke-Schröder** § 286 RdNr. 17 unter Hinweis auf **RGSt** 59/349: ist eine Lotterie veranstaltet, sobald das Anbieten von Losen sich nicht auf einen bestimmten Kreis von Teilnehmern beschränkt, sondern an eine Mehrzahl unbestimmter Personen erfolgt, die weder als Mitglieder einer gleichgerichteten Interessengemeinschaft noch in persönlicher Hinsicht, miteinander verbunden sind.
Lotterie	**Schönke-Schröder** § 286 RdNr. 2, 4 unter Hinweis auf **RGSt** 5/284: ein Unternehmen, bei dem einer Mehrzahl von Personen die Möglichkeit eröffnet wird, nach einem bestimmten Plan gegen einen bestimmten Einsatz (das ist der Vermögenswert, der bewußt für die Beteiligung an den Gewinnaussichten geopfert wird) ein vom Eintritt eines zufälligen Ereignisses abhängiges Recht auf einen bestimmten Geldgewinn zu erwerben.
	Otto § 55 IV 2: Lotterie und Ausspielung sind Glücksspiele, die nach einem vom Unternehmer einseitig festgelegten Spielplan, der den Spielbetrieb (Beteiligungsmöglichkeit, Durchführung des Spieles), einen festen Einsatz und die ausgesetzten Gewinne nach Höhe, Art und Reihenfolge der Gewinnermittlung festlegt, gespielt werden. – Lotterie und Ausspielung unterscheiden sich darin, daß der Gewinn bei der Lotterie stets in Geld, bei der Ausspielung in geldwerten Sachen oder Leistungen besteht.
veranstalten	**Otto** § 55 IV 3: ist die Eröffnung der Möglichkeit zur Beteiligung am Spiel nach festgelegtem Spielplan.

	Schönke-Schröder § 288 RdNr. 15: Veranstaltet ist die Lotterie oder Ausspielung bereits dann, wenn die Möglichkeit der Beteiligung gewährt ist **(RGSt** 35/45): der tatsächliche Abschluß von Spielverträgen ist nicht erforderlich **(RGSt** 8/293).
Ausspielung	**Welzel** Seite 390 unter Hinweis auf **RGSt** 60/385: Abart des Glücksspiels, bei dem nach einem festgelegten Spielplan die durch bestimmten Einsatz erworbenen Gewinnchancen vom Zufall abhängen.
	Schönke-Schröder § 286 RdNr. 2: unterscheidet sich von der Lotterie dadurch, daß nicht Geld, sondern andere Sachen oder geldwerte Leistungen die Gewinne bilden.

§ 288

drohend	**Maurach-Schroeder-Maiwald** BT I § 47 RdNr. 7: Es genügt, daß mit dem ernstlichen Willen des Gläubigers gerechnet werden muß, seine Ansprüche zwangsweise zu realisieren oder (Arrest) zu sichern.
	Otto § 50 II 2 a: Eine Zwangsvollstreckung droht, wenn aus dem Verhalten des Gläubigers ersichtlich ist, daß er die Zwangsvollstreckung ernstlich betreiben oder durchsetzen will.
	Schönke-Schröder § 288 RdNr. 10: Nach den Umständen des Falles ist anzunehmen, daß der Gläubiger den Willen hat, seinen Anspruch demnächst zwangsweise durchzusetzen.
	Wessels BT 2 § 12 II RdNr. 428: Eine Zwangsvollstreckung droht schon dann, wenn konkrete Anhaltspunkte darauf hindeuten, daß der Gläubiger seinen Anspruch alsbald zwangsweise durchsetzen wird.
Zwangsvollstreckung	**Schönke-Schröder** § 288 RdNr. 5: die durch staatliche (auch ausländische) Organe erfolgende zwangsweise Verwirklichung eines Anspruches.
Gläubiger	**Schönke-Schröder** § 288 RdNr. 22: wer zur Zeit der Tat einen begründeten Anspruch gegen den Täter hat.
	Wessels BT 2 § 12 II RdNr. 426: Gläubiger i. S. dieser Vorschrift ist, ohne Rücksicht auf das Vorhandensein oder Fehlen eines Vollstreckungstitels nur, wer im maßgeblichen Zeitpunkt einen bereits entstandenen, sachlich begründeten und durchsetzbaren Anspruch gegen den Schuldner hat.
vereiteln	**Welzel** Seite 364: ist der als Vollendungstat unter Strafe gestellte Versuch, die Befriedigung des Gläubigers in der Einzelzwangsvollstreckung durch Entziehung der Vollstreckungsobjekte zu vereiteln.
Bestandteile seines Vermögens	**Otto** § 50 II 2 b (ähnlich **Maurach-Schroeder-Maiwald** BT I § 47 RdNr. 8): sind alle Sachen und Rechte einer Person, in die eine wirksame Einzelzwangsvollstreckung betrieben werden kann.

veräußern	**Schönke-Schröder** § 288 RdNr. 14: alle pfändbaren Rechte und Sachen (vgl. aber ferner daselbst).
	Otto § 50 II 2 c: jede rechtsgeschäftliche Verfügung, durch die der Zwangsvollstreckungszugriff des Gläubigers verschlechtert wird.
	Schönke-Schröder § 288 RdNr. 15: jede Verfügung, durch die ein den Gläubigern haftendes Vermögensstück durch Rechtsgeschäfte aus dem Vermögen des Schuldners ausgeschieden wird.
	Welzel Seite 365: das Ausscheiden aus der Vollstreckungsmasse.
	Wessels BT 2 § 12 II RdNr. 430: Jede rechtsgeschäftliche Verfügung, durch die ein Vermögenswert aus dem Schuldnervermögen ausgeschieden wird, so daß er dem Zugriff des Gläubigers rechtlich entzogen oder dessen Befriedigungsmöglichkeiten verringert wird.
beiseite schaffen	**Otto** § 50 II 2 d: das tatsächliche Entziehen des Vermögensgegenstandes vor dem Gläubigerzugriff.
	Schönke-Schröder § 288 RdNr. 17 (ähnlich **Wessels** BT 2 § 12 II RdNr. 431): jede tatsächliche Entfernung der Sache, so daß sie der Zwangsvollstreckung tatsächlich entzogen wird. Ferner Handlungen, die den gleichen Erfolg haben, ohne daß die Sache selbst erhalten bleibt.
	Welzel Seite 365: das Verstecken und Zerstören, aber nicht das bloße Beschädigen der Sache.

§ 289

Wegnahme	**Maurach-Schroeder-Maiwald** BT I § 37 RdNr. 16: umfaßt jede Handlung, die die Sache dem Machtbereich des Berechtigten entzieht. (Weiter als Wegnahme in § 242.)
	Schönke-Schröder § 289 RdNr. 8: Wegnahme ist auch hier (anders die h. M.) als Gewahrsamsbruch zu verstehen.
	Welzel Seite 367: Wegnahme ist, weiter als in § 242, das Wegschaffen aus dem tatsächlichen Machtbereich, aber nicht notwendig aus dem Gewahrsam des Berechtigten.
	Wessels BT 2 § 12 I RdNr. 422: Wegnahme setzt keinen Gewahrsamsbruch, sondern nur die räumliche Entfernung der Sache aus dem tatsächlichen Macht- und Zugriffsbereich des Rechtsinhabers voraus.

§ 290

öffentliche Pfandleiher	**Maurach-Schroeder-Maiwald** BT I § 37 RdNr. 13: als solcher gilt jeder, der (ohne Rücksicht auf Konzession) ein entsprechendes Gewerbe öffentlich betreibt.
	Schönke-Schröder § 290 RdNr. 2 (ebenso **Otto** § 48 II 2): Personen, deren Geschäft allgemein zugänglich ist; es kommt nicht darauf an, ob der Pfandleiher eine Konzession hat (**RGSt** 8/253, 270).

	Wessels BT 2 § 10 II RdNr. 389: Öffentliche Pfandleiher sind Personen, die ein Pfandleihgewerbe betreiben und deren Geschäft allgemein zugänglich ist.
Gebrauch	**Welzel** Seite 359: solche, deren Geschäft jedermann offensteht. **Maurach-Schroeder-Maiwald** BT I § 37 RdNr. 13: Als Gebrauch ist jede Verwendung anzusehen, die über die bloße Verwahrung der Pfandsache, zu der der Pfandleiher verpflichtet ist, hinausgeht. **Schönke-Schröder** § 290 RdNr. 3: Unter Gebrauch ist nicht nur eine körperliche Benutzung der Sache zu verstehen. Auch eine Weiterverpfändung in der Absicht, das Pfand wieder einzulösen, zählt hierzu (**RGSt** 8/271).

§ 292

Jagdrecht	**Blei** § 71 II: ist das Jagdausübungsrecht. **Schönke-Schröder** § 292 RdNr. 9: der Begriff Jagdrecht umfaßt sowohl das dingliche Jagdrecht des § 3 BJagdG als auch das Jagdausübungsrecht. **Welzel** Seite 362: das ausschließliche Aneignungsrecht des Jagdausübungsberechtigten an herrenlosen jagdbaren Tieren.
Wild	**Maurach-Schroeder-Maiwald** BT I § 38 RdNr. 13 (ebenso **Blei** § 71 II, **Wessels** BT 2 § 11 I RdNr. 397): herrenlose jagdbare Tiere (Aufzählung der Tierarten in § 2 BJG; durch Landesrecht können auch weitere Tiere für jagdbar erklärt werden). **Schönke-Schröder** § 292 RdNr. 4 (ebenso **Otto** § 50 III 1 b aa): sind die jagdbaren Tiere, die § 2 BJagdG aufzählt.
nachstellen	**Otto** § 50 III 1 b bb: Vorbereitung der anderen Handlungen. **Schönke-Schröder** § 292 RdNr. 5: alle Handlungen, welche die Durchführung der anderen Handlungen (Fangen usw.) bezwecken. **Welzel** Seite 363 (ähnlich **Wessels** BT 2 § 11 I RdNr. 397): jede Tätigkeit, die auf Zueignung, Erlegen oder Fangen abzielt.
fangen	**Otto** § 50 III 1 b bb (ebenso **Wessels** BT 2 § 11 I RdNr. 397): sich des lebenden Tieres bemächtigen.
erlegen	**Otto** § 50 III 1 b bb (ebenso **Wessels** BT 2 § 11 I RdNr. 397): das Tier auf irgendeine Weise töten. **Welzel** Seite 363: das Töten ohne Zueignungsabsicht.
sich zueignen	**Otto** § 50 III 1 b bb: Gewahrsamsbegründung mit Zueignungswillen (str.). **Schönke-Schröder** § 292 RdNr. 5: bedeutet die Besitzergreifung mit Zueignungsabsicht.
Nachtzeit	**Schönke-Schröder** § 292 RdNr. 23: (ebenso **Otto** § 50 III 2 a): Zeit der Dunkelheit.
Schonzeit	**Schönke-Schröder** § 292 RdNr. 24: vgl. § 22 BJagdG.

nicht waidmännische Weise	**Schönke-Schröder** § 292 RdNr. 25: wenn die Tat gegen die auch für den Jagdausübungsberechtigten verbindlichen gesetzlichen Vorschriften verstößt (vgl. § 19 BJagdG).
gewerbsmäßig	**Otto** § 50 III 2 b: vgl. unter § 243 Ziff. 3. **Schönke-Schröder** § 292 RdNr. 29: vgl. unter § 52.
gewohnheitsmäßig	**Otto** § 50 III 2 b: handelt der Täter, der aus einem durch Übung ausgebildeten, selbständig fortwirkenden Hang tätig wird, so daß dessen Befriedigung ihm bewußt oder unbewußt ohne innere Auseinandersetzung gleichsam von der Hand geht (**BGHSt 15/377**). **Maurach-Schroeder-Maiwald** BT I § 38 RdNr. 25: Gewohnheitsmäßig ist ein durch Übung selbständig ausgebildeter Hang, der dem Täter bei seinem Handeln nicht bewußt zu sein braucht und häufig nicht bewußt ist.

§ 293

unter Verletzung des Fischereirechtes	**Blei** § 71 III (ebenso **Schönke-Schröder** § 293 RdNr. 9): Der Umfang des Fischereirechtes bestimmt sich nach Landesrecht.
fischen	**Blei** § 71 III (ebenso **Schönke-Schröder** § 293 RdNr. 5, ähnlich **Wessels** BT 2 § 11 III RdNr. 417): jede auf Erlegung oder Fang eines lebenden Wassertieres gerichtete Tätigkeit. **Otto** § 50 III 3: jede auf Fang oder Erlegen frei lebender Wassertiere (auch Krebse, Schildkröten, bestimmte Muscheln) gerichtete Tätigkeit.
Nachtzeit	**Schönke-Schröder** § 293 RdNr. 11: unter Hinweis auf **RGSt 37/117**: auch wenn die Netze bei Tage eingelegt und dann zum Fischfang nachts im Wasser gelassen werden.

§ 295

Jagd- und Fischereigeräte	**Schönke-Schröder** § 295 RdNr. 5: sind leblose Gegenstände, die entweder aufgrund ihrer Beschaffenheit zur Verwendung bei der Jagd oder Fischerei objektiv geeignet und bestimmt sind, oder die, obgleich sie ihrer Art nach generell anderen Zwecken dienen, bei Begehung von Wilderei dauernd (**RGSt 22/15**) oder wenigstens für eine gewisse Zeit als Fanggeräte Verwendung finden sollen. **BGH NJW** 1964/165: sind nicht nur Gerätschaften, die allgemein nach ihrer äußeren erkennbar zur Ausübung der Jagd dienen, sondern auch solche Sachen, die erst der Täter zur Ausübung der Jagd bestimmt und benützt (z. B. Kfz., mit dem Täter Wild überfährt).

§ 302a

Zwangslage	**Otto** § 61 VII 3 a: eine Situation schwerwiegender, nicht notwendig existenzbedrohender wirtschaftlicher Bedrängnis, die schwere wirtschaftliche Nachteile mit sich bringt oder befürchten läßt.

	Schönke-Schröder § 302a RdNr. 23: Eine Zwangslage besteht, wenn jemand sich in einer ernsten Bedrängnis befindet und zu deren Beseitigung auf eine der Leistungen angewiesen ist.
	Maurach-Schroeder-Maiwald BT I § 43 RdNr. 21: Zwangslage ist ein durch bestimmte Umstände hervorgerufenes, zwingendes Bedürfnis nach Leistungen.
Unerfahrenheit	**Otto** § 61 VII 3 b: Von Unerfahrenheit kann schon dann gesprochen werden, wenn es einer Person nicht möglich ist, trotz Nutzung der ihr gegebenen Fähigkeiten, sich einen Überblick über den Marktpreis zu verschaffen.
	Schönke-Schröder § 302a RdNr. 25: Unerfahrenheit ist eine auf Mangel an Geschäftskenntnis und Lebenserfahrung beruhende Eigenschaft eines Menschen, durch die er gegenüber Durchschnittsmenschen benachteiligt ist **(BGHSt 13/23; BGH NStZ 1984/23** ebenso **Welzel** Seite 391).
Mangel an Urteilsvermögen	**Otto** § 61 VII 3 c: ein individueller, nicht durch bloße Erfahrung ausgleichbarer Leistungsmangel, der es dem Betroffenen unmöglich macht oder erheblich erschwert, bei einem Rechtsgeschäft Leistung und Gegenleistung richtig gegeneinander abzuwägen und die wirtschaftlichen Folgen des Geschäftsabschlusses vernünftig zu bewerten.
	Maurach-Schroeder-Maiwald BT I § 43 RdNr. 21: Ist der – meist auf Verstandesschwäche beruhende – Mangel der Fähigkeit, sich durch vernünftige Beweggründe leiten zu lassen und die beiderseitigen Leistungen und die wirtschaftlichen Folgen des Geschäftsabschlusses richtig zu bewerten.
	Schönke-Schröder § 302a RdNr. 26: Wenn bei dem Betroffenen infolge einer geistigen, nicht durch Erfahrung ausgleichbaren Schwäche in erheblichem Maße die Fähigkeit herabgesetzt ist, sich durch vernünftige Beweggründe leiten zu lassen oder die beiderseitigen Leistungen sowie die wirtschaftlichen Folgen des Geschäftsabschlusses richtig zu bewerten.
erhebliche Willensschwäche	**Otto** § 61 VII 3 d: jeder Mangel an Widerstandsfähigkeit gegenüber psychischen Reizen. Sie ist erheblich, wenn sie im Wirkungsgrad den anderen Schwächesituationen vergleichbar ist.
	Maurach-Schroeder-Maiwald BT I § 43 RdNr. 21: Ist eine gravierende, den übrigen Schwächeformen vergleichbare Beeinträchtigung des Willens und der Widerstandsfähigkeit, die über die Verführbarkeit durch Werbung im Wirtschaftsleben hinausgeht.
	Schönke-Schröder § 302a RdNr. 27: ist gegeben, wenn die Widerstandskraft, einem wucherischen Angebot zu widerstehen, in einem so starken Maße herabgesetzt ist, daß der

	Schwächezustand gradmäßig den sonstigen in § 302a genannten Schwächesituationen gleichkommt.
(Kreditwucher)	**Maurach-Schroeder-Maiwald** BT I § 43 RdNr. 6: Im StGB ist nur der sog. Individualwucher, d. h. die gewinnsüchtig-übermäßige Ausnützung der wirtschaftlichen Schwäche oder Unerfahrenheit eines bestimmten anderen.
	Welzel Seite 391: ist Wucher bei Rechtsgeschäften zur Beseitigung eines augenblicklichen Geldbedürfnisses.
ausbeuten	**Otto** § 61 VII 2 d (ähnlich **Maurach-Schroeder-Maiwald** BT I § 43 RdNr. 22): liegt vor, wenn der Täter bewußt die bedrängte Lage des Opfers zur Erlangung übermäßiger Vermögensvorteile ausnutzt und damit mißbraucht. Eine besonders anstößige Ausnutzung der Lage ist nicht erforderlich.
Vermögensvorteil	**Schönke-Schröder** § 302a RdNr. 10: ist jede günstigere Gestaltung der Vermögenslage (vgl. § 263).
sich versprechen lassen	**Schönke-Schröder** § 302a RdNr. 19: bedeutet die Annahme der Verpflichtung zur Gegenleistung mit dem Willen, sich das Versprochene tatsächlich gewähren zu lassen (**RGSt** 15/333).
gewähren lassen	**Schönke-Schröder** § 302a RdNr. 19: wenn der Vermögensvorteil angenommen wird.
auffällig	**Schönke-Schröder** § 302a RdNr. 12: Das Mißverhältnis ist auffällig, wenn einem Kundigen bei Kenntnis der maßgeblichen Faktoren ohne weiteres ersichtlich ist, also sozusagen in die Augen springt, daß der ausbedungene Vermögensvorteil den Wert der Leistung in einem völlig unangemessenen Umfang übertrifft (**BayOLG NJW** 85/873).
übermäßiger Vermögensvorteil	**Schönke-Schröder** § 302a RdNr. 33: Ein Vorteil, der das angemessene Entgelt nicht unwesentlich übersteigt.

§ 303

(Sachbeschädigung)	**Maurach-Schroeder-Maiwald** BT I § 36 RdNr. 11: Jede Veränderung des Zustandes einer Sache, an deren Aufrechterhaltung der Sachherr ein Interesse hat.
Sache	**Schönke-Schröder** § 303 RdNr. 3 (ebenso **Wessels** BT 2 § 1 I RdNr. 15): nur körperliche Gegenstände.
	Otto § 47 I 2 a: Sache ist – wie bei den Aneignungsdelikten – als körperlicher Gegenstand zu verstehen, d. h. als konkret wahrnehmbares, gegen andere Gegebenheiten abgegrenztes Objekt.
fremde Sache	**Blei** § 59 II (ebenso **Schönke-Schröder** § 303 RdNr. 4, 5, **Welzel** Seite 361): Der Begriff deckt sich mit dem des § 242 (vgl. dort). Ein Unterschied gegenüber § 242 besteht jedoch darin, daß im § 303 eine bewegliche oder eine unbewegliche Sache Handlungsobjekt sein kann.
	Otto § 47 I 2 b: vgl. unter § 242.

beschädigen	**Wessels** BT 2 § 1 I RdNr. 17: Fremd ist eine Sache, wenn sie im (Allein-, Mit- oder Gesamthands-)Eigentum eines anderen steht.
	Blei § 59 II: Das „Beschädigen" braucht nicht eine Beschädigung der Substanz zu sein; es genügt, daß die Sache in ihrer Zwecktauglichkeit, Formung oder Ansehnlichkeit beeinträchtigt wird.
	Otto § 47 I 2 c (ähnlich **Wessels** BT 2 § 1 I RdNr. 27): jede nicht ganz unerhebliche körperliche Einwirkung auf eine Sache, durch die ihre stoffliche Zusammensetzung verändert oder ihre Unversehrtheit derart aufgehoben wird, daß die Brauchbarkeit für ihre Zwecke gemindert ist (**BGHSt** 13/208).
	Schönke-Schröder § 303 RdNr. 8: Der Täter beschädigt eine Sache, wenn er ihre Substanz nicht unerheblich verletzt (Substanzverletzung, d. h. die Aufhebung der stofflichen Unversehrtheit einer Sache, deren stoffliche Verringerung [Substanzeinbuße] oder Verschlechterung) oder auf sie körperlich derart einwirkt, daß dadurch die bestimmungsgemäße Brauchbarkeit der Sache nicht als nur geringfügig beeinträchtigt oder der Zustand der Sache nicht mehr als nur belanglos verändert wird.
	Welzel Seite 361: die erhebliche Minderung des gegenwärtigen Maßes an Unversehrtheit der Sache durch körperliche Eingriffe.
zerstören	**Otto** § 47 I 2 d: eine so erhebliche Beschädigung, daß die Sache für ihre Zwecke völlig unbrauchbar ist.
	Schönke-Schröder § 303 RdNr. 11 (ähnlich **Blei** § 59 II): so wesentlich beschädigen, daß die Sache für ihren Zweck völlig unbrauchbar wird. Eine teilweise Zerstörung, d. h. die funktionelle Ausschaltung eines wesentlichen Teiles genügt, eine bloße Beschädigung genügt nicht.
	Wessels BT 2 § 1 I RdNr. 31: Zerstört ist eine Sache, wenn sie aufgrund der erfolgten Einwirkung in ihrer Existenz vernichtet oder so wesentlich beschädigt ist, daß sie ihre bestimmungsgemäße Brauchbarkeit völlig verloren hat.

§ 303a

Daten	**Schönke-Schröder** § 303a RdNr. 2: Daten i. S. des § 202a Abs. 2, also Daten, die elektronisch, magnetisch oder sonst nicht unmittelbar wahrnehmbar gespeichert sind oder übermittelt werden.
löschen	**Schönke-Schröder** § 303a RdNr. 4: wenn (Daten) vollständig und unwiederbringlich unkenntlich gemacht werden, also für immer gänzlich verloren sind.
	Otto § 47 III 1 c: Löschen der Daten bedeutet Zerstörung i. S. des § 303 Abs. 1, d. h. nichtwiederherstellbare vollständige Unkenntlichkeit der konkreten Speicherung.

unterdrücken	**Schönke-Schröder** § 303a RdNr. 4 (ebenso **Wessels** BT 2 § 1 IV RdNr. 51; ähnlich **Otto** § 47 III 1 c): Unterdrückt werden Daten, wenn sie dem Zugriff des Verfügungsberechtigten entzogen werden und deshalb von diesem nicht mehr verwendet werden können.
unbrauchbar machen	**Schönke-Schröder** § 303a RdNr. 4 (ähnlich **Otto** § 47 III 1 c): liegt vor, wenn Daten in ihrer Gebrauchsfähigkeit so beeinträchtigt werden, daß sie nicht mehr ordnungsgemäß verwendet werden können und damit ihren bestimmungsgemäßen Zweck nicht mehr zu erfüllen vermögen. **Wessels** BT 2 § 1 IV RdNr. 51: Unbrauchbar gemacht sind Daten, wenn sie durch zusätzliche Einfügungen oder andere Manipulationen so in ihrer Verwendungsfähigkeit beeinträchtigt sind, daß sie den mit ihnen verbundenen Zweck nicht mehr ordnungsgemäß erfüllen können.
verändert	**Schönke-Schröder** § 303a RdNr. 4 (ähnlich **Wessels** BT 2 § 1 IV RdNr. 51): werden Daten, wenn sie einen anderen Informationsgehalt (Aussagezweck) erhalten und dadurch der ursprüngliche Verwendungszweck beeinträchtigt wird. **Otto** § 47 III 1 c: Verändern erfordert das Herstellen eines neuen Dateninhalts.

§ 303b

Betrieb	**Otto** § 47 III 2 b: Betrieb ist eine räumlich technische Einheit, mit der ein bestimmter arbeitstechnischer oder wirtschaftlicher Zweck verfolgt wird.
gestört	**Schönke-Schröder** § 303b RdNr. 10: Die Datenverarbeitung ist gestört, wenn ihr reibungsloser Verlauf nicht unerheblich beeinträchtigt ist.
fremd	**Otto** § 47 III 2 b: Fremd sind der Betrieb und das Unternehmen, wenn sie bei rechtlich-wirtschaftlicher Betrachtungsweise nicht dem Vermögen des Täters zuzuordnen sind.
wesentliche Bedeutung	**Otto** § 47 III 2 b: Wesentliche Bedeutung hat die Datenverarbeitung für die geschützte Einrichtung, wenn deren Funktionsfähigkeit auf der Grundlage einer konkreten Arbeitsweise, Ausstattung und Organisation ganz oder zu einem erheblichen Teil von dem einwandfreien Funktionieren der Datenverarbeitung abhängt.
Datenverarbeitungsanlage	**Schönke-Schröder** § 303b RdNr. 13: ist die Funktionseinheit technischer Geräte, die die Verarbeitung elektronisch, magnetisch oder sonst nicht unmittelbar wahrnehmbar gespeicherter Daten ermöglicht.

§ 304

Grabmal	**Schönke-Schröder** § 304 RdNr. 3 unter Hinweis auf **RG GA** 53/441, **BGHSt** 20/286: Zeichen, die als Bestandteil eines Grabes zur Erinnerung an den Verstorbenen dienen und

	damit im Interesse der Pietät der Angehörigen geschützt werden sollen. **BGH NJW** 68/184: die einen Teil des Grabes bildenden Zeichen zur Erinnerung an den Begrabenen, sofern damit erkennbar noch ein Pietätsinteresse verknüpft ist. Der Begriff umfaßt alle diejenigen dauerhaften Teile des Grabes, die – auch ohne Beschriftung – nach Art, Gestalt und Ausführung in enger Verbindung mit sonstigen Anhaltspunkten auf den Toten hinweisen und damit nach der Lebensauffassung selbst den Charakter eines Erinnerungszeichens tragen.
Denkmal	**Schönke-Schröder** § 304 RdNr. 4: Erinnerungszeichen, die dem Andenken an Personen, Ereignisse oder Zustände zu dienen bestimmt sind.
Naturdenkmäler	**Schönke-Schröder** § 304 RdNr. 4: Einzelschöpfungen der Natur, die aus wissenschaftlichen, naturgeschichtlichen oder landeskundlichen Gründen oder wegen ihrer Seltenheit, Eigenart oder Schönheit rechtsverbindlich aufgrund gesetzlicher Vorschriften als Naturdenkmäler ausgewiesen sind.
Gegenstände der Kunst	**Otto** § 47 II 5 b: vgl. unter § 243 Ziff. 5.
dem öffentlichen Nutzen dienen	**Schönke-Schröder** § 304 RdNr. 5: nach der gegenwärtigen Zweckbestimmung, der Allgemeinheit zugute kommen. **Wessels** BT 2 § 1 III RdNr. 45: Dem öffentlichen Nutzen dient ein Gegenstand, wenn er im Rahmen seiner Zweckbestimmung der Allgemeinheit unmittelbar zugute kommt, sei es in Form der Gebrauches oder in anderer Weise.
beschädigen	**Schönke-Schröder** § 304 RdNr. 9 unter Hinweis auf **RGSt** 66/205: Hier: der besondere Zweck, dem die Einrichtung dient, wird durch die Handlung beeinträchtigt.

§ 305

Gebäude	**Schönke-Schröder** § 305 RdNr. 3: vgl. unter § 243; jedoch ist nicht erforderlich, daß das Bauwerk den Zutritt Unbefugter hindern kann.
Schiff	**Schönke-Schröder** § 305 RdNr. 3 (ebenso **Otto** § 47 II 1): nur größeres Wasserfahrzeug.
Brücke	**Schönke-Schröder** § 305 RdNr. 3 unter Hinweis auf **RGSt** 24/27: „Bauwerk von einiger Erheblichkeit, d. h. von einer gewissen Größe, inneren Festigkeit und nicht ganz unbedeutender Tragfähigkeit."
Eisenbahn	**Schönke-Schröder** § 305 RdNr. 3: hier nur der Bahnkörper mit den Schienen, nicht die Wagen und Lokomotiven.
Bauwerk	**Schönke-Schröder** § 305 RdNr. 4 (ebenso **Wessels** BT 2 § 1 II RdNr. 36): Als Bauwerk sind alle baulichen Anlagen zu verstehen. Regelmäßig werden sie mit dem Boden fest verbunden sein; erforderlich ist dies jedoch nicht.

zerstören	**Blei** § 59 III: Zerstört ist ein Bauwerk nur, wenn es durch Substanzeinwirkung für alle seine Verwendungszwecke untauglich geworden ist, teilweise Zerstörung muß wiederum durch Substanzeinwirkungen zur Untauglichkeit der Sache für einzelne ihrer bestimmungsmäßigen Funktionen führen. **Otto** § 47 II 1: Zerstört ist das Bauwerk, wenn es nicht nur unerhebliche Zeit für seine Zwecke unbrauchbar ist. **Schönke-Schröder** § 305 RdNr. 5: seine (des Gegenstandes) Eignung zur bestimmungsmäßigen Verwendung wird für eine nicht unbeträchtliche Zeit überhaupt beseitigt. Teilweise Zerstörung liegt daher vor, wenn einzelne Teile der Sache, die der Erfüllung ihrer Zweckbestimmung dienen, unbrauchbar gemacht werden oder infolge des Eingriffes eine von mehreren Zweckbestimmungen der Sache aufgehoben wird.

§ 305a

technische Arbeitsmittel	**Schönke-Schröder** § 305a RdNr. 4: umfaßt verwendungsfertige Arbeitseinrichtungen, d. h. gebrauchsfähige technische Einrichtungen, die dazu bestimmt sind, Arbeit im weitesten Sinne zu verrichten. **Otto** § 47 II 2: Technisches Arbeitsmittel ist jeder aufgrund technischer Erfahrungen hergestellte Gegenstand, der geeignet und dazu bestimmt ist, die Arbeitsvorgänge bei der Errichtung der genannten Anlagen zu ermöglichen oder zu erleichtern.
wesentliche Bedeutung	**Schönke-Schröder** § 305a RdNr. 8: hat das Arbeitsmittel, wenn die Erstellung der Anlage oder des Unternehmens ganz oder zu einem wesentlichen Teil vom einwandfreien Funktionieren des Arbeitsmittels abhängt.

§ 306

in Brand setzen	**Schönke-Schröder** § 306 RdNr. 9 unter Hinweis auf **BGHSt** 7/37; 18/363 (ähnlich **Blei** § 86 III; **Maurach-Schroeder** BT II Seite 15, **Otto** § 70 I 1): wenn die Sache derart vom Feuer ergriffen ist, daß es auch nach Entfernung oder Erlöschen des Zündstoffes selbständig weiterbrennen kann.
Gebäude (Ziff. 2)	**Schönke-Schröder** § 306 RdNr. 5: vgl. unter § 243.
Hütte	**Schönke-Schröder** § 306 RdNr. 5: Unter Hütten sind Bauwerke zu verstehen, die eine gewisse Bedeutung erreichen, bei denen aber die Größe, Festigkeit und Dauerhaftigkeit geringer ist als bei Gebäuden.
zur Wohnung dienen	**Maurach-Schroeder-Maiwald** BT II § 51 RdNr. 8: die genannten Räume dienen Menschen zur Wohnung, wenn Menschen (u. U. auch nur ein einziger) sie zum Mittelpunkt ihres Aufenthaltes machen, insbesondere darin schlafen.

Räumlichkeit (Ziff. 3)	**Otto** § 79 III 2 (ähnlich **Wessels** BT 1 § 21 II RdNr. 929): Gebäude, Schiffe und Hütten sind geschützt, soweit sie tatsächlich Menschen zum Wohnen dienen.
	Schönke-Schröder § 306 RdNr. 8: Unter Räumlichkeiten sind irgendwie abgeschlossene, bewegliche oder unbewegliche Räume zu verstehen.

§ 307

zur Zeit der Tat	**Maurach-Schroeder-Maiwald** BT II § 51 RdNr. 14: d. h. bei Entzündung des Zündstoffes („Brandmittlers") durch den Täter.
	Schönke-Schröder § 307 RdNr. 4: ist die Zeit der Inbrandsetzung, d. h. von deren Versuch bis zur Vollendung.
ausnutzen	**Otto** § 79 IV 2: Ausnutzen setzt voraus, daß der Täter die durch den Brand geschaffene Lage zur Verwirklichung einer der genannten Straftaten nutzt. Der Brand selbst kann Tathandlung oder Teil der Tathandlung sein.

§ 308

Gebäude	**Schönke-Schröder** § 308 RdNr. 4: vgl. unter § 243.
Hütte	**Schönke-Schröder** § 308 RdNr. 4: vgl. unter § 306.
Magazin	**Schönke-Schröder** § 308 RdNr. 5: Magazine sind Räumlichkeiten, die dazu bestimmt sind, Vorräte von Gebrauchs- oder Verbrauchsgegenständen für längere Zeit aufzubewahren (mit Einschluß der in diesen Räumlichkeiten befindlichen Vorräte **RGSt** 13/407).
Warenvorräte	**Maurach-Schroeder-Maiwald** BT II § 51 RdNr. 20: immer nur größere, wirtschaftlich nicht bedeutungslose Mengen.
	Schönke-Schröder § 308 RdNr. 6: Zum Begriff des Vorrates gehören größere Mengen von Gegenständen, die zum Zwecke künftiger Verwendung vereinigt sind (**RGSt** 62/28): Gedacht ist hier nur an Vorräte von einem gewissen Wert.
landwirtschaftliche Erzeugnisse	**Schönke-Schröder** § 308 RdNr. 6 unter Hinweis auf **RGSt** 27/15: sind alle Rohprodukte der Ausnutzung des Bodens, bei deren Gewinnung letzterer selbst seiner Substanz nach unverändert bleibt.
Früchte auf dem Felde	**Schönke-Schröder** § 308 RdNr. 7: alle landwirtschaftlichen Produkte, die noch nicht geerntet sind. Erforderlich ist, daß sie angebaut sind oder wenigstens planmäßig genutzt werden.
Waldung	**Schönke-Schröder** § 308 RdNr. 8: besteht aus dem auf einer Bodenfläche von Natur wachsenden oder durch menschliche Tätigkeit angelegten Holzbestand und dem Waldboden mit den diesen bedeckenden sonstigen Walderzeugnissen. Es muß sich aber stets um eine umfangreiche, in sich zusammenhängende Grundfläche handeln. Eine Mehrzahl einzeln stehender Waldbäume ist keine Waldung.

	Wessels BT 1 § 21 III RdNr. 937: Waldung ist ein mit Waldbäumen bestandenes Gelände unter Einschluß der den Boden bedeckenden Walderzeugnisse.
in Brand setzen	**Otto** § 79 I 1: in Brand gesetzt ist ein Objekt, „wenn es vom Feuer in einer Weise erfaßt ist, die ein Fortbrennen aus eigener Kraft ermöglicht" (**BGHSt 18/364**).

§ 310

entdeckt	**Otto** § 79 VII 1 a: entdeckt ist der Brand, wenn ein Unbeteiligter ihn wahrgenommen und der Täter dies erkannt hat. **Schönke-Schröder** § 301 RdNr. 3 (ebenso **Welzel** Seite 435): wenn ein Unbeteiligter ihn ohne Mitwirkung des Täters wahrgenommen hat.
weiterer Schaden	**Otto** § 79 VII 1 b: ist eingetreten, wenn das Feuer einen erheblich größeren Umfang erreicht hat, als zum selbständigen Weiterbrennen erforderlich ist.
löschen	**Maurach-Schroeder-Maiwald** BT II § 51 RdNr. 29: nicht nur eigenhändiges Beseitigen des Brandes genügt, sondern jede Handlung des Täters, die auf das Ersticken des Brandes gerichtet war und diesen Erfolg erreichte (z. B. Alarmieren der Hauseinwohner).

§ 310a

feuergefährdete Betriebe	**Schönke-Schröder** § 310a RdNr. 1: feuergefährdete Betriebe und Anlagen sind vor allem Werke, die mit und an Treibstoffen oder Gasen arbeiten; es genügt, daß ein Teil des Betriebes feuergefährdet ist. **BGHSt 5/194** (ebenso **Welzel** Seite 456): Als feuergefährdet sind (daher) die Betriebe und Anlagen anzusehen, die deshalb einer erhöhten, d. h. über das gewöhnliche Maß hinausgehenden Brandgefahr ausgesetzt sind, weil die vorhandenen Erzeugnisse oder Vorräte entweder sich leicht von selbst entzünden oder aber leicht Feuer fangen und, einmal vom Feuer erfaßt, „wie Zunder" brennen.

§ 310b

Kernenergie	**Schönke-Schröder** § 310b RdNr. 3: die an den Atomkern gebundene Energie, die durch Kernspaltungs- oder -vereinigungsvorgänge freigesetzt wird.
Explosion durch Freisetzen	**Schönke-Schröder** § 310b RdNr. 3: die Freisetzung der Kernenergie erfolgt in Gestalt einer Druckwelle sowie Wärme und ionisierender Strahlung unter Umständen, die geeignet sind, einen Schaden zu verursachen (abstrakte Gefährdung).

§ 311

Sprengstoff — **Schönke-Schröder** § 311 RdNr. 5: Es kommen (außer den in § 2 SprengstG genannten) alle Mittel in Betracht, die eine Explosion herbeizuführen geeignet sind.

Explosion — **Otto** § 78 II 2 a: Unter Explosion ist ein chemischer oder physikalischer Vorgang zu verstehen, bei dem durch eine plötzliche Volumenvergrößerung Kräfte frei werden, die eine zerstörende Wirkung ausüben können.

gefährden (Gefahr) — **Maurach** BT Seite 519: Als Gefahr wird regelwidriger, ungewöhnlicher Zustand betrachtet, bei dem nach den obwaltenden konkreten Umständen der Eintritt eines Schadens als wahrscheinlich gelten kann **(RGSt** 30/179), wobei die Wahrscheinlichkeit nicht nach richterlichem Urteil ex post, sondern mittels „objektiver nachträglicher Prognose" zu ermitteln ist.

§ 311a

Gesundheitsschädigung — **Schönke-Schröder** § 311a RdNr. 5: vgl. unter § 223.

ionisierende Strahlen — **Schönke-Schröder** § 311a RdNr. 3 (ähnlich **Maurach-Schroeder** BT 1 § 11 RdNr. 19: Ionisierend ist die Strahlung, die von natürlichen oder künstlichen radioaktiven Stoffen ausgeht, dazu gehören auch die bei der Spaltung von Kernbrennstoffen (vgl. § 2 Nr. 1 AtomG) entstehende Neutronenstrahlung und etwa die Röntgenstrahlen.

geeignet — **Schönke-Schröder** § 311a RdNr. 4: es ist nicht nach der abstrakten Möglichkeit, sondern nach den besonderen Umständen des Einzelfalles im Hinblick auf Grund und Intensität der Strahlung sowie der körperlichen Konstitution des Opfers zu beurteilen.

unübersehbar — **Otto** § 78 II 2 c bb: Unübersehbar ist eine Zahl, wenn so viele Menschen betroffen sind, daß ein objektiver Beobachter sie nicht ohne nähere Prüfung bestimmen kann.

§ 311b

Kernbrennstoffe — **Schönke-Schröder** § 311b RdNr. 4: vgl. § 328.

sonstige radioaktive Stoffe — **Schönke-Schröder** § 311b RdNr. 4: Stoffe – natürlicher Herkunft oder künstlichen Ursprungs –, die bei ihrem Zerfall ionisierende Strahlen aussenden.

Sprengstoff — **Schönke-Schröder** § 311b RdNr. 4: vgl. § 311.

herstellen — **Schönke-Schröder** § 311b RdNr. 6: tatsächliches Fertigstellen, wofür beim Sprengstoff nach Nr. 2 bereits das Schärfen der Sprengpatronen ausreicht.

sich verschaffen — **Schönke-Schröder** § 311b RdNr. 6: die Herstellung der tatsächlichen Verfügungsgewalt, wobei es gleichgültig ist,

	in welcher Weise der Täter sich den Sprengstoff verschafft.
verwahren	**Schönke-Schröder** § 311b RdNr. 6: Ausübung der tatsächlichen Sachherrschaft im Sinne des Gewahrsams.

§ 311c

freiwillig	**Schönke-Schröder** § 311c RdNr. 6: vgl. unter § 24.
weitere Ausführung der Tat	**Schönke-Schröder** § 311c RdNr. 4: Die „weitere Ausführung der Tat" gibt der Täter auf, wenn er von seinem Entschluß Abstand nimmt, eines der vorbezeichneten Delikte zu begehen, bevor es – ungeachtet der formalen Tatbestandserfüllung (Unternehmens- bzw. Vorbereitungstat) – auch materiell vollendet ist, bevor also die nach §§ 310b Abs. 1 und 311a Abs. 1, 2 herbeizuführende Gefährdung tatsächlich eingetreten ist oder die im § 311b angesprochenen Delikte über das Stadium der Vorbereitung hinaus gediehen sind.

§ 311d

freisetzen (Nr. 1)	**Schönke-Schröder** § 311d RdNr. 3: bedeutet, daß der Täter eine Lage schafft, in der sich die Strahlen unkontrollierbar im Raum ausdehnen können.
Bewirken von Kernspaltvorgängen (Nr. 2)	**Schönke-Schröder** § 311d RdNr. 4: Verursachung der physikalischen Prozesse, die bei der Spaltung von Kernbrennstoffen ablaufen.

§ 312

gemeine Gefahr	**Schönke-Schröder** § 312 RdNr. 4 (ähnlich **Otto** § 78 II 5 a aa): darunter ist eine Gefahr für eine größere Anzahl von Menschen zu verstehen.
Überschwemmung	**Schönke-Schröder** § 312 RdNr. 3 (ebenso **Blei** § 87 II): liegt vor, wenn das Wasser in solcher Menge und Stärke über seine natürlichen oder künstlichen Grenzen hinaustritt, daß es zu einer Gefahr für die im überfluteten Gebiet befindlichen Personen oder Sachen wird (**RGSt** 7/577).
herbeiführen	**Schönke-Schröder** § 312 RdNr. 3: hat hier die gleiche Bedeutung wie verursachen.

§ 315

Schienenbahn	**Schönke-Schröder** § 315 RdNr. 2: ein zur Beförderung von Menschen oder Sachgütern dienendes Transportmittel, dessen Fortbewegung auf einem festen Schienenstrang erfolgt.
Schwebebahn	**Schönke-Schröder** § 315 RdNr. 4: Bahnen, die sich an Drahtseilen oder in ähnlicher Weise bewegen und die Erde nicht berühren, z. B. Sessellift.
Schiffsverkehr	**Schönke-Schröder** § 315 RdNr. 5: hierzu gehört die Schiffahrt ebenso wie die Binnen- und Flußschiffahrt.

Luftverkehr	**Schönke-Schröder** § 315 RdNr. 6: hierzu gehört jede Benutzung des Luftraums durch Luftfahrzeuge.
beeinträchtigen	**Otto** § 80 I 1 b aa: Die Sicherheit des Verkehrs ist beeinträchtigt, wenn durch den Eingriff gegenüber Menschen oder Einrichtungen, die in Beziehung zu einem bestimmten Verkehrsvorgang stehen, eine Steigerung der normalen Betriebsgefahr eingetreten ist. **Schönke-Schröder** § 315 RdNr. 8 unter Hinweis auf **RGSt** 13/69: Die Verkehrssicherheit ist beeinträchtigt, wenn der Eingriff zu einer Steigerung der normalen „Betriebsgefahr" geführt hat.
Anlagen	**Schönke-Schröder** § 315 RdNr. 10: sind alle festen, unbeweglichen Bestandteile des Schienenbahn-, Schiffahrt-, oder Luftfahrtbetriebes.
zerstören beschädigen	**Schönke-Schröder** § 315 RdNr. 10: vgl. unter § 303.
beseitigen	**Schönke-Schröder** § 315 RdNr. 10: Unter Beseitigen ist eine Einwirkung zu verstehen, durch die die Anlage räumlich entfernt wird.
Hindernisse	**Maurach-Schroeder-Maiwald** BT II § 53 RdNr. 15: Verbringung von Gegenständen, die zur Hemmung oder Verzögerung des normalen Verkehrs geeignet sind. **Otto** § 80 I b bb: Ein Hindernis bereitet, wer körperliche Gegenstände, die ihrer Beschaffenheit nach zur Hemmung oder Verzögerung des ordnungsgemäßen Betriebes geeignet sind, in den Fahrbereich der Bahn bringt oder als Garant dort beläßt. **Schönke-Schröder** § 315 RdNr. 11: Ein Hindernis wird durch jeden Vorgang bereitet, der geeignet ist, den ordnungsgemäßen Betrieb zu hemmen oder zu verzögern.
falsche Zeichen etc.	**Schönke-Schröder** § 315 RdNr. 12: Die Ausdrücke Zeichen und Signale sind gleichbedeutend. Falsch ist jedes Zeichen, das der gegebenen Sachlage nicht entspricht (also z. B. zu früh oder zu spät gegeben wird), nicht nur ein solches, das den Formen widerspricht, in denen üblicherweise Signale gegeben werden.

§ 315a

Schienenbahn etc.	**Schönke-Schröder** § 315a RdNr. 3: vgl. unter § 315.
unfähig, sicher zu führen	**Schönke-Schröder** § 315a RdNr. 3: vgl. unter § 315c.
Rechtsvorschriften	**Schönke-Schröder** § 315a RdNr. 8: Es muß sich um Anordnungen handeln, die den Charakter einer Rechtsnorm tragen, so daß innerbetriebliche Anweisungen der Verkehrsunternehmungen ausscheiden, soweit sie sich nicht als Konkre-

tisierung von Pflichten darstellen, die durch Rechtsverordnungen begründet sind.

§ 315b

Straßenverkehr

Otto § 80 II 1 a: Verkehr auf Wegen, Plätzen usw., die jedermann oder allgemein bestimmten Gruppen von Verkehrsteilnehmern dauernd oder vorübergehend zur Benutzung offen stehen.
Schönke-Schröder § 315b RdNr. 2 (ähnlich **Welzel** Seite 439): Verkehr auf allen öffentlichen Verkehrswegen.

beeinträchtigen

Schönke-Schröder § 315b RdNr. 3: Die Verkehrssicherheit ist beeinträchtigt, wenn infolge der Einwirkung andere Verkehrsteilnehmer nicht ohne Gefahr für Leib, Leben oder Eigentum am Verkehr teilnehmen können ... Es genügt eine Einwirkung, die generell geeignet ist, den etwa stattfindenden Verkehr zu gefährden.
BGH NJW 68/457: d. h. diesen Verkehr in seinem ungestörten, geregelten Ablauf gefährden.

Anlagen

Schönke-Schröder § 315b RdNr. 5: sind alle dem Verkehr dienenden Einrichtungen wie Verkehrszeichen, Ampeln, Absperrungen, aber auch die Straße selbst.

Fahrzeuge

Schönke-Schröder § 315b RdNr. 5: Hierzu rechnen alle Beförderungsmittel, z. B. Straßenbahnen, Omnibusse, Kfz usw.

beschädigen etc. **Schönke-Schröder** § 315b RdNr. 5: vgl. unter § 303.

beseitigen **Schönke-Schröder** § 315b RdNr. 5: vgl. unter § 315.

Hindernis bereiten

Schönke-Schröder § 315b RdNr. 6: Hierunter ist jede Einwirkung auf den Straßenkörper zu verstehen, die geeignet ist, den reibungslosen Verkehrsablauf zu hemmen oder zu gefährden.

ähnlicher, ebenso gefährlicher Eingriff

BGH NJW 69/1444: in die Sicherheit des Straßenverkehrs nach § 315b Abs. 1 Nr. 3 StGB nimmt der Führer eines im fließenden Verkehr befindlichen Fahrzeugs grundsätzlich nur dann vor, wenn sein Verhalten eine bewußte Zweckentfremdung des Fahrzeugs zum Inhalt hat, die ein verkehrsfeindliches Verhalten bedeutet. Darum wird der Tatbestand des § 315b Abs. 1 Nr. 3 StGB durch ihn fahrlässig (§ 315b Abs. 5 StGB) kaum je – wenn überhaupt – erfüllt werden können.

§ 315c

Straßenverkehr **Otto** § 80 II 1 a: vgl. unter § 315b.

unfähig zu führen

Schönke-Schröder § 315c RdNr. 9 / § 316 RdNr. 3 unter Hinweis auf **BGHSt** 13/83 (ebenso **Wessels** BT 1 § 22 II RdNr. 952): wenn „die Gesamtleistungsfähigkeit namentlich infolge Enthemmung sowie geistig-seelischer und körperlicher Leistungsausfälle soweit herabgesetzt ist, daß (der

Fahrzeug	Täter) nicht mehr fähig ist, sein Fahrzeug im Straßenverkehr eine längere Strecke, und zwar auch bei plötzlichem Auftreten schwieriger Verkehrslagen, sicher zu steuern". **Schönke-Schröder** § 315c RdNr. 5: Fahrzeuge i. S. der Nr. 1 sind nicht nur Kraftfahrzeuge, sondern Fahrzeuge jeder Art, die zur Beförderung von Personen oder Sachen dienen und am Verkehr auf der Straße teilnehmen.
führen	**Schönke-Schröder** § 315c RdNr. 6 unter Hinweis auf § 316 RdNr. 7: Das Führen eines Fahrzeuges erfaßt nur Bewegungsvorgänge im Verkehr (enger als Teilnahme am Verkehr). **Otto** § 80 II 2 b: Ein Fahrzeug führt, wer es unmittelbar in Bewegung bringt und die Fortbewegung unter Nutzung der technischen Vorrichtungen ganz oder teilweise leitet.
grob verkehrswidrig	**BGH NJW** 67/1766: An das Merkmal der groben Verkehrswidrigkeit (sind) ausschließlich objektive Maßstäbe anzulegen, d. h. es ist danach zu fragen, ob das Verhalten des Täters in besonders gefährlicher Weise von einem pflichtgemäßen Handeln abgewichen ist. **Wessels** BT 1 § 22 II RdNr. 963: Grob verkehrswidrig ist ein Verhalten, das sich objektiv als besonders schwerer Verstoß gegen eine Verkehrsvorschrift und die Sicherheit des Straßenverkehrs darstellt.
Rücksichtslosigkeit	**BGH NJW** 67/1766: bedeutet einen gesteigerten Grad subjektiver Vorwerflichkeit; sie kann daher auch bei unbewußter Fahrlässigkeit vorliegen. **Wessels** BT 1 § 22 II RdNr. 963: Das Merkmal der Rücksichtslosigkeit betrifft die innere Einstellung des Täters und die gesteigerte Vorwerfbarkeit seines Fehlverhaltens.
Überholen	**Schönke-Schröder** § 315c RdNr. 17: Zielgerichteter Vorgang, bei dem ein Fahrzeug sich vor ein anderes, das in gleicher Richtung fährt, zu setzen beabsichtigt **(BGH VRS** 11/171). Dies gilt auch, wenn eines der beiden Fahrzeuge aus verkehrsbedingten Gründen kurzfristig anhält, sofern es sich nur noch im gleichgerichteten Verkehrsfluß befindet, nicht dagegen, wenn es sich an der Fahrbahnseite aufhält, um zu parken oder aus anderen Gründen anzuhalten; dann nur Vorbeifahren.
rücksichtslos	**Schönke-Schröder** § 315c RdNr. 27 unter Hinweis auf **BGHSt** 5/392 (ebenso **Wessels** BT 1 § 22 II RdNr. 963; ähnlich **Maurach-Schroeder-Maiwald** BT II, § 53 RdNr. 42): handelt, wer sich im Straßenverkehr aus eigensüchtigen Gründen über seine Pflichten hinwegsetzt oder aus Gleichgültigkeit von vornherein Bedenken gegen sein Verhalten nicht aufkommen läßt ...
unübersichtlich	**Schönke-Schröder** § 315c RdNr. 20: ist eine Stelle nicht nur dann, wenn die Straßenverhältnisse keinen hinreichenden Überblick über den Straßenverlauf gewähren, sondern auch

dann, wenn vorübergehende Umstände wie Nebel, Dunkelheit usw. ein Überblicken der Strecke erschweren.

§ 315d

eilnehmen

Otto § 80 II 4: wenn der Verkehrsraum (der Schienenbahn) zugleich dem Straßenverkehr dient oder die Trennung von der Straße nicht scharf durchgeführt ist, so daß der Fahrzeugführer sein Verhalten nach dem allgemeinen Straßenverkehr zu richten hat.

§ 316

Fahr-
(nsicherheit)

Schönke-Schröder § 316 RdNr. 3: liegt vor, wenn „die Gesamtleistungsfähigkeit (sc. des Fahrers) namentlich infolge Enthemmung sowie geistig-seelischer und körperlicher Leistungsausfälle soweit herabgesetzt ist, daß er nicht mehr fähig ist, sein Fahrzeug im Straßenverkehr eine längere Strecke, und zwar auch bei plötzlichem Auftreten schwieriger Verkehrslagen, sicher zu steuern" **(BGHSt 13/83)**.

berauschende
Mittel

Schönke-Schröder § 316 RdNr. 3 a: alle Stoffe, die das Hemmvermögen sowie die intellektuellen und motorischen Fähigkeiten beeinträchtigen **(BGH VRS 53/356)**.

§ 316a

Angriff

Maurach-Schroeder-Maiwald BT I § 35 RdNr. 49: jede feindliche Handlung ohne Rücksicht auf den Erfolg.
Otto § 46 VI 2 a: jede Bedrohung von Leib, Leben oder Entschlußfreiheit des Fahrers oder Mitfahrers eines Kraftfahrzeuges.
Schönke-Schröder § 316a RdNr. 3: ist jede feindselige Handlung, die sich gegen eines der genannten Rechtsgüter richtet.

unter
Ausnutzung der
besonderen Ver-
hältnisse des
Straßenverkehrs

Maurach-Schroeder-Maiwald BT I § 35 RdNr. 51: dies ist der Fall, wenn die Tat durch die typischen Eigenschaften des Kraftfahrzeuges ... und des motorisierten Straßenverkehrs ... ermöglicht wird, erleichtert oder begünstigt wird.
Schönke-Schröder § 316a RdNr. 6 (unter Hinweis auf **BGHSt 19/191**; ähnlich **Blei** § 92 II sowie **Otto** § 46 VI 2 b): in naher Beziehung zur Benutzung des Fahrzeugs als Verkehrsmittel (stehend) und die typischen Situationen und Gefahren des Verkehrs mit Kraftfahrzeugen in den Dienst des Täterplanes (stellend).
BGH NJW 1963/452: ... Es kommt entscheidend darauf an, ob der Täter sich für sein räuberisches Vorhaben eine Gefahrenlage zunutze macht, die dem fließenden Straßenverkehr eigentümlich ist und gerade deshalb so für Teilnehmer am Kraftfahrzeugverkehr entsteht. **BGH NJW** 64/602: dazu muß die Tat in naher Beziehung zur Benutzung des

	Fahrzeugs als Verkehrsmittel stehen … Das Kraftfahrzeug muß als Transportmittel im Tatplan eine Rolle spielen. **Wessels** BT 2 § 9 II RdNr. 374: handelt der Täter, wenn er die typischen Situationen und Gefahrenlagen des Kraftfahrzeugverkehrs in den Dienst seines Vorhabens stellt.
Erfolg	**Schönke-Schröder** § 316a RdNr. 11: Erfolg i. S. des § 316a ist die Durchführung des geplanten Raubes bzw. der Erpressung. **Wessels** BT 2 § 9 II RdNr. 378: Mit Erfolg ist nicht der geplante Raub gemeint, sondern die Vollendung des schon in das Versuchsstadium gelangten Angriffs auf Leib, Leben oder Entschlußfreiheit des Betroffenen.

§ 316b

Eisenbahn (Ziff. 1)	**Schönke-Schröder** § 316 b RdNr. 2: die dem öffentlichen Verkehr, d. h. der Benutzung durch jedermann dient.
Unternehmen	**Schönke-Schröder** § 316b RdNR. 2: ist ein Betrieb größeren Umfanges.
Anlage	**Schönke-Schröder** § 316b RdNr. 2: Einrichtung, die auf Dauer berechnet ist.
öffentlicher Versorgung (dienen) (Ziff. 2)	**Schönke-Schröder** § 316b RdNr. 4: ein bestimmtes Gebiet regelmäßig beliefern, ohne Rücksicht auf dessen Größe.
lebenswichtig	**Schönke-Schröder** § 316 b RdNr. 4: für die Versorgung der Bevölkerung lebenswichtig ist ein Unternehmen dann, wenn eine Stillegung die Lebensinteressen der Allgemeinheit in Gefahr bringt.
verhindern	**Schönke-Schröder** § 316b RdNr. 6: Eine Verhinderung des Betriebes liegt dann vor, wenn ein Zustand geschaffen ist, in dem der Betrieb der ihm gegebenen Zweckbestimmung nicht mehr dienen kann.
stören	**Schönke-Schröder** § 316b RdNr. 6: Gestört ist der Betrieb dann, wenn sein ordnungsgemäßes Funktionieren beeinträchtigt ist.
zerstören, beschädigen	**Schönke-Schröder** § 316b RdNR. 7: vgl. unter § 303.
beseitigen	**Schönke-Schröder** § 316b RdNr. 7: bedeutet jede Tätigkeit durch die die genannten Gegenstände der Verfügung oder Gebrauchsmöglichkeit des Berechtigten entzogen werden.
verändern	**Schönke-Schröder** § 316b RdNr. 7: Eine Veränderung liegt vor, wenn bewirkt wird, daß der bisherige Zustand beseitigt und durch einen davon abweichenden Zustand ersetzt wird.
unbrauchbar machen	**Schönke-Schröder** § 316b RdNr. 7: bedeutet jede wesentliche Herabsetzung der Funktionsfähigkeit.

§ 316c

Angriff auf Entschlußfreiheit	**Schönke-Schröder** § 316c RdNr. 16: Alle Mittel der Willensbeeinflussung genügen, also vis compulsiva, Drohung, List.
sonstige Machenschaften	**Schönke-Schröder** § 316c RdNr. 16: alle sonstigen Handlungen, die zur Einwirkung auf die maßgebenden Personen bestimmt sind.
zivil	**Blei** § 93 I: ist der Luftverkehrsvorgang, wenn er nicht hoheitlicher Natur ist (Bundeswehr, Polizei, Bundesgrenzschutz u. ä.).
Luftverkehr	**Blei** § 93 I: ist weit zu verstehen: er umfaßt auch Werk-, Überführungs-, Schau- und nicht planmäßige Privatflüge.
Einwirkung auf die Führung	**Schönke-Schröder** § 316c RdNr. 20: Es genügt, daß der Täter die maßgebliche Entscheidung über die Bewegungen des Flugzeugs oder die Handlungen an ihm trifft.
Schußwaffe (Ziff. 2)	**Schönke-Schröder** § 316c RdNr. 26: eine taugliche Waffe.
Explosion	**Schönke-Schröder** § 316c RdNr. 27: vgl. § 311.
planmäßig	**Schönke-Schröder** § 316c RdNr. 11: erfolgen die Handlungen, wenn sie dem normalen Betriebsvorgang entsprechen.

§ 317

öffentlichen Zwecken	**Schönke-Schröder** § 317 RdNr. 4: dienen die Fernmeldeanlagen nur dann, wenn ihre Benutzung ausschließlich oder überwiegend im Interesse der Allgemeinheit liegt. **Welzel** § 468: entweder den Zwecken des Staates oder des allgemeinen Verkehrs.
Fernmeldeanlage	**Schönke-Schröder** § 317 RdNr. 3: eine mechanische Vorrichtung zur Übermittlung von Nachrichten, ohne daß die Nachricht selbst von Ort zu Ort befördert wird; kennzeichnend ist weiter, daß das Übermittelte am Empfangsort nicht kraft unmittelbarer, sinnlicher Wahrnehmungen, sondern in nachgebildeter Gestalt aufgenommen wird.
verhindern	**Schönke-Schröder** § 317 RdNr. 5 (ebenso **Otto** § 79 III 3): Eine Verhinderung des Betriebes liegt vor, wenn ein Zustand geschaffen ist, in dem die Anlage für die ihr gegebene Zweckbestimmung nicht benutzt werden kann.
gefährden	**Schönke-Schröder** § 317 RdNr. 5: Eine Gefährdung des Betriebes ist bereits dann gegeben, wenn das genaue Funktionieren des Betriebes beeinträchtigt ist. **Otto** § 79 III 3: der Betrieb ist gefährdet, wenn der Eintritt von Funktionsstörungen wahrscheinlich ist.

§ 319

öffentlicher Verkauf	**Schönke-Schröder** § 319 RdNr. 4: Zum öffentlichen Verkauf sind Gegenstände bestimmt, wenn sie dem Erwerb

	einer nicht bestimmten Käuferzahl zugänglich gemacht werden.
vergiften	**Schönke-Schröder** § 319 RdNr. 5 unter Hinweis auf **RGSt** 67/362: Vergiftet ist ein Gegenstand dann, wenn er geeignet ist, die Gesundheit zu zerstören.
in Verkehr bringen	**Schönke-Schröder** § 319 RdNr. 7 unter Hinweis auf **RGSt** 3/120: Der Täter bringt die Sache in Verkehr, wenn er sie anderen überläßt; es macht keinen Unterschied, ob die Überlassung gegen Entgelt oder unentgeltlich erfolgt.

§ 323

Leitung	**Schönke-Schröder** § 323 RdNr. 8: Bauleiter ist, wer technisch die Errichtung des Baues als eines Ganzen nach seinen Weisungen und Anordnungen bestimmt.
Ausführung eines Baues	**Schönke-Schröder** § 323 RdNr. 2: jede in den Bereich des Baugewerbes fallende Tätigkeit, ausgenommen solche Arbeiten, für die ihrer Einfachheit wegen besondere Regeln der Technik nicht bestehen.
Bau	**Schönke-Schröder** § 323 RdNr. 2: Unter Begriff des Baues fällt neben der Errichtung von Gebäuden auch die Ausbesserung sowie die Veränderung (**RGSt** 25/91, 28/320).
Abbruch eines Bauwerkes	**Schönke-Schröder** § 323 RdNr. 3: nicht bloß der Abbruch des gesamten Gebäudes, sondern auch der Abbruch von Teilen solcher Bauwerke.
Regeln der Technik	**Schönke-Schröder** § 323 RdNr. 4: Mit (ihnen) sind nicht nur die Regeln der Bauausführung gemeint, sondern auch solche, die bei der Planung und Berechnung zu beachten sind.
allgemein anerkannt	**Schönke-Schröder** § 323 RdNr. 4: sind Regeln, die von der Praxis in der Überzeugung tatsächlich angewendet werden, daß sie für die Sicherheit des Baues notwendig sind.
(Baufehler)	**Welzel** Seite 470: sind nicht nur Fehler bei der handwerklichen Bauausführung, sondern auch bei der statischen Berechnung.
(Bauleiter)	**Schönke-Schröder** § 323 RdNr. 8: wer technisch die Einrichtung des Baues als eines Ganzen nach seinen Weisungen und Anordnungen bestimmt. Entscheidend ist die tatsächliche Leitung der Bauarbeiten, nicht deren Rechtsgrundlage.
(Bau ausführender)	**Schönke-Schröder** § 323 RdNr. 9 (ähnlich **Welzel** Seite 370): ist jeder, der irgendwie, auch untergeordnet, am Bau mitwirkt, allerdings nur für den Kreis, für den er verantwortlich ist.
(Bauplaner)	**Schönke-Schröder** § 323 RdNr. 10: wer die konkreten Planungsarbeiten durchführt.

§ 323a

Rausch **Otto** § 81 II 1: das für das jeweilige Rauschmittel typische, die psychischen Fähigkeiten durch Intoxikation beeinträchtigende Zustandsbild.

§ 323b

Anstaltsleiter oder Beauftragter **Schönke-Schröder** § 323b RdNr. 12: nur der ärztliche Leiter der Entziehungsanstalt usw.; seine Beauftragten sind sonstige Ärzte oder medizinisches Betreuungspersonal.

verschaffen **Schönke-Schröder** § 323b RdNr. 9: Zugänglichmachen des Mittels in der Art, daß die untergebrachte Person die unmittelbare Verfügungsgewalt darüber erlangt.

überlassen **Schönke-Schröder** § 323b RdNr. 9: das Verschaffen berauschender Mittel aus dem Besitz oder Gewahrsam des Täters zur Verfügung oder zum Gebrauch des Untergebrachten.

§ 323c

Unglücksfall **Schönke-Schröder** § 323c RdNr. 5 unter Hinweis auf **RG DR** 42/1223 (ähnlich **Welzel** Seite 471): plötzlich eintretende Ereignisse, die erhebliche Gefahren für Menschen oder Sachen hervorrufen oder hervorzurufen drohen.
(**Sch.-Schr.** einschränkend: Sachgefahr nur dann ausreichend, wenn die Voraussetzungen der gemeinen Gefahr vorliegen.)
Otto § 67 I 1 b: ist eine Situation, in der der einzelne auf die Solidarität der anderen angewiesen ist, soll er nicht erheblichen Schaden an Leib, Leben, Freiheit oder einem anderen höchstpersönlichen Rechtsgut nehmen.
BGH NJW 54/1049 (ähnlich **Wessels** BT 1 § 23 II RdNr. 1007): ist jedes, mit einer gewissen Plötzlichkeit eintretende, eine erhebliche Gefahr bringendes oder zu bringen drohendes Ereignis (so auch z. B. **BGH NStZ** 1985/409), gleichgültig, ob die Gefahrenlage dem Gefährdeten von außen zugestoßen oder ob sie wie beim Selbstmörder von seinem Willen hervorgerufen ist.

gemeine Gefahr **Otto** § 67 I 1 c: eine Situation, in der die Möglichkeit des Schadens an Leib oder Leben oder an bedeutenden Sachwerten für unbestimmt viele Personen begründet ist.
Schönke-Schröder § 323c RdNr. 8 vor § 306 RdNr. 19: die Gefährdung einer größeren Anzahl von Menschenleben oder erheblicher Sachwerte.

gemeine Not **Schönke-Schröder** § 323c RdNr. 8 (ebenso **Otto** § 67 I 1 d): ist eine die Allgemeinheit betreffende Notlage.

Hilfe leisten **Schönke-Schröder** § 323c RdNr. 11: Hilfeleistung ist die Tätigkeit, die der Intention nach auf Abwehr weiterer Schäden gerichtet ist.

erforderlich	**Otto** § 67 I 2 a: ist die Hilfe, wenn aus der Sicht eines Beobachters der Situation – ex-ante-Beurteilung – die Chance besteht, den drohenden Schaden abzuwenden. **Schönke-Schröder** § 323c RdNr. 13: ist die Hilfeleistung dann, wenn ohne sie die Gefahr besteht, daß durch § 330c charakterisierte Unglückssituation sich zu einer nicht ganz unerheblichen Schädigung von Personen oder Sachen auswirkt (vgl. **BGH NJW** 54/728).
zumutbar	**Schönke-Schröder** § 323c RdNr. 20: Maßgebend ist das allgemeine Sittlichkeitsempfinden ..., das einen ausreichenden Maßstab gibt: „Es wird keine übertriebenen Anforderungen stellen und keinen bis zur Selbstaufopferung gehenden Heroismus verlangen, wohl aber je nach der Lage das Inkaufnehmen eines etwa durch Zeitverlust entstehenden geschäftlichen Nachteils, u. U. auch einer im Verhältnis zum drohenden Schaden unbeachtlichen Körpergefahr" (amtl. Begründung).
eigene Gefahr	**Schönke-Schröder** § 323c RdNr. 21: ist die Bedrohung eines Rechtsgutes des Täters oder naher Angehöriger.

§ 324

Gewässer	**Otto** § 82 IV 1 a aa (ebenso **Wessels** BT 1 § 23 II RdNr. 1031): ein oberirdisches Gewässer, d. h. ständig oder zeitweilig in Betten fließendes oder stehendes oder aus Quellen wild abfließendes Wasser – dazu § 1 Abs. 1 Nr. 1 WHG, das Grundwasser im räumlichen Geltungsbereich des StGB und das Meer, § 330d Nr. 1.
verunreinigt	**Schönke-Schröder** § 324 RdNr. 8: ist ein Gewässer, wenn es sich in seinem äußeren Erscheinungsbild nach dem Eingriff des Täters als weniger „rein " darstellt als zuvor. **Otto** § 82 IV 1 a aa: Verunreinigung ist die nachteilige Veränderung der Wassereigenschaft durch Einbringung von Stoffen.
nachteilig verändern	**Otto** § 82 IV 1 a aa: Eine sonstige nachteilige Veränderung der Eigenschaft des Gewässers liegt vor, wenn die physikalische, chemische, biologische oder thermische Beschaffenheit des Wassers anders als durch Verunreinigung negativ beeinträchtigt wird.

§ 325

Anlage	**Otto** § 82 IV 3 a: Anlagen sind auf gewisse Dauer vorgesehene, als Funktionseinheit organisierte Einrichtungen von nicht ganz unerheblichen Ausmaßen, die der Verwirklichung bestimmter Zwecke dienen.

§ 326

Abfälle	**Otto** § 82 IV 5 a (ähnlich **Wessels** BT 1 § 24 III RdNr. 1039): Der Begriff des Abfalls ist in Anlehnung an § 1 Abs. 1

AbfallG, aber ohne die Beschränkung des § 1 Abs. 3 AbfallG zu bestimmen. Zu unterscheiden sind sog. gewillkürter Abfall – bewegliche Sachen, deren sich der Benutzer entledigen will, § 1 Abs. 1 S. 1 AbfallG – und sog. Zwangsabfall – bewegliche Sachen, deren geordnete Entsorgung zur Wahrung des Wohls der Allgemeinheit, insbesondere des Schutzes der Umwelt geboten ist, § 1 Abs. 1 S. 2 AbfallG. – Es kann sich um feste, flüssige oder in festen Behältern erfaßte gasförmige Stoffe handeln. Diese Definition bedarf bei ihrer Anwendung auf § 326 jedoch der Einschränkung, da nicht alle Sachen, derer sich jemand entledigen will, oder Sachen, die von einem bestimmten Ort beseitigt werden müssen, Abfall sind. Tatobjekte sind nur gefährliche Abfälle, die Gifte und Seuchenerreger enthalten oder hervorbringen können (Abs. 1 Nr. 1), die explosionsgefährlich (§§ 1 ff. Sprengstoffgesetz), selbstentzündlich (§ 1 Abs. 1 Nr. 3a Arbeitsstoffverordnung), oder nicht nur geringfügig radioaktiv sind (Abs. 1 Nr. 2), und sogenannte Sonderabfälle (Abs. 1 Nr. 3).

Gifte (Abs. 1 Nr. 1)	**Schönke-Schröder** § 326 RdNr. 4 (ebenso **Wessels** BT 1 § 24 III RdNr. 1041 und **Otto** § 22 II 1): nur solche Stoffe, die unter bestimmten Bedingungen durch chemische oder chemisch-physikalische Einwirkung nach ihrer Beschaffenheit und Menge geeignet sind, die Gesundheit von Menschen zu zerstören.
Krankheitserreger	**Schönke-Schröder** § 326 RdNr. 4: nach h. M. nur die Erreger von Krankheiten i. S. des BSeuchenG.
enthalten, hervorbringen	**Schönke-Schröder** § 326 RdNr. 4: d. h. durch chemische, physikalische oder biologische Eigenreaktionen oder aufgrund natürlicher Umwelteinflüsse erzeugt werden können.
explosionsgefährlich	**Schönke-Schröder** § 326 RdNr. 5: s. §§ 1 ff. SprengstoffG.
selbstentzündlich	**Schönke-Schröder** § 326 RdNr. 5: ist ein Stoff, der deshalb besonders brennbar und daher (feuer-)gefährlich ist, weil er unter den von der Natur gegebenen Bedingungen ohne besondere Zündung sich erhitzen und schließlich entzünden kann.
sonstige nachteilige Veränderung ...	**Otto** § 82 IV 1 a aa: liegt vor, wenn die physikalische, chemische, biologische oder thermische Beschaffenheit des Wassers anders als durch Verunreinigung negativ beeinträchtigt wird.
zugelassen	**Schönke-Schröder** § 326 RdNr. 12: ist die Anlage, wenn für sie eine bestandskräftige Planfeststellung oder eine wirksame Genehmigung vorliegt, wenn sie als Altanlage von der zuständigen Behörde nicht untersagt wurde und nicht gegen Auflagen usw. verstößt oder wenn sie nach sonstigen Rechtsvorschriften zulässig oder nicht ausdrücklich verboten ist.

behandeln	**Otto** § 82 IV 5 a bb (ähnlich **Wessels** BT 1 § 24 III RdNr. 1042): Behandeln, d. h. hier die Aufbereitung, Verkleinerung, Verbrennung usw., die der Beseitigung und nicht der wirtschaftlichen Nutzung dienen.
lagern	**Schönke-Schröder** § 326 RdNr. 11: ist die Zwischenlagerung vor einer endgültigen Beseitigung.
ablagern	**Schönke-Schröder** § 326 RdNr. 11: wenn die Abfälle mit dem Ziel gelagert werden, sich ihrer auf diese Weise endgültig zu entledigen.
beseitigen	**Otto** § 82 IV 5 a bb (ähnlich **Wessels** BT 1 § 24 III RdNr. 1042): jedes Verhalten, das dazu dient, sich des gefährlichen Abfalles zu entledigen.
radioaktive Abfälle (Abs. 2)	**Schönke-Schröder** § 326 RdNr. 5: sind solche, die kernbrennstoffhaltig sind oder sonst spontan ionisierende Strahlen aussenden.

§ 327

kerntechnische Anlage	**Schönke-Schröder** § 327 RdNr. 3: s. Legaldefinition § 330d Nr. 2.
betreiben	**Schönke-Schröder** § 327 RdNr. 3: vgl. § 325.
innehaben	**Schönke-Schröder** § 327 RdNr. 6: Nach h. M. soll dieser Begriff alle weiteren Möglichkeiten des Besitzes abdecken.
Änderung	**Schönke-Schröder** § 327 RdNr. 9: Eine Anlage wird geändert, wenn etwa ihre technische oder bauliche Einrichtungen beseitigt oder durch konstruktiv andere Elemente ersetzt werden (häufig hier auch Abbau).

§ 328

Kernbrennstoffe	**Schönke-Schröder** § 328 RdNr. 2: s. Legaldefinition § 21 Nr. 1 AtomG.
wesentliche Abweichung (vom genehmigten) Verfahren	**Schönke-Schröder** § 328 RdNr. 6: wenn durch sie (die Abweichung) die abstrakte Gefahr vergrößert wird.
wesentliche Änderung der ... Betriebsstätte	**Schönke-Schröder** § 328 RdNr. 7: wenn eine Anlage auf ein anderes Grundstück verlegt wird.
Befördern	**Schönke-Schröder** § 328 RdNr. 10: jede Herbeiführung einer Ortsveränderung.
Herausgabe ... an Unberechtigte	**Schönke-Schröder** § 328 RdNr. 15: die bewußte Gewahrsamsübertragung auf einen anderen.

§ 329

betrieben	**Schönke-Schröder** § 329 RdNr. 9: Anlage wird betrieben, wenn und solange sie zwecksentsprechend in Gebrauch ist.

Wasserschutz-gebiete	**Schönke-Schröder** § 329 RdNr. 13: Zonen, in denen zur Wahrung der Menge und Güte des Wassers und seiner Abflußverhältnisse bestimmte Handlungen zu dulden und zu unterlassen sind.
Heilquellen-schutzgebiete	**Schönke-Schröder** § 329 RdNr. 13: Zonen, in denen natürlich zutage tretende oder künstlich erschlossene Wasser- oder Gasvorkommen ihrer Heilwirkung wegen schutzbedürftig sind.
betrieblich (Abs. 2 Nr. 1)	**Schönke-Schröder** § 329 RdNr. 16: wenn sie in einer nicht nur vorübergehenden organisatorisch, meist auch räumlich zusammengefaßten Einheit von Personen und Sachmitteln unter einheitlicher Leitung zu dem arbeitstechnischen Zweck verwendet wird, bestimmte Leistungen hervorzubringen oder zur Verfügung zu stellen.
wassergefährdende Stoffe (Abs. 2 Nr. 1)	**Schönke-Schröder** § 329 RdNr. 22: d. h. solche, die geeignet sind, nachhaltig die physikalische, chemische oder biologische Beschaffenheit des Wassers nachteilig zu verändern.
Rohrleitungs-anlage (Abs. 2 Nr. 1)	**Schönke-Schröder** § 329 RdNr. 25: jeder umschlossene Hohlraum, durch den ein Stoff fließen kann, ohne Rücksicht auf das Material der umschließenden Hülle, darüber hinaus aber auch alle Einrichtungen, die zu jedem Betrieben gehören.
feste Stoffe (Abs. 2 Nr. 3)	**Schönke-Schröder** § 329 RdNr. 31: solche, die in ihrem Aggregatzustand weder flüssig noch gasförmig sind.
Naturschutz-gebiete (Abs. 3, S. 1)	**Schönke-Schröder** § 329 RdNr. 36: d. h. rechtsverbindlich festgesetzte Gebiete, in denen ein besonderer Schutz von Natur und Landschaft in ihrer Ganzheit oder in einzelnen zur Erhaltung von Lebensgemeinschaften oder Lebensstätten bestimmter wildwachsender Pflanzen oder wildlebender Tierarten aus wissenschaftlichen, naturgeschichtlichen oder landeskundlichen Gründen wegen ihrer Seltenheit, besonderer Eigenheit oder hervorragender Schönheit erforderlich ist.
Nationalparks (Abs. 3, S. 1)	**Schönke-Schröder** § 329 RdNr. 36: rechtsverbindlich festgesetzte, einheitlich zu schutzende Gebiete, die großräumig und von besonderer Eigenart sind, im überwiegenden Teil ihrer Fläche die Voraussetzungen eines Naturschutzgebietes erfüllen, sich in einem für Menschen nicht oder wenig beeinflußten Zustand befinden und vornehmlich der Erhaltung eines möglichst artenreichen heimischen Pflanzen- oder Tierbestandes dienen.
abbauen (Abs. 3 Nr. 1)	**Schönke-Schröder** § 329 RdNr. 32: jede Tätigkeit, die durch Abgrabung, Aushebung oder ähnliche Maßnahmen auf die Förderung oder Gewinnung fester Stoffe gerichtet ist.
gewinnen (Abs. 3 Nr. 1)	**Schönke-Schröder** § 329 RdNr. 39: alle Arbeitsgänge, die mit der unmittelbaren Loslösung der Bodenschätze oder

	Bodenbestandteile aus dem natürlichen Verbund zusammenhängen und auf Förderung ausgerichtet sind.
beseitigen (Abs. 3 Nr. 3)	**Schönke-Schröder** § 329 RdNr. 41: bedeutet die Aufhebung des äußeren Zustandes des Gewässers.
entwässern (Abs. 3 Nr. 4)	**Schönke-Schröder** § 329 Nr. 43: liegt vor, wenn der in diesen Biotopen vorhandene Überschuß an Wasser abgeführt wird.
Wald (Abs. 3 Nr. 5)	**Schönke-Schröder** § 329 RdNr. 44: jede mit Forstpflanzen (Waldbäume und Waldsträucher) bestockte Grundfläche.
roden (Abs. 3 Nr. 5)	**Schönke-Schröder** § 329 RdNr. 44: liegt vor, wenn mit der Räumung der Bestockung eine Entfernung des Knollen und Wurzelwerkes der Forstpflanzung verbunden ist.
wesentliche Bestandteile (Abs. 3 Nr. 5)	**Schönke-Schröder** § 329 RdNr. 46: sind solche, die den überwiegenden Grund für Erklärung zum Naturschutzgebiet, Nationalpark oder die einstweilige Sicherstellung bilden.
beeinträchtigt (Abs. 3 Nr. 5)	**Schönke-Schröder** § 329 RdNr. 46: werden diese Gebietsbestandteile, wenn ihre ökologische Funktionsfähigkeit mit einiger Intensität und nicht nur vorübergehend gestört und damit der Eintritt konkreter schutzrelevanter Gefahren für diese Teile wahrscheinlich ist.

§ 330

Beeinträchtigung (Abs. 2 Nr. 2)	**Schönke-Schröder** § 330 RdNr. 31: liegt vor, wenn solche Naturgüter nicht nur geringfügig gestört oder geschädigt werden, deren Vorhandensein für ein funktionsfähiges Wirkungsgefüge im Ökosystem notwendig ist.

§ 330a

Gift	**Schönke-Schröder** § 330a RdNr. 3: vgl. § 229.
verbreitet oder freigesetzt	**Schönke-Schröder** § 330a RdNr. 4: Ein Gift ist verbreitet oder freigesetzt, wenn es in der Luft, in einem Gewässer, im Boden oder auch anders („sonst") unkontrollierbar geworden ist, sich also nicht mehr im Gewahrsam oder Einwirkungsbereich des Täters befindet. **Otto** § 82 IV 8 c aa: d. h. die Ermöglichung unkontrollierter Ausbreitung von Stoffen, die Gifte enthalten oder hervorbringen, erfordert jedoch, daß dadurch die Gefahr des Todes oder einer schweren Gesundheitsbeschädigung eines anderen oder die Gefahr einer Gesundheitsbeschädigung einer großen Zahl von Menschen verursacht wird.

§ 331

Amtsträger	vgl. § 11 StGB.
Vorteil	**Blei** § 114 III: als solcher kommen einmal wirtschaftliche Vorteile aller Art in Betracht, wie die früher eigens genannt

	ten Geschenke ... darüber hinaus aber auch solche immaterieller Art ...
	Maurach-Schroeder-Maiwald BT II § 78 RdNr. 11: Darunter ist jede Leistung zu verstehen, auf die der Amtsträger keinen Rechtsanspruch hat, und die seine wirtschaftliche, rechtliche oder auch nur persönliche Lage objektiv verbessert.
	Otto § 99 II 1 a: Vorteil ist jede Leistung, auf die der Amtsträger keinen Anspruch hat und die seine wirtschaftliche, rechtliche oder persönliche Lage objektiv verbessert.
	Schönke-Schröder § 331 RdNr. 19: jede unentgeltliche Leistung materieller oder immaterieller Art, die den Täter besserstellt und auf die er keinen rechtlich begründeten Anspruch hat. Die Neufassung stellt nicht mehr wie § 331 a. F. in erster Linie auf „Geschenke", sondern auf den weiteren Begriff des „Vorteils" ab.
	Welzel Seite 539 (ebenso **Wessels** BT 1 § 25 III RdNr. 1066): sind unentgeltliche Zuwendungen, auf die kein Rechtsanspruch besteht; sie können beliebiger Art sein.
fordern	**Blei** § 114 (ähnlich **Otto** § 99 II 1 b): Der Beamte fordert ein Geschenk (etc.), wenn er die Leistung einseitig u. U. auch verschleiert (**RGSt** 7/287) verlangt und dabei den Zusammenhang mit der Amtshandlung (mindestens konkludent) erkennbar macht.
	Schönke-Schröder § 331 RdNr. 24: ist das einseitige Verlangen einer Leistung.
sich versprechen lassen	**Blei** § 114 III: Der Amtsträger läßt sich Vorteile versprechen, wenn er seine Bereitschaft zu erkennen gibt, das ihm Angebotene zu gegebener Zeit als Gegenleistung zur Amtshandlung anzunehmen.
	Schönke-Schröder § 331 RdNr. 25: unter Hinweis auf **RGSt** 57/28: Hierunter ist die Annahme des Angebotes von noch zu erbringenden Vorteilen zu verstehen, mag auch die spätere Hingabe von Bedingungen abhängig gemacht sein.
annehmen	**Schönke-Schröder** § 331 RdNr. 26: die tatsächliche Entgegennahme des Vorteils mit dem zumindest nach außen erklärten Ziel, eigene Verfügungsgewalt darüber zu erlangen.
Diensthandlung	**Blei** § 114 IV: Eine Handlung ist dann eine Diensthandlung, wenn sie zum Aufgabenbereich des Amtes gehört, wie er durch Gesetz und Dienstvorschrift festgelegt ist, und wenn sie im amtlicher Eigenschaft vorgenommen wird. Auch ein Unterlassen kommt als (nicht dienstpflichtwidrige) Diensthandlung in Betracht.
	Otto § 99 II 1 c: Diensthandlungen – als Gegensatz zu bloß privaten Handlungen – sind die Handlungen (Unterlassungen gem. § 335), durch die der Amtsträger die ihm übertragenen Aufgaben wahrnimmt.

	Schönke-Schröder § 331 RdNr. 10: Diensthandlung im Sinne von § 331 ist jede nicht pflichtwidrige Tätigkeit, die ein Amtsträger oder besonders Verpflichteter im öffentlichen Dienst zur Wahrnehmung der ihm übertragenen Aufgaben entfaltet.
richterliche Handlung	**Otto** § 99 II 2: Handlung, die nach geltenden Rechtsvorschriften in den Zuständigkeitsbereich eines Richters oder Schiedsrichters fällt. **Schönke-Schröder** § 331 RdNr. 13: solche, die nach der jeweilig geltenden Rechtsvorschriften dem Richter zur Entscheidung zugewiesen sind, d. h. in seinen Zuständigkeitsbereich fallen.

§ 332

richterliche Handlung	**Schönke-Schröder** § 332 RdNr. 13: vgl. § 331.
Verletzung der Dienstpflicht	**Preisendanz** Anm. 3 zu § 332 (ähnlich **Maurach-Schroeder-Maiwald** BT II § 78 RdNr. 21): Eine Verletzung der Dienstpflicht liegt vor, wenn die Diensthandlung gegen ein auf Gesetz, Dienstvorschrift oder Einzelanordnung beruhende Gebot oder Verbot verstößt.
richterliche Pflichten	**Preisendanz** Anm. 4 zu § 332: der Begriff richterliche Pflichten bezeichnet diejenigen Pflichten, deren Erfüllung durch richterliche Unabhängigkeit geschützt ist.
sich versprechen lassen und annehmen	**Schönke-Schröder** § 332 RdNr. 21: vgl. § 331. **Wessels** BT 1 § 25 III RdNr. 1064: Sich versprechen lassen bedeutet die Annahme eines entsprechenden Angebots späterer Leistung. Annehmen ist die tatsächliche Entgegennahme eines geforderten oder angebotenen Vorteils mit dem Willen, darüber eigennützig zu verfügen; darunter fällt auch das Behalten einer zunächst gutgläubig erlangten Zuwendung.

§ 333

Amtsträger	vgl. unter § 11 StGB.
Vorteil anbieten	**Schönke-Schröder** § 333 RdNr. 7: vgl. unter § 331. **Blei** § 114 III: bedeutet Kundgabe des Willens, dem Amtsträger das Geschenk (auf der Stelle oder in Zukunft) zu gewähren; das Angebot kann auch konkludent, verschleiert oder unter einer Bedingung (z. B. daß die Diensthandlung vorgenommen werde) abgegeben werden.
anbieten versprechen	**Schönke-Schröder** § 333 RdNr. 8: Das Anbieten korrespondiert dem Fordern in § 331, das Versprechen dem Sich-versprechen-Lassen in § 331.
gewähren	**Blei** § 114 III: gewährt ist ein Vorteil dann, wenn er dem Amtsträger tatsächlich verschafft und von diesem angenommen worden ist.

Schönke-Schröder § 333 RdNr. 8 bedeutet die tatsächliche Zuwendung an den Amtsträger usw., es entspricht dem Annehmen.
BGH NJW 61/466: Wird dem Beamten ein Vorteil „gewährt", so ist Willensübereinstimmung zwischen Geber und Empfänger darüber erforderlich, daß der Vorteil – unmittelbar oder mittelbar – dem Beamten zufließen soll. Im übrigen genügt der Wille des Gebers, daß der Empfänger den Sinn der Vorteilshingabe, insbesondere den Zusammenhang zwischen dem Vorteil und der gewünschten pflichtwidrigen Amtshandlung erfassen soll; ob der Beamte diesen Willen erkennt, ist ohne Belang.

§ 334

Vorteil anbieten versprechen gewähren

Schönke-Schröder § 334 RdNr. 9: vgl. unter § 331.

zu bestimmen versuchen

Schönke-Schröder § 334 RdNr. 7: nur erforderlich, daß mit dem Anbieten, Versprechen oder Gewähren des Vorteils der Versuch verbunden ist, in dem anderen den Entschluß zu wecken, bei einer gebundenen Diensthandlung (Dienstpflicht ist verletzt, wenn die Diensthandlung den dafür maßgebenden Rechts- oder Verwaltungsvorschriften usw. zuwiderläuft) seine Pflichten zu verletzen (Nr. 1) oder bei einer Ermessenshandlung (Pflichtwidrigkeit kann zunächst in dem Akt als solchem liegen – oder die Entscheidung ist nicht im Ergebnis, aber in der Art des Zustandekommens zu beanstanden, weil der Beamte neben sachlichen auch sachfremden Erwägungen Einfluß auf seine Entscheidung eingeräumt hat) dem Vorteil Einfluß auf die Ermessensausübung einzuräumen (Nr. 2).

§ 336

Rechtssache

Blei § 112 II: Rechtssachen sind alle Rechtsangelegenheiten, die in einem durch staatliches Recht vollständig geordneten förmlichen Verfahren einer Entscheidung nach Rechtsgrundsätzen zugeführt werden sollen.
Schönke-Schröder § 336 RdNr. 3 (ebenso **Wessels** BT 1 § 26 II RdNr. 1080; ähnlich **Otto** § 98 I 2): alle Rechtsangelegenheiten, die zwischen mehreren Beteiligten mit – möglicherweise – entgegenstehenden rechtlichen Interessen in einem rechtlich geordneten Verfahren nach Rechtsgrundsätzen verhandelt und entschieden werden.

Partei

Otto § 98 I 2: jeder Beteiligte an der Rechtssache.
Schönke-Schröder § 336 RdNr. 6: Partei ist jeder am Verfahren Beteiligte.

Beugung des Rechts

Blei § 112 II: „Recht" ist dabei im weitesten Sinn zu verstehen; es umfaßt alles Geschriebene ebenso wie das Gewohnheitsrecht, das Materielle ebenso wie das Verfahrensrecht; Recht sind die für den Ermessensgebrauch geltenden Grundsätze ebenso wie die Regeln, die den zur Entscheidung nach Billigkeit berufenen Schiedsrichter verpflichten, so zu entscheiden, wie es seiner inneren Überzeugung von der Billigkeit eines Interessenausgleichs entspricht.

Otto § 98 I 3: Recht beugt, wer Gesetz und Recht dadurch verletzt, daß er die ihn betreffenden Pflichten als Richter (nach § 11 Abs. 1 Nr. 3 auch Schöffen), Amtsträger oder Schiedsrichter bei der Ermittlung des Sachverhaltes oder der Anwendung des Rechts verletzt.

Schönke-Schröder § 336 RdNr. 5a: Das Recht ist gebeugt, wenn eine Entscheidung ergeht, die objektiv in Widerspruch zu Recht und Gesetz steht.

Welzel Seite 544 (ähnlich **Wessels** BT 1 § 26 II RdNr. 1082): ist die bewußte Verletzung des materiellen oder formellen Rechts zugunsten oder zum Nachteil eines Verfahrensbeteiligten.

§ 340

Amtsträger	vgl. unter § 11 StGB.
während der Ausübung des Dienstes	**Preisendanz** Anm. 2a zu § 340: Während der Ausübung des Dienstes ist die Körperverletzung begangen, wenn sie mit der Dienstausübung in einem zeitlichen und räumlichen Zusammenhang steht. **Schönke-Schröder** § 340 RdNr. 3: Während der Dienstausübung begeht ein Amtsträger dann eine Körperverletzung, wenn er diese während seiner dienstlichen Tätigkeit verübt. **Otto** § 19 2 a: Wenn die Handlung in einem zeitlichen und sachlichen Zusammenhang zur Ausübung des Dienstes steht.
in Beziehung auf seinen Dienst	**Preisendanz** Anm. 2 b zu § 340: ist eine Körperverletzung begangen, wenn sie mit der Stellung im Beruf oder der beruflichen Tätigkeit des Amtsträgers erkennbar in einem inneren Zusammenhang steht. **Schönke-Schröder** § 340 RdNr. 3: ist die Körperverletzung begangen, wenn die Tat zwar nicht äußerlich einen Teil der Dienstausübung darstellt, aber doch nur diese in erkennbarer Weise veranlaßt ist; zwischen der Dienststellung der Körperverletzung muß ein innerer Zusammenhang bestehen (**RGSt** 17/166).
begehen	**Preisendanz** Anm. 2 c zu § 340: Das Tb-Merkmal „begeht" erfaßt die Fälle der unmittelbaren Täterschaft. **Schönke-Schröder** § 340 RdNr. 4: Eine Körperverletzung läßt nicht nur begehen, wer die Vollziehung anordnet, sondern auch wer sie geschehen läßt, sofern er zur Verhinderung als Amtsträger verpflichtet war.

	Otto § 19 2 b: liegt vor, wenn der Amtsträger die Körperverletzung ist Täter oder Mittäter verwirklicht.
begehen lassen	**Preisendanz** Anm. 2 d zu § 340: Das Tb-Merkmal „begehen lassen" erfaßt alle Fälle, in denen der Amtsträger während der Ausübung seines Dienstes oder in Beziehung auf seinen Dienst eine Körperverletzung veranlaßt, ohne selbst unmittelbar Täter zu sein.
	Otto § 19 2 b: Begehen lassen bedeutet Tatausführung in mittelbarer Täterschaft.

§ 343

Strafverfahren	**Schönke-Schröder** § 343 RdNr. 4: Zum Strafverfahren gehören alle Verfahrensarten der StPO einschl. des Verfahrens zur Anordnung einer Maßnahme i. S. von § 11 Abs. 1 Nr. 8 (vgl. §§ 413 ff., 430 ff. StPO), des Verfahrens über die Aussetzung eines Strafrests oder einer Maßregel (§§ 449 ff. StPO), des Erlasses oder der Aussetzung des Vollzugs des Haftbefehls (§ 116 ff. StPO) sowie die Haftprüfung und das Wiederaufnahmeverfahren.
Amtsträger	vgl. unter §§ 413 ff. und 430 ff. StPO.
zur Mitwirkung eines Strafverfahrens berufen	**Preisendanz** Anm. 2 d zu § 343: ist der Amtsträger nicht erst dann, wenn er im konkreten Einzelfall zuständig ist; vielmehr genügt, daß er vermöge seines amtlichen Aufgabenbereiches allgemein zur Mitwirkung bei Verfahren der betreffenden Art berufen ist.
Körperliche Mißhandlung	**Otto** § 98 II 1 (ebenso **Schönke-Schröder** § 343 RdNr. 9): vgl. unter § 223.
(Gewalt) anwenden	**Otto** § 98 II 1 (ebenso **Schönke-Schröder** § 343 RdNr. 10): vgl. unter § 240.
(Gewalt) androhen	**Schönke-Schröder** § 343 RdNr. 11: vgl. unter § 113.
seelisch quälen	**Otto** § 98 II 1: vgl. unter § 223b.
	Schönke-Schröder § 343 RdNr. 12: vgl. unter § 223b.

§ 344

einen Unschuldigen	**Otto** § 98 III 1 a: jemand, der wegen der dem Verfahren zugrundeliegenden Tat nicht strafbar ist oder der nach dem Gesetz nicht verfolgt werden darf.
	Preisendanz Anm. 3 a zu § 344: Unschuldig ist, wer die ihm zur Last gelegte Tat nicht begangen hat oder sich auf einen Rechtfertigungsgrund berufen kann.
	Schönke-Schröder § 344 RdNr. 16: Unschuldig ist, wer aus materiellrechtlichen Gründen nicht verfolgt werden darf, sei es, daß er die Straftat, die Ordnungswidrigkeit oder den Disziplinarverstoß nicht begangen hat, oder daß ihm ein Rechtfertigungs-, Entschuldigungs-, Strafausschließungs- oder Strafaufhebungsgrund zur Seite steht. Unschuldig ist

	auch, wer nur einer geringeren Straftat schuldig ist als die, um derentwillen er verfolgt wird.
Verfolgung	**Schönke-Schröder** § 344 RdNr. 11 (ähnlich **Otto** § 98 III 1 a) Verfolgung ist jedes dienstliche Tätigwerden im Rahmen des Strafverfahrens bzw. der anderen Verfahrensarten, das eine Bestrafung oder Maßregelung bezweckt oder das Verfahren in bezug darauf fördert.
verfolgt oder auf eine solche Verfolgung hinwirkt	**Preisendanz** Anm. 4 zu § 344: Hierzu gehört jedes dienstliche Tätigwerden im Rahmen einer Ermittlungstätigkeit.
Hinwirken	**Otto** § 98 III 1 a: erfaßt die Tätigkeit von Hilfsorganen, die nicht selbst die Verantwortung für die Verfolgung tragen.

§ 345

vollstrecken	**Otto** § 98 IV 1 a: jede dienstliche Tätigkeit und jedes pflichtwidrige Unterlassen, das den Erfolg der vollständigen oder teilweisen Vollziehung einer Rechtsfolge herbeiführt. **Preisendanz** Anm. 3 a zu § 345: Vollstreckung ist der Inbegriff aller Maßnahmen, die den Vollzug einer Rechtsfolge bewirken. **Schönke-Schröder** § 345 RdNr. 5: Zur Vollstreckung gehört die Gesamtheit der Maßnahmen, welche die Verbüßung durchführen; sie umfaßt also nicht nur die Anordnung der Verbüßung, sondern auch ihre Durchführung und Überwachung.

§ 348

Amtsträger	**Blei** § 81 II: wer kraft seines Amtes zu Beurkundungen der fraglichen Art berufen ist und im Rahmen seiner örtlichen und sachlichen Zuständigkeit handelt (**BGHSt** 12/88).
Aufnahme	**Schönke-Schröder** § 348 RdNr. 4: Aufnehmen einer Urkunde bedeutet an sich, daß der Beamte Erklärungen zu beurkunden hat, die er selbst gemacht hat ... (Es ist) davon auszugehen, daß der Begriff Aufnahme auch das Ausstellen von Urkunden bezeichnet.
öffentlich	**Schönke-Schröder** § 348 RdNr. 3: i. S. dieser Vorschrift ist eine Urkunde nur dann, wenn sie den für öffentliche Urkunden dieser Art vorgeschriebenen Formvorschriften genügt.
öffentliche Urkunden	**Schönke-Schröder** § 348 RdNr. 3 (ebenso **Blei** § 80 II): vgl. § 271. **Otto** § 71 I 2 (ebenso **Wessels** BT 1 § 19 II RdNr. 879): Urkunden, die von einer öffentlichen Behörde innerhalb der Grenzen ihrer Amtsbefugnisse oder von einer mit öffentlichem Glauben versehenen Person innerhalb des ihr zugewiesenen Geschäftskreises in der vorgeschriebenen Form aufgenommen (§ 415 Abs. 1 ZPO) und die bestimmt und geeignet sind, Beweis für und gegen jedermann zu erbringen.

befugt	**Schönke-Schröder** § 348 RdNr. 5: zur Aufnahme öffentlicher Urkunden ist ein Amtsträger, wenn er sachlich und örtlich zuständig ist, Erklärungen oder Tatsachen mit voller Beweiskraft zu beurkunden.
rechtlich erheblich	**Schönke-Schröder** § 348 RdNr. 11: ist die Tatsache, zu deren Feststellung der Amtshelfer durch Gesetz oder Dienstanweisung verpflichtet ist.
falsch	**Maurach-Schroeder-Maiwald** BT I § 66 RdNr. 12 (ähnlich **Schönke-Schröder** § 348 RdNr. 9): Falsch, d. h. unwahr ist eine Tatsache beurkundet, wenn sie überhaupt nicht oder in anderer Form als beurkundet, geschehen ist. **Blei** § 81 II: ist die Beurkundung dann, wenn ihr Aussagehalt mit der Wirklichkeit nicht übereinstimmt. **Otto** § 71 I 3: Falsch beurkundet ist eine Tatsache, wenn das Beurkundete mit der Wirklichkeit nicht übereinstimmt.
beurkunden	**Blei** § 81 III: die Wahrheit bezeugen. **Schönke-Schröder** § 348 RdNr. 8: Der Amtsträger beurkundet eine Tatsache, wenn er sie in der vorgeschriebenen Form in einer Weise feststellt, die dazu bestimmt ist, Beweis für und gegen jedermann zu begründen (**RGSt** 72/376): Die Beurkundung muß den Erfordernissen einer öffentlichen Urkunde entsprechen (**RG DJ** 38/947). **Wessels** BT 1 § 19 II RdNr. 884: Beurkundet i. S. von § 384 sind lediglich diejenigen Erklärungen, Vorgänge und Tatsachen, auf die sich die Beweiskraft der jeweiligen öffentlichen Urkunde erstreckt.
öffentliche (Bücher usw.)	**Schönke-Schröder** § 348 RdNr. 12 (ähnlich **Maurach-Schroeder-Maiwald** BT I § 66 RdNr. 5): Öffentlich sind die Bücher und Register, die öffentlichen Glauben haben, die Beweis für und gegen jedermann begründen. **Otto** § 71 I 2: Bücher oder Register, die öffentlichen Glauben haben, d. h. Beweis für und gegen jedermann begründen.

§ 352

Gebühren	**Maurach-Schroeder-Maiwald** BT II § 81 RdNr. 4 (ebenso **Welzel** Seite 556): Gebühr ist die gesetzlich bestimmte Leistung. **Schönke-Schröder** § 352 RdNr. 7: sind Vergütungen, die ihrer Höhe nach durch Gesetz oder Verordnung festlegt sind. **Otto** § 52 I 1 c: Ein Unterfall der Vergütung.
Vergütung	**Maurach-Schroeder-Maiwald** BT II § 81 RdNr. 4 (ebenso **Welzel** Seite 556): die vertraglich vereinbarte Leistung. **Otto** § 52 I 1 c: jedes Entgelt für eine amtliche Leistung. **Schönke-Schröder** § 352 RdNr. 7: ist das Entgelt, das für die Vornahme amtlicher Verrichtungen zu entrichten und dem Grunde oder Betrage nach gesetzlich festgelegt ist.

amtliche Verrichtungen	**Schönke-Schröder** § 352 RdNr. 4: sind Handlungen, die der Amtsträger, Anwalt oder Rechtsbeistand kraft seiner Amts- oder Berufsstellung vornimmt.
erheben	**Schönke-Schröder** § 352 RdNr. 8: fordern und empfangen. **Otto** § 52 I 1 c: ist das Verlangen und Empfangen der Leistung.

§ 353

Steuern	**Schönke-Schröder** § 353 RdNr. 4: sie werden dem Zahlungspflichtigen ohne Gegenleistung auferlegt.
Gebühren	**Schönke-Schröder** § 353 RdNr. 4: es wird dem Zahlungspflichtigen eine Gegenleistung gewährt.
Abgaben	**Schönke-Schröder** § 353 RdNr. 4: sind alle vermögensrechtlichen Leistungen, die öffentlich-rechtlichen Charakter haben.
öffentliche Kassen	**Schönke-Schröder** § 353 RdNr. 3: alle Kassen des Staates, der Kommunalbehörden oder sonstiger öffentlichen Körperschaften und Anstalten.

§ 353b

Dienstgeheimnisse	**Preisendanz** Anm. 3 a § 353b (ähnlich **Otto** § 94 1 a aa): Dienstgeheimnisse sind Tatsachen, Gegenstände oder Erkenntnisse, die nur einem beschränkten Personenkreis bekannt sind und aufgrund besonderer Vorschriften und Anordnungen oder ihrer Natur nach der Geheimhaltung bedürfen.
Geheimnis	**Maurach-Schroeder-Maiwald** BT II § 80 RdNr. 7: Angelegenheiten, deren Kenntnis nicht über einen geschlossenen Kreis von Personen hinausgeht, ohne daß es auf genaue Bestimmbarkeit des Kreises der Mitwisser ankommt; geschützt werden Amts- und Privatgeheimnisse (vgl. **BGHSt** 10/308).
anvertraut	**Schönke-Schröder** § 353b RdNr. 7: dem Täter wird das Geheimnis zu dienstlichen Zwecken aufgrund des ihm in seiner Eigenschaft als Amtsperson usw. entgegengebrachten Vertrauens zur Kenntnis gebracht.
sonst bekannt geworden	**Schönke-Schröder** § 353b RdNr. 7: ist das Geheimnis dem Täter als Amtsträger usw., wenn seine dienstliche Tätigkeit die Kenntnis der fraglichen Tatsachen mit sich bringt oder wenn die Erlangung der Kenntnis in einem inneren Zusammenhang zu seinen Berichtungen steht.
offenbaren	**Schönke-Schröder** § 353b RdNr. 8: offenbart ist das Geheimnis dann, wenn es anderen in irgendeiner Form mitgeteilt worden ist.
Gegenstand oder Nachricht	**Otto** § 94 1 b aa: Gegenstände und Nachrichten sind alle tatsächlichen Vorgänge und Zustände, alle körperlichen

Gegenstände und alle gedanklichen Sachverhalte sowie Nachrichten darüber, zu deren Geheimhaltung der Täter verpflichtet ist.

§ 353d

die Sache betreffen	**Schönke-Schröder** § 353d RdNr. 14: Sache bedeutet hier nicht den Gegenstand des Verfahrens, sondern den Tatsachenkomplex, der für das Gericht den Grund zum Ausschluß der Öffentlichkeit gebildet hat.
Schriftstück	**Schönke-Schröder** § 353 RdNr. 12: durch Schriftzeichen verkörperte Erklärung.
amtliches Schriftstück	**Schönke-Schröder** § 353 RdNr. 13: amtliche Schriftstücke i. S. der Bestimmung sind nur solche des Verfahrens, in dem der Ausschließungsbeschluß ergangen ist. Der Begriff umfaßt alle Unterlagen, die zu den dieses Verfahren betreffenden Akten einer amtlichen Stelle gehören, deren Mitwirkung in der jeweiligen Verfahrensordnung vorgesehen ist.
öffentlich (mitteilen)	**Schönke-Schröder** § 353d RdNr. 46: die Mitteilung ist öffentlich, wenn sie für einen größeren, individuell nicht feststehenden oder jedenfalls durch persönliche Beziehungen nicht verbundenen Personenkreis wahrnehmbar ist, gleichgültig, ob sie auch tatsächlich wahrgenommen wird.
Schweigepflicht (Ziff. 2)	**Schönke-Schröder** § 353d RdNr. 24: entsteht gem. § 174 Abs. 3 GVG durch Verkündung eines entsprechenden Beschlusses, der seinerseits den Ausschluß der Öffentlichkeit wegen Gefährdung der Staatssicherheit oder aus den in § 172 Nr. 2 oder Nr. 3 GVG genannten Gründen voraussetzt.
offenbaren	**Schönke-Schröder** § 353d RdNr. 35: vgl. unter § 203.
durch nicht öffentliche Verhandlung erlangt	**Schönke-Schröder** § 353d RdNr. 31: jede durch Verfahrensvorgänge in der nicht öffentlichen Sitzung gewonnene Kenntnis.
(Beginn des Verfahrens)	**Schönke-Schröder** § 353d RdNr. 53: mit der Einleitung von Ermittlungen durch eine dazu berufene Behörde (Polizei, Staatsanwaltschaft)
(Abschluß des Verfahrens)	**Schönke-Schröder** § 353d RdNr. 60: Als Abschluß des Verfahrens i. S. der Nr. 3 wird der Abschluß einer Verfahrensinstanz (also nicht schon die vorläufige Einstellung gem. § 205 StPO) angesehen werden müssen, damit sowohl die, die abschließende Entscheidung enthaltenden Schriftstücke als auch andere bis dahin entstandene amtliche Unterlagen zur Veröffentlichung frei werden.

§ 354

unbefugt	**Schönke-Schröder** § 354 RdNr. 11: dann, wenn der Täter ohne die Einwilligung des Betroffenen handelt, und kein Recht zur Mitteilung an den Dritten hat.

Bediensteter der Post	**Preisendanz** Anm. 2 b zu § 354 (ebenso **Otto** § 34 V 2 a): jeder, der bei der Bundespost als Beamter, Angestellter oder Arbeiter in einem Dienstverhältnis steht. **Schönke-Schröder** § 354 RdNr. 10: Es ist unerheblich, ob es sich im Einzelfall um einen Amtsträger, Postangestellten oder Postarbeiter handelt, da diese dienstrechtlichen Unterschiede im Hinblick auf den umfassenden Schutz, den § 354 dem Post- und Fernmeldegeheimnis gewähren will, keine Bedeutung haben können ... Nur für die Kenntniserlangung kommt es darauf an, daß der Täter zu dem fraglichen Zeitpunkt in dem genannten Verhältnis stand oder tätig war.
Sendung (Ziff. 1)	**Schönke-Schröder** § 354 RdNr. 17 (ebenso **Otto** § 34 V 3 b): jeder körperliche Gegenstand, der auf dem Post- oder Fernmeldeweg übermittelt wird.
(der Post) anvertraut	**Maurach-Schroeder-Maiwald** BT II § 80 RdNr. 13 (ebenso **Schönke-Schröder** § 354 RdNr. 17, ähnlich **Welzel** Seite 557): auf vorschriftsmäßigem Wege in den Postverkehr gelangt. **Otto** § 34 V 3 b: sind alle Sendungen, die ordnungsgemäß in den Post- oder Fernmeldeverkehr gelangt sind und sich noch dort befinden.
verschlossen	**Schönke-Schröder** § 354 RdNr. 17: vgl. unter § 202.
öffnen	**Schönke-Schröder** § 354 RdNr. 18: Beseitigung des Verschlusses derart, daß der Zugang zum Inhalt ohne wesentliche Hindernisse möglich ist.
Bediensteter der Post	**Schönke-Schröder** § 354 RdNr. 19 (ähnlich **Otto** § 34 V 3 b): Als Bediensteter der Post handelt der Täter dann, wenn das Öffnen usw. einen inneren Zusammenhang zu seiner dienstlichen Tätigkeit aufweist.
sich verschaffen der Kenntnis	**Schönke-Schröder** § 354 RdNr. 18: in dem weiteren Sinne zu verstehen, daß eine äußerliche Wahrnehmung des Inhalts im Rahmen der durch das technische Mittel gegebenen Möglichkeiten genügt.
unterdrücken (Ziff. 2)	**Schönke-Schröder** § 354 RdNR. 22 unter Hinweis auf **RGSt** 71/157 (ähnlich **Welzel** Seite 537; ähnlich **Maurach-Schroeder-Maiwald** BT II § 80 RdNr. 15, ähnlich **Otto** § 34 V 3 b): Unterdrückt wird eine Sendung, wenn sie dem ordnungsgemäßen Postverkehr entzogen wird und zwar auch dann, wenn der Gewahrsam der Post bestehen bleibt.
gestatten (Ziff. 3)	**Otto** § 34 V 3 c: liegt nicht nur beim pflichtwidrigen Unterlassen des Einschreitens, bei Einwilligung in die Tat oder bei Genehmigung der Tat vor, sondern auch beim Anstiften zur Tat. **Schönke-Schröder** § 354 RdNr. 26: Es kommt als Täter der ersten Alternative nur ein Postbediensteter in Betracht, der selbst mit der fraglichen Sache befaßt ist oder in dessen Verantwortungsbereich sie sonst fällt.

fördern	**Otto** § 34 V 3 c: ist Hilfeleistung durch positives Tun oder pflichtwidriges Unterlassen. **Schönke-Schröder** § 354 RdNr. 27: jede sonstige Veranlassung oder Unterstützung, soweit sie kein Gestatten ist.
mit postdienstlichen Verrichtungen betraut (Abs. III)	**Otto** § 34 V 2 b: sind Personen, die nicht zu dem unter Abs. 1, 2 genannten Kreis gehören, aber in die Abwicklung des Post- und Fernmeldeverkehrs eingeschaltet sind.
Post- und Fernmeldeverkehr bestimmter Personen (Abs. V)	**Schönke-Schröder** § 354 RdNr. 6: jedes Teilnehmers am Post- und Fernmeldeverkehr, gleichgültig, ob es sich um eine natürliche oder juristische Person, um eine rechtsfähige Personenvereinigung, eine Behörde oder sonstige Stelle handelt ... Von den in § 1 PostG genannten Tätigkeiten sind Postverkehr in diesem Sinne der Briefdienst, Paket-, Postanweisungs-, Postauftrags- und Postzeitungsdienst, nicht dagegen der Postreisedienst. Zum Fernmeldeverkehr vgl. § 1 FernmeldeanlagenG.

§ 355

Verhältnisse (eines anderen) (Ziff. 1)	**Otto** § 34 VI 2 (ähnlich **Maurach-Schroeder-Maiwald** BT I § 29 RdNr. 86): alle für die steuerliche, finanzielle, wirtschaftliche und persönliche Lage einer Person relevanten Umstände, ohne Rücksicht auf einen etwaigen Geheimnischarakter, soweit sie nicht offenkundig sind oder an ihrer Geheimhaltung keinerlei Interesse erkennbar ist. **Schönke-Schröder** § 355 RdNr. 4: sind alle Umstände, die in Beziehung zu einer bestimmten Person gesetzt werden können, unabhängig davon, daß es sich um eine natürliche oder juristische Person handelt und ob sie in dem konkreten Verfahren von Bedeutung sind.
offenbaren	**Schönke-Schröder** § 355 RdNr. 17: jede Art von Mitteilung, die einem anderen erstmalig Verhältnisse des Steuerpflichtigen zur Kenntnis bringt.
verwerten	**Schönke-Schröder** § 355 RdNr. 19: jedes wirtschaftliche Ausnutzen der Betriebs- und Geschäftsgeheimnisse wie auch der sonstigen Verhältnisse eines anderen zum Zweck der Gewinnerzielung.

§ 356

Rechtsbeistand	**Schönke-Schröder** § 356 RdNr. 7: Personen, die in einer vom Staat anerkannten Art beruflich Rechtsbeistand leisten oder die von einer Rechtspflegebehörde kraft allgemeiner gesetzlicher Vorschrift oder kraft Zulassung im Einzelfall auftreten.
in seiner Eigenschaft	**Schönke-Schröder** § 356 RdNr. 8: das ist der Fall, wenn die Mitteilung im Hinblick auf seine Stellung als Anwalt oder Rechtsbeistand erfolgt ist.

anvertraut	**Otto** § 98 VI 2 a: ist bereits die Übertragung der Interessenwahrnehmung. **Schönke-Schröder** § 356 RdNr. 8: Der Mandant muß dem Anwalt die Rechtssache zwecks Wahrnehmung seiner Interessen mitgeteilt haben.
Rechtssachen	**Schönke-Schröder** § 356 RdNr. 11: alle Angelegenheiten, die nach rechtlichen Bestimmungen zu erledigen sind. Rechtssache ist gleichbedeutend mit dem Kreise des dem Anwalt oder Rechtsbeistand durch den Antrag Anvertrauten. **Otto** § 98 VI 1 b: Rechtssachen sind alle Angelegenheiten des Zivil-, Straf-, Verwaltungsrechts und der freiwilligen Gerichtsbarkeit, bei denen mehrere Beteiligte in entgegengesetztem Interesse einander gegenüber stehen.
dieselbe Rechtssache	**Otto** § 98 VI 2 a: ist nach dem Interessenkreis zu beurteilen, den der Auftraggeber dem Täter anvertraut hat. Dabei kommt es nicht auf die Identität der einzelnen Ansprüche oder des Verfahrens an, sondern darauf, ob die sich aus dem Sachverhalt ergebenden Interessen möglicherweise identisch sind. **Schönke-Schröder** § 356 RdNr. 12: maßgebend dafür, ob dieselbe Rechtssache vorliegt, ist der sachlich-rechtliche Inhalt der anvertrauten Interessen, also das materielle Rechtsverhältnis, nicht nur der einzelne Anspruch daraus.
dienen	**Otto** § 98 VI 2 a: jede berufliche Tätigkeit in der Eigenschaft als Anwalt oder Rechtsbeistand, rechtlicher oder tatsächlicher Art, durch die das Interesse einer Partei gefördert werden soll **(BGHSt 20/40)**. **Schönke-Schröder** § 356 RdNr. 15: Unter „dienen" ist die gesamte berufliche Tätigkeit eines Rechtsanwaltes usw. durch Rat und Beistand zu verstehen **(BGHSt 7/19)**.
beide Parteien	**Schönke-Schröder** § 356 RdNr. 13: Unter Parteien sind hier die an der Rechtssache als solche beteiligten Personen zu verstehen, jedoch ist in der Regel nicht eine Behörde, sondern das Gemeinwesen, das sie vertritt, Partei im Sinne von § 356.
pflichtwidrig	**Otto** § 98 VI 2 a: der anwaltlichen Berufspflicht (§ 45 Ziff. 2 BRAO) zuwiderhandeln, d. h. wenn der Anwalt eine andere Partei in derselben Rechtssache bereits in entgegengesetztem Interesse beraten oder vertreten hat. **Schönke-Schröder** § 356 RdNr. 17: ist das Dienen dann, wenn der Täter einer Partei Rat und Beistand leistet, nachdem er einer anderen Partei in derselben Sache, aber in entgegengesetztem Sinn, bereits Rat und Beistand gewährt hat.

§ 357

verleiten	**Otto** § 100 3 c: erfolgreiches Bestimmen. **Schönke-Schröder** § 357 RdNr. 5: jede Art der Einwirkung.

geschehen lassen	**Otto** § 100 3 c: setzt die tatsächliche Möglichkeit der Verhinderung der Tat voraus. **Preisendanz** Anm. 4 c § 357: pflichtwidrig nicht verhindern oder gar fördern.